Pendant de nombreuses années, j'ai rêvé du jour où un manuel pour les responsables académiques deviendrait réalité. J'espérais aussi que les contributeurs pourraient être tant du Sud que du Nord et qu'ils auraient une compétence dans la formation théologique à l'échelle mondiale. Mon rêve est devenu réalité !

Les responsables académiques des institutions théologiques disposent enfin d'un guide pratique pour soutenir leur noble mission en faisant progresser la formation théologique pour la gloire de Dieu et le service de son Église et de son monde.

Riad Kassis, docteur en théologie
Ancien directeur international de l'ICETE
Directeur, Scholars Programme, Langham Partnership

Cet ouvrage représente une contribution précieuse à la formation théologique. Les auteurs y parlent de leur expérience dans diverses régions du monde, offrant une perspective mondiale. Les chapitres couvrent d'importants aspects de la direction académique et offrent une orientation utile aux doyens, directeurs académiques et autres responsables des écoles de théologie. Ce livre promet d'être une ressource utile pour les institutions de formation et un précieux guide.

Pablo Sywulka, docteur en théologie
Doyen émérite,
Seminario Teológico Centroamericano (SETECA),
Guatemala City, Guatemala

Collection ICETE

La direction académique dans la formation théologique

Volume 1

La direction académique dans la formation théologique
Volume 1
Les fondements

Sous la direction de
Fritz Deininger et Orbelina Eguizabal

Directeur de collection
Riad Kassis

© Fritz Deininger et Orbelina Eguizabal, 2021

Publié en 2021 par Langham Global Library
Une marque de Langham Publishing
www.langhampublishing.org

Les éditions Langham Publishing sont un ministère de Langham Partnership.

Langham Partnership
PO Box 296, Carlisle, Cumbria, CA3 9WZ, UK
www.langham.org

ISBNs :
978-1-78368-597-4 Print
978-1-83973-501-1 ePub
978-1-83973-503-5 PDF

Conformément au « Copyright, Designs and Patents Act, 1988 », Fritz Deininger et Orbelina Eguizabal déclarent qu'ils sont en droit d'être reconnus comme étant les auteurs de cet ouvrage.

Tous droits réservés. La reproduction, la transmission ou la saisie informatique du présent ouvrage, en totalité ou en partie, sous quelque forme ou par quelque procédé que ce soit, électronique, mécanique, photographique, est interdite sans l'autorisation préalable de l'éditeur ou de la Copyright Licensing Agency. Pour toute demande d'autorisation de réutilisation du contenu publié par Langham Publishing, veuillez écrire à publishing@langham.org.

Sauf indication contraire, les citations bibliques sont tirées de la Bible version Segond 21 Copyright ©2007 Société Biblique de Genève. Reproduit avec aimable autorisation. Tous droits réservés.

Traduit de l'anglais par Joelle Giappesi.

Édition originale publiée en langue anglaise sous le titre : *Leadership in Theological Education, volume 1, Foundations for Academic Leadership*, Carlisle, Langham Global Library, 2017.

Les citations qui figurent dans ce livre et sont tirées d'ouvrages en anglais ont toutes été traduites par la traductrice.

British Library Cataloguing in Publication Data
A catalogue record for this book is available from the British Library

ISBN : 978-1-78368-597-4

Mise en page et couverture : projectluz.com

Langham Partnership soutient activement le dialogue théologique et le droit pour un auteur de publier. Toutefois, elle ne partage pas nécessairement les opinions et avis avancés ni les travaux référencés dans cette publication et ne garantit pas son exactitude grammaticale et technique. Langham Partnership se dégage de toute responsabilité envers les personnes ou biens en ce qui concerne la lecture, l'utilisation ou l'interprétation du contenu publié.

Préface

Pour qu'un groupe social soit durable, il doit porter son attention sur la composition de ses responsables et de ses membres. Il en va de même pour l'Église. Chaque fois qu'elle connaît une croissance quantitative significative, ce besoin de développement de ses responsables se fait particulièrement ressentir, afin d'empêcher l'Église de s'éloigner de sa mission et de ses valeurs. Comme l'ont montré Philip Jenkins, Andrew Walls et Lamin Sanneh, le centre de l'évangélisme, voire de l'Église dans son ensemble, s'est déplacé de l'Occident vers le Sud et l'Est du globe. C'est dans les pays émergents que la plus grande croissance d'églises a lieu, tout comme les plus grands risques d'ailleurs. La formation théologique évangélique joue un rôle central dans la croissance et la pérennité de l'Église. Si la mission de l'Église est d'atteindre et de servir le monde, la mission des institutions de formation théologique est de servir l'Église en formant des responsables pour sa mission : l'école théologique n'est donc pas une fin en soi, mais un instrument « missionnel » entre les mains de l'Église.

L'activité du chef de l'établissement (doyen) et du directeur académique est au cœur même de ce rôle de l'école. Alors que le chef d'établissement dirige l'institution dans son ensemble et prend les décisions vitales concernant la réalisation de la mission et de la vision de l'école, il travaille en collaboration étroite avec le directeur académique afin que ce dernier puisse « diriger depuis le centre », pour paraphraser le titre d'un livre de Jeanne McLean (*Leading from the Center*). Ce centre est le point d'intersection où le chef d'établissement, les enseignants, les étudiants, le conseil d'administration et les parties prenantes de l'institution se rencontrent et travaillent ensemble au sein de la communauté d'apprentissage. Malgré l'importance évidente de leurs fonctions, les chefs d'établissement et les directeurs académiques des écoles de théologie parviennent souvent à leurs postes respectifs sans formation professionnelle spécifique à leur fonction. Les directeurs académiques se retrouvent souvent à ce poste parce que : a) ils sont organisés ; b) ils sont disponibles ; c) ils s'entendent bien avec les autres membres de l'institution. Cependant, ils se retrouvent bien souvent mal préparés pour la tâche qui leur est confiée, avec peu de ressources, peu de soutien pour un rôle par ailleurs souvent mal compris par leurs pairs. Il n'est pas étonnant que leur « durée de vie » dans ce poste soit souvent relativement courte. Leur travail et leur vocation se placent au centre névralgique de l'institution, mais leur manque de préparation et de soutien professionnels peut les frustrer et affaiblir l'institution dans son ensemble, et par là-même, la réalisation de sa mission. Ces hommes et ces femmes dévoués ne méritent pas un tel sort.

Ce volume, et ceux qui suivront, si Dieu le veut, ont pour but de mieux équiper les chefs d'établissement et les directeurs académiques des institutions théologiques évangéliques et de leur fournir des ressources qui contribuent à une plus grande satisfaction et un plus grand épanouissement. Nous croyons qu'il en résultera, non seulement davantage de bien-être et de longévité des responsables académiques, mais aussi de fécondité de l'institution elle-même dans la réalisation de sa mission et de sa vocation pour le compte de l'Église, en collaboration et en synergie avec les institutions sœurs voisines, et, en fin de compte, pour la *missio Dei*. C'est ce que nous souhaitons et appelons de nos prières pour le présent ouvrage et les tomes qui le suivront.

Paul Sanders
Directeur international émérite, ICETE

Remerciements

L'ICETE Programme for Academic Leadership (IPAL) s'est développé à partir de 2005, lorsque le premier colloque pour la direction académique a été organisé à Bangkok, en Thaïlande. Depuis lors, de nombreuses sessions de formation pour le développement des compétences des responsables académiques ont été organisées dans différentes parties du monde. Le projet de cet ouvrage sur les fondements de la direction académique a vu le jour au cours de ces colloques. De nombreux participants ont exprimé le besoin d'avoir un manuel qui fournirait un éclairage utile sur le travail de la direction académique. En tant que directeurs de l'ouvrage, nous sommes convaincus que les diverses contributions fourniront aux responsables académiques des connaissances utiles que ces derniers pourront mettre en œuvre dans la formation théologique.

Il s'agit d'un projet du Conseil international pour la formation théologique évangélique (ICETE). Nous sommes reconnaissants de l'encouragement et du soutien de la direction de l'ICETE, en particulier des professeurs Paul Sanders et Riad Kassis, tous deux directeurs internationaux émérites de l'ICETE.

Nous remercions les différents auteurs dont les compétences et l'expérience en matière de formation théologique sont évidentes lorsqu'ils abordent les différents thèmes de cet ouvrage. Ils viennent de différents milieux culturels et œuvrent dans la formation théologique dans diverses parties du monde. La participation de formateurs ayant une expérience interculturelle a été l'un des principaux objectifs de la production de ce livre. Sans leur bonne volonté pour consacrer du temps et de l'énergie à la compilation d'informations précieuses, il n'aurait pas été possible de réaliser ce projet. Nous tenons également à remercier Paul Sanders qui a relu les chapitres et émis des suggestions précieuses pour l'amélioration de l'édition française du livre.

Il n'aurait pas été possible de produire cet ouvrage sans le soutien financier d'une généreuse fondation. Nous sommes reconnaissants à ceux qui ont soutenu ce projet.

Enfin, et surtout, nous voulons remercier Dieu de nous avoir permis de réaliser ce projet malgré les nombreux autres défis en cours.

Fritz Deininger et Orbelina Eguizabal
Directeurs de l'ouvrage

Introduction

Les responsables académiques jouent un rôle essentiel dans la réalisation de la mission et de la vision des institutions de formation. Ils sont souvent appelés à servir à un niveau de responsabilité que l'on attend d'eux, certes, mais pour laquelle ils n'ont pas été formés. Afin de les aider dans leurs fonctions, de nombreux ouvrages traitant des questions d'administration, de direction académique et de domaines connexes sont publiés chaque année, principalement dans le contexte nord-américain. Cependant, à mesure que nous nous rendons dans d'autres régions du monde pour proposer des colloques organisés par l'ICETE Programme for Academic Leadership (IPAL), nous sommes confrontés au besoin de fournir des manuels qui proposent aux responsables académiques de ces régions les connaissances nécessaires pour relever les défis quotidiens dans leur recherche de qualité et d'excellence.

Ce livre est le premier d'une série de livres sur la direction académique, conçue au moment même où l'IPAL a été officiellement créé en septembre 2010, lors de la réunion du conseil exécutif de l'ICETE à Medellín, en Colombie. C'est à cette époque que Fritz Deininger fut nommé au poste de coordinateur du programme. En effet, l'IPAL s'engageait, en sus de ses autres responsabilités, à fournir une formation aux responsables académiques des écoles de théologie en relation avec les huit agences régionales d'accréditation de l'ICETE, ainsi qu'à publier les documents utilisés dans cette formation. Après un certain nombre de conversations avec les membres du conseil exécutif de l'ICETE lors de la conférence continentale triennale de l'AETAL (Asociación Evangélica para la Educación Teológica en América Latina), qui a suivi la réunion du conseil à Medellín, Colombie, j'ai (Orbelina Eguizabal) été invitée à me joindre à leur projet, travaillant avec Fritz Deininger comme co-directrice des ouvrages de la série sur la direction académique.

Ainsi, la finalité de ce projet est de fournir des manuels de qualité à utiliser dans les colloques de l'IPAL organisés dans le monde entier. Cette première série se compose de trois manuels :

1) Fondements de la direction académique.
2) Fondements pour le développement du cursus.
3) Fondements pour le développement du corps enseignant.

Le présent ouvrage sur les fondements de la direction académique ne se prétend pas un manuel complet sur le sujet. Notre but est plutôt de présenter des aspects essentiels de la direction académique à l'intention des responsables académiques d'institutions théologiques. Nous proposons une structure en quatre sections principales auxquelles différents auteurs ont contribué par des sujets qui représentent leurs domaines d'expertise et leur compréhension du travail difficile des responsables académiques.

La première partie traite des fondements de la formation théologique. Le premier chapitre établit les fondements bibliques de la formation théologique selon trois perspectives : le bien-être du peuple de Dieu, l'avancement de la mission de Dieu et la préservation de l'intégrité de la foi chrétienne. Ce chapitre conclut que l'apprentissage théologique est un élément nécessaire dans le déroulement de la finalité divine. Le deuxième chapitre donne des lignes directrices pour l'élaboration d'une philosophie opérationnelle de la formation théologique, que l'auteur propose comme moyen pratique de passer de la philosophie à la stratégie. Au chapitre 3, l'auteur suggère que toute institution théologique a besoin d'une terre promise, tout comme elle a besoin d'un Moïse pour l'y conduire. Pour passer de la finalité à la réalité, il est nécessaire d'avoir une vision, une mission et des valeurs bien définies afin de façonner les objectifs de la formation théologique. Le chapitre 4 traite des facteurs qui contribuent à former des étudiants qui pourront par la suite démontrer la qualité de leur formation théologique par l'excellence de leur propre pensée et de leur ministère dans la communauté chrétienne et la société en général. L'auteur souligne que « le facteur le plus important est le fait que l'institution de formation soit une communauté d'apprentissage, engagée non seulement à bien faire les choses, mais à toujours les faire mieux » (p. 101).

La deuxième partie porte sur les caractéristiques et les responsabilités de la direction académique. Dans les chapitres 5 et 6, l'auteur présente des connaissances acquises en tant que doyen dans une institution théologique à Bangkok durant de nombreuses années. Le chapitre 5 traite de la relation entre le doyen et le directeur académique travaillant de concert dans la formation théologique. Les aspects abordés dans ce chapitre supposent une structure organisationnelle dans laquelle le directeur académique rend compte au doyen de l'institution et travaille directement avec lui. Le chapitre suivant porte sur la direction académique en tant que ministère chrétien et sur les défis que posent la position et les fonctions du directeur académique.

La troisième partie porte sur certaines des pratiques essentielles requises dans l'administration universitaire. Le chapitre 7 explique ce qu'est la planification stratégique en la comparant à ce qu'elle n'est pas. L'auteur fournit également des lignes directrices détaillées pour l'élaboration d'un plan stratégique et certaines considérations pour sa mise en œuvre, en tenant compte des différents niveaux de direction académique de l'institution ainsi que de son corps professoral. Le chapitre 8 traite du processus d'accréditation. En se basant sur son expérience de l'accréditation en contexte européen, l'auteur aide à comprendre les enjeux de l'accréditation ainsi que certaines idées fausses que peuvent avoir les responsables académiques. Il aborde également le travail considérable qu'exige l'accréditation. Le chapitre 9 traite d'un sujet crucial étroitement lié à l'accréditation, à savoir le processus d'évaluation des établissements. S'appuyant sur son expérience de l'accréditation de l'enseignement supérieur en Amérique du Nord, l'auteur donne des indications pratiques sur le *quoi*, le *pourquoi* et le *comment* de l'évaluation, montrant aux lecteurs que « l'évaluation est inutile si elle n'apporte pas d'amélioration ».

La quatrième partie est composée de trois chapitres qui traitent des différentes pratiques inhérentes à une direction académique efficace. Le chapitre 10 porte sur les responsables académiques comme agents du changement. Il souligne les aspects du changement organisationnel qui aideront les responsables académiques à mieux comprendre les enjeux du changement. Il traite également de la façon dont l'environnement qui entoure l'institution ainsi que l'environnement et la culture internes de l'institution influencent le changement. Les caractéristiques des agents du changement et certaines recommandations à l'intention des dirigeants académiques sont également incluses dans la discussion. Le chapitre 11 traite des conflits et de la perspective biblique de la gestion des conflits. L'auteur propose une méthode pratique pour la résolution de conflit. Enfin, le chapitre 12 est une réflexion au cours de laquelle l'auteur se plonge dans sa propre expérience pour partager ce qu'il considère comme les caractéristiques et les compétences nécessaires à une direction féconde.

Nous espérons que les responsables académiques en poste dans les institutions de formation théologiques tireront profit de la lecture de chaque chapitre et des points de réflexion et d'action en fin de chapitre. Ces derniers ont été conçus pour aider les lecteurs à réfléchir sur la façon dont les questions abordées par les auteurs reflètent leurs propres pratiques en tant que responsables.

Nous aimerions conclure cette introduction par les mots de Gordon T. Smith, doyen de l'Ambrose University College and Seminary et professeur de théologie systématique :

> Les bons dirigeants académiques se soucient des autres ! Et ils se soucient également d'un bon parcours d'études. Tout comme ils se préoccupent de l'enseignement et de l'apprentissage. Mais leur

travail est intrinsèquement institutionnel ; leur discipline académique, pourrait-on dire, est l'école ou l'université. Leur énergie mentale et émotionnelle – pensée critique, créativité, résolution de problèmes, compréhension nuancée et complexe – porte son attention sur le phénomène de l'institution[1].

Fritz Deininger et Orbelina Eguizabal
Directeurs de l'ouvrage

---

1. Gordon T. Smith, « Foreword », dans *Thriving in Leadership: Strategies for Making a Difference in Christian Higher Education*, sous dir. Karen A. Longman, Abilene, TX, Abilene Christian University Press, 2012, p. 15.

Première partie

Fondements pour la formation théologique

1

Économe de la maisonnée de Dieu
Fondements bibliques de la formation théologique

Dieumeme Noëlliste

Depuis quelque temps, la formation théologique fait l'objet de sévères critiques. Un mécontentement s'est fait entendre sur pratiquement tous les aspects de cette entreprise. Certains l'ont estimée incohérente[1]. D'autres lui ont reproché de trop mettre l'accent sur la tête, et de négliger, par conséquent, le cœur et les mains[2]. D'autres encore lui ont reproché de résister au changement et de ne pas être attentive aux nouvelles mentalités, aux réalités contextuelles et aux besoins contemporains[3]. Dans le monde non occidental, d'aucuns l'ont considérée comme l'otage du *modus operandi* occidental[4].

---

1. Voir Edward FARLEY, *Theologia: The Fragmentation and Unity of Theological Education*, Philadelphia, PA, Fortress, 1983.
2. Voir R. Albert MOHLER, Jr. et D. G. HART, sous dir., *Theological Education in the Evangelical Tradition*, Grand Rapids, MI, Baker, 1996, p. 12, où on considère que cette tendance est un facteur important pour l'ambivalence et le malaise éprouvés dans le monde évangélique par rapport à l'érudition théologique.
3. Voir Manfred W. KOHL et A. N. Lal SENANAYAKE, sous dir., *Educating for Tomorrow: Theological Leadership for the Asian Context*, Bangalore, India, SAIACS Press and Overseas Council International, 2002 ; surtout les chapitres 1 et 2.
4. Kosuke KOYAMA, « Theological Education: Its Unities and Diversities », article présenté à la rencontre biennale de l'Association of Theological Schools, Pittsburgh, PA, 15-16 juin 1992, p. 10.

Ces détracteurs ont soulevé des questions touchant à la valeur même du projet de la formation théologique. R. Albert Mohler Jr. et D. G. Hart affirment que, malgré le rôle joué par la formation théologique dans la croissance et le dynamisme du mouvement évangélique au cours des siècles, son importance par rapport à ce mouvement « a souvent été sous-estimée, sinon ignorée[5] ». Une critique récente exprime une désapprobation encore plus radicale : « La formation théologique en général, accuse-t-elle, souffre de quatre maux : elle est dispensée par des personnes inappropriées dans un endroit inapproprié avec un programme inapproprié sous une supervision inappropriée[6] ».

Massive et acerbe, cette avalanche de critiques est loin de représenter la totalité des opinions au sujet de l'entreprise. Parallèlement, cependant, il existe une ligne de réflexion qui demeure plus favorable à cette activité de formation, tout en reconnaissant les défis qu'elle comporte. On y remarque non seulement une affirmation de l'utilité de la formation théologique, mais aussi une justification nuancée et un optimisme prudent à l'égard de son avenir[7].

À ce stade, il semble juste de se demander quel éclairage l'Écriture peut apporter à ce débat. Dans son exposé sur la nature de la révélation, Geerhardus Vos fait l'affirmation suivante : ce que Dieu révèle de lui-même a été donné pour répondre aux « besoins [pratiques] de son peuple au cours de l'histoire[8] ». Si la formation théologique est tant soit peu importante pour le bien-être du peuple de Dieu, il n'est pas déraisonnable de s'attendre à trouver dans la révélation de Dieu quelques indices à cet effet. En effet, la thèse du présent chapitre est la suivante : l'Écriture confirme non seulement l'utilité de la formation théologique, mais l'étendue des références comporte aussi des éléments suffisants pour établir une apologétique en faveur de la nécessité même de l'entreprise.

Au cœur de notre argumentation se trouve l'affirmation suivante : *bibliquement, la formation théologique constitue un accompagnement essentiel au déploiement du plan et de l'entreprise de Dieu*. Je tenterai d'établir le bien-fondé de cette affirmation en développant l'importance de la formation théologique

---

5. MOHLER et HART, *Theological Education in the Evangelical Tradition*, p. 12.
6. KOHL et SENANAYAKE, *Educating for Tomorrow*, p. 31.
7. Voir International Council for Evangelical Theological Education, *Manifesto for the Renewal of Theological Education*, 1983, 1991 ; Robert BANKS, *Reenvisioning Theological Education: Exploring a Missional Alternative to Current Models*, Grand Rapids, MI, Eerdmans, 1999 ; Daniel O. ALESHIRE, *Earthen Vessels: Hopeful Reflections on the Work and Future of Theological Schools*, Grand Rapids, MI, Eerdmans, 2008.
8. Geerhardus Vos, *Biblical Theology: Old and New Testaments*, Grand Rapids, MI, Eerdmans, 1948, 1985, p. 9.

pour trois éléments du projet divin : le bien-être du peuple de Dieu, l'avancement de la mission de Dieu, et la sauvegarde de la foi chrétienne.

La formation théologique et le bien-être du peuple de Dieu

C'est une vérité bibliquement fondée que le bien-être de l'humanité est une préoccupation primordiale de Dieu. La Bible s'ouvre et se termine sur un même tableau heureux : celui de l'humanité jouissant du bonheur suprême en présence de Dieu (Gn 1.26-31 ; Ap 21.1-4 ; 22.1-6). Selon le plan de Dieu, la félicité première, inaugurée et ensuite perdue dans le jardin d'Éden, sera rétablie dans la cité éternelle de Dieu à l'achèvement de son projet de rédemption. Cependant, en attendant, le plan de Dieu pour le bien-être de son peuple se poursuit, et la Bible situe la formation théologique au cœur de la mise en œuvre de ce plan. Cela devrait être tout à fait évident lorsqu'on considère la manière dont la formation théologique se soucie du peuple de Dieu et contribue à sa sécurité et à son renouvellement. Une étude des Écritures révèle que la réalisation de chacun de ces objectifs nécessite une réflexion théologique importante. Passons-les en revue, chacun à son tour.

Prendre soin du troupeau grâce à un ministère pastoral assidu

Les soins sont essentiels au bien-être de toute chose. Le soin, c'est l'attention qu'on doit accorder à un être afin de promouvoir sa croissance, maintenir sa condition et assurer son épanouissement continu. Dans la Bible, l'importance des soins pour le bien-être du peuple de Dieu est considérée si élevée que leur provision est confiée à ceux reconnus comme experts en la matière : les bergers ou pasteurs. Dans le psaume 23, David décrit Yahweh en termes de berger – son berger (v. 1). Dans le Nouveau Testament, cette appellation est attribuée à Jésus, qui se désigne le « bon berger » (Jn 10.11). Comme pour Yahweh, le rôle de Jésus en tant que berger concerne précisément son peuple (Jn 10.14 ; Hé 13.20). L'activité pastorale s'exerce pour le bénéfice d'un troupeau dans le besoin. Selon Jésus, les troupeaux sans berger sont vulnérables et exposés au danger, privés des soins nécessaires (Mt 9.36 ; cf. Ez 34).

La conscience aiguë de Jésus quant aux soins pastoraux dont les gens ont besoin explique la signification de l'appel et de la formation adressés à Pierre en vue de cette tâche pour le bénéfice de son Église. Jean 21.15-17 est l'expression par excellence de l'appel adressé à Pierre. Jésus avait dit auparavant que Pierre jouerait le rôle principal dans l'émergence de la communauté messianique (Mt 16.17-20). Maintenant que l'heure de l'accomplissement de cette promesse approche, Jésus juge nécessaire de renouveler son appel à Pierre. Ici, la préoccupation de Jésus est manifestement pastorale. Cela ressort clairement de la triple mission qu'il confie à Pierre dans Jean 21 : « nourris mes agneaux » (v. 15) ; « prends soin de mes brebis » (v. 16) ; et « nourris mes brebis » (v. 17). La tâche principale confiée à Pierre exige donc la provision d'une nourriture convenable et d'une conduite appropriée à un troupeau qui ne peut pas se suffire à lui-même.

Pour Jésus, ce besoin de soins est urgent et la tâche pastorale, sérieuse. D'abord, le rassemblement du troupeau était imminent (Jn 21.1-14). Pour éviter sa ruine, la tâche pastorale devait commencer pour de bon. Ceux qui seront rassemblés auront urgemment besoin d'être nourris et soignés[9]. Ensuite, il faut pourvoir à ces soins avec sérieux puisque les bénéficiaires sont des personnes chères à Jésus : il les appelle « *mes* agneaux » et « *mes* brebis ». Enfin, la fonction du berger est empreinte de noblesse, car elle est le prolongement de ce que Jésus lui-même a fait pour le bien du troupeau.

Mais comment se prépare-t-on à jouer ce rôle si noble ? Le cas de Pierre démontre clairement que la responsabilité du berger n'est pas confiée à tout un chacun sans égard à l'état de préparation. *La fonction pastorale est une vocation qui requiert une préparation digne de sa nature.* Les Évangiles montrent qu'avant que cette fonction ne soit confiée à Pierre, il a dû poursuivre un programme de formation très rigoureux, comportant trois niveaux distincts de préparation. Tout d'abord, comme membre de premier plan parmi les Douze, Pierre fait partie de la petite communauté étroitement liée à Jésus, et de ce fait est profondément baigné dans le régime de formation conçu par Jésus à l'intention du groupe. Les Évangiles nous apprennent que ce programme était soutenu, continu, intensif et vaste. Non seulement ce programme exigeait des disciples qu'ils démêlent des enjeux complexes et étudient des questions épineuses, mais il les amenait aussi à faire face à des situations difficiles et les plongeait dans des expériences émotionnellement intenses.

Ensuite, comme membre du groupe de trois, Pierre fait partie du cercle intime de Jésus (Mc 9.2). À ce titre, il est exposé à des choses que les autres disciples n'ont pas l'occasion de voir. On pense, par exemple, à la Transfiguration, où Jésus accorde au trio privilégié un aperçu inédit de sa gloire spectaculaire

---

9. *Ibid.*

(Mt 17.1-11). Cette expérience impressionne tellement Pierre qu'il s'en servira plus tard pour renforcer l'autorité de son propre enseignement (2 P 1.12-18).

Enfin, le tempérament et la personnalité de Pierre donnent à son expérience d'apprentissage un caractère particulier. De nature curieuse, il obtient souvent de Jésus une explication détaillée qui ne semble pas avoir fait partie du plan de leçon au départ (Jn 13.6-10). Trop franc, il a tendance à faire des maladresses ; mais Jésus s'en sert toujours comme des occasions de corriger, reprocher, et même exercer un ministère pastoral envers cet apprenti naïf et impressionnable (Mt 16.22-23 ; Jn 13.8, 36-40 ; Mt 26.40). Impulsif, il se retrouve dans des situations d'apprentissage vraiment extraordinaires (Mt 14.28-31). Le manque de place ici ne nous permet pas de décrire l'attention et la formation particulière que Pierre reçoit parfois de la part de Jésus lui-même (Mt 16.22-23 ; 17.24-27 ; 21-22).

Mais curieusement, même cette formation soutenue de la part du Maître lui-même ne suffit pas à préparer pleinement Pierre pour la tâche pastorale. Une fois son travail de berger commencé, un complément de formation s'est avéré nécessaire! Par exemple, même si Jésus a dit que les brebis que Pierre devait paître incluraient des éléments non juifs (Jn 10.1b ; 17.20ss.), il lui faut l'intervention drastique de Dieu lui-même pour le persuader de tendre la main vers le contingent non juif du troupeau (Ac 10.13-16). Cette expérience a appris à Pierre que « Dieu ne fait pas de favoritisme » (Ac 10.34), mais il lui faudra quand même être réprimandé par son jeune collègue Paul pour l'aider à appliquer le principe de façon systématique (Ga 2.11-15).

Nous pouvons retenir du cas de Pierre que, bibliquement parlant, la tâche de prendre soin du peuple de Dieu n'est pas confiée sans égard pour l'état de préparation de la personne. Partout dans les Évangiles, Pierre est présenté comme le *leader* des Douze (Jn 1.42, 21.15ss ; Lc 5:5ss ; Mt 14.25-31) ; ce qui indique qu'il possédait certaines qualités de *leadership* avant d'entrer en formation. Mais à la vue de ce récit élaboré de sa formation, il est raisonnable de conclure que ses capacités innées n'ont pas été considérées suffisantes pour le rôle pastoral auquel il était appelé. Pour qu'elles le servent bien aux fins de cette tâche exigeante, elles devaient être développées, aiguisées, augmentées et complétées.

Assurer la sécurité du troupeau par le biais d'une saine théologie

Le second élément critique pour le bien-être du peuple de Dieu est la sécurité qui vient d'une saine théologie. Si les soins et la nourriture auxquels pourvoit un berger bien formé sont nécessaires à la croissance des brebis, la compréhension qu'a ce dernier des enseignements bibliques est cruciale pour leur sécurité et leur stabilité (Ep 4.13-14). Pour cela aussi, la formation théologique s'avère essentielle.

Parmi les auteurs du Nouveau Testament, Paul soulève ce point avec une force particulière et une clarté sans équivoque, aussi bien dans les Actes que dans les Épîtres pastorales. Dans les Actes, on le voit dans son discours d'adieu aux anciens d'Éphèse dans la ville côtière de Milet (Ac 20.13-31). Lors de ce message, Paul exhorte les responsables de l'église d'une manière qui rappelle la tâche que Jésus avait confiée à Pierre bien des années auparavant. Paul les supplie : « Faites donc bien attention... à tout le troupeau dont le Saint-Esprit vous a confié la responsabilité ; prenez soin de l'Église de Dieu qu'il s'est acquise par son propre sang » (v. 28). Pour Paul, comme pour Pierre, les anciens sont des surveillants divinement nommés (en grec, *episkopoi*), chargés de prendre soin (grec : *poimainein*) du troupeau de Dieu. Mais les soins dont il s'agit ont un autre accent : Paul vise ici *la protection des brebis vis-à-vis des enseignements nuisibles*. Avec un double commandement – « faites attention » (v. 28) et « restez vigilants » (v. 31) – il fait appel à la surveillance attentive qu'il juge nécessaire pour éviter que le troupeau ne soit victime des incitations nocives et des enseignements pernicieux de faux docteurs, qui sont déjà à l'œuvre aussi bien dans l'Église qu'en dehors d'elle (20.29-31). Tant que Paul était présent, ils se tenaient à distance. Maintenant qu'il est sur le point de se retirer de la scène, il incombe aux anciens d'assumer cette tâche afin de garder le troupeau en sécurité.

Mais sur quelle base Paul charge-t-il les épaules de ces dirigeants d'une tâche si lourde ? Il pouvait se permettre de faire appel à eux car il les a préparés lui-même à accomplir cette tâche ! Il insiste en passant en revue tout son ministère d'enseignement parmi eux. D'abord, il leur rappelle qu'il a exercé ce ministère avec intégrité et de façon transparente, chose qui leur est d'ailleurs bien connue (20.17, 20). Ensuite, Paul affirme que son enseignement a été assez minutieux pour libérer sa conscience de toute culpabilité. Il leur a enseigné tout ce qui pouvait leur être profitable, et cela, avec un sentiment d'urgence (v. 20). De plus, il leur a proclamé tout le conseil de Dieu (v. 27), avec beaucoup de hardiesse et de zèle, se servant de tous les moyens légitimes, et saisissant toutes les occasions pour accomplir la tâche (vs. 20, 31). John Stott résume bien l'attitude et l'approche de Paul par rapport à la formation théologique : « Il communiquait toutes les vérités possibles, à toutes les personnes possibles, de toutes les manières possibles[10]. »

---

10. John R. W. Stott, *The Message of Acts*, Leicester, Royaume-Uni, InterVarsity, 1990, p. 328.

Dans ses lettres à Timothée et à Tite, Paul continue à insister sur la nécessité de protéger les croyants par le biais d'un enseignement juste. Tout d'abord, il rappelle à ces jeunes pasteurs la réalité pernicieuse de la fausse doctrine et la menace qu'elle représente pour les églises dont ils ont la charge (1 Tm 1.3-7 ; 2 Tm 3.13 ; Tt 1.10). Ensuite, il insiste sur la nécessité de combattre cette menace par une conduite responsable et soucieuse de l'évangile. Ils doivent notamment être des responsables qui défendent la saine doctrine (1 Tm 4.16 ; 2 Tm 2.15), réfutent les faux docteurs (1 Tm 1.3 ; Tt 1.9b), et enseignent la bonne doctrine à ceux dont ils ont la charge (Tt 1.9a ; 1 Tm 4.6, 11-14). Enfin, Paul les assure qu'une telle fidélité à l'orthodoxie théologique protégera les assemblées de la ruine (Tt 1.11), et sauvera tant les prédicateurs que leurs auditeurs (1 Tm 4.16). Spécifiquement, elle les protégera du triple danger de la distraction inutile (1 Tm 1.3-9), de la tromperie nocive (2 Tm 3.6-8) et d'une destruction désastreuse (1 Tm 1.19-20).

Sur quoi se base la certitude de Paul, que ces responsables chrétiens de la deuxième génération sont susceptibles de protéger l'Église contre les attaques de faux docteurs ? Le Nouveau Testament y répond avec beaucoup de clarté : hormis la grâce de Dieu, la confiance de Paul repose sur la certitude que son investissement pour les former les a suffisamment préparés à ce défi. À beaucoup d'égards, Paul est pour Timothée et Tite ce que Jésus était pour les Douze. Comme Jésus, il les fait rentrer dans son cercle intime et leur fournit des occasions d'être formés au ministère par le biais de l'enseignement direct (2 Tm 2.2), de l'immersion dans la vie du ministère et de la participation à la pratique du ministère (Ph 2.20-22). Ainsi, si Paul peut exhorter Timothée à demeurer à Éphèse, alors que lui-même est absent, pour ordonner à certaines personnes de « ne pas enseigner d'autres doctrines » (en grec *heterodidaskalein* ; 1 Tm 1.3), c'est parce que, à la différence de ces dernières qui ne comprennent rien à ce qu'elles affirment (1 Tm 1.7), Timothée est plus avisé ! Il connaît tout sur la doctrine de Paul, sa manière de vivre, son but et sa foi (2 Tm 3.10). Ainsi, *à la différence* des faux docteurs, Timothée doit « [tenir] ferme dans ce qu'[il a] appris et reconnu comme certain, sachant de qui [il l'a] appris » (2 Tm 3.14).

Renouveler le troupeau par l'Esprit et par la Parole

Le troisième élément crucial pour le bien-être du peuple de Dieu, c'est son renouvellement en esprit. C'est par le renouvellement que nous sommes transformés pour devenir ce que Dieu veut que nous soyons (2 Co 3.18 ; 1 Co 13.13 ; 1 Jn 3.3). Mais comment le renouveau s'effectue-t-il ? Et quel rôle la formation théologique joue-t-elle dans sa réalisation ? Si nous considérons quelques exemples de renouveau dans l'Écriture, telles que la vallée des « ossements desséchés » (Ez 37), la venue de l'Esprit à la Pentecôte (Ac 2) et le réveil mené par Esdras en Israël après l'exil (Né 8), nous constatons que la formation théologique se dessine en arrière-plan pour chaque cas.

C'est un lieu commun que, bibliquement parlant, le renouveau soit l'œuvre de Dieu. Pour les prophètes, Yahweh est celui qui établit le plan et met en œuvre le programme pour la transformation radicale dont son peuple a besoin. Et partout dans l'Écriture, l'œuvre de renouveau de Dieu se réalise par l'activité de son Esprit, dont l'effusion apporte la vie (Ez 37.9-10 ; cf. Rm 8.10-11) et dont la présence intime et la plénitude produisent l'obéissance (Ez 36.27 ; cf. Ep 5.18ss.).

Bien qu'essentielle, l'action divine directe n'est pas l'unique condition pour qu'advienne le renouveau. Le rôle de la Parole de Dieu en tant qu'*instrument* du renouveau est étroitement lié à l'initiative de Dieu et à l'action de l'Esprit. Cependant, la Parole en soi n'agit pas seule, de façon *ex opere operato*. Comme nous le verrons, ceux qui expérimentent sa puissance rénovatrice ont besoin de l'aide des personnes qui en ont une compréhension et des connaissances plus profondes. Cette précision est énoncée plus d'une fois dans l'Écriture. J'examinerai plus en détail les trois exemples mentionnés ci-dessus à titre d'illustration.

Tout d'abord, considérons l'incident bien connu des « ossements desséchés » (Ez 37). La proclamation de la Parole par le prophète se présente comme essentielle au processus de faire revivre les ossements. Dans sa vision, Ézéchiel reçoit la directive de Dieu lui-même de prophétiser « sur les os » et de leur ordonner : « écoutez la parole de l'Éternel » (v. 4) ! Plus curieusement encore, le prophète reçoit l'ordre de prophétiser « à l'intention de l'Esprit » qui devait mettre en œuvre le renouvellement (v. 9) ! C'est alors qu'il effectue cette tâche de prédication à double objet, conformément à l'ordre divin (vs. 7, 10), que le processus de réveil commence réellement (v. 7b) et se voit achevé (v. 10b).

Comme le livre d'Ézéchiel le démontre, la formation du prophète pour cette tâche est non seulement manifeste mais aussi menée de façon dramatique et peu conventionnelle. Avant son appel au ministère prophétique, Ézéchiel aspirait au sacerdoce, ce qui lui a sans doute valu une certaine formation théologique. Mais la nouvelle fonction exige un tout autre niveau de préparation. Il devait absorber entièrement la parole de Dieu[11] avant même de tenter de la proclamer (Ez 2.8-3.3). Il devait « manger le livre » et ensuite proclamer son contenu à la

---

11. Christopher J. H. WRIGHT, *The Message of Ezekiel: A New Heart and a New Spirit*, Leicester, GB, InterVarsity, 2001, p. 59.

maison d'Israël (Ez 3.1). Mais même cette assimilation si entière de la Parole ne suffit pas. Vis-à-vis d'un peuple récalcitrant et à nuque raide, la communication verbale de la Parole n'est pas adéquate : il faut *la théâtraliser et la mimer* ! Et à Dieu lui-même de former le prophète à cette modalité créative de présentation prophétique. De plus, la formation implique des mises en scène étranges avec le prophète lui-même comme acteur principal (Ez 3.24-27 ; 4.4-6 ; 5.1-4 ; 24.16-17). Ces exercices rigoureux l'obligeront à se servir de sa propre personne comme le sujet de sa leçon et « signe pour la communauté d'Israël » (Ez 12.6, 10).

Une observation semblable s'impose par rapport au grand événement de réveil survenu à la Pentecôte (Ac 2). Il est clair que Dieu lui-même initie la venue puissante de l'Esprit (2.1-4). Cependant, il faut la proclamation de la Parole par Pierre pour expliquer sa signification précise à la foule perplexe, et pour faciliter un accomplissement plus vaste de la promesse divine faite à travers le prophète Joël (2.17-21). L'exposé de Pierre calme la confusion de la foule (2.12), fournit une direction appropriée à la multitude désorientée (2.37) et attire un bien plus grand nombre de personnes à expérimenter le renouveau que les 120 sur qui l'Esprit était descendu dans la chambre haute au départ (2.38-40).

Et là encore, il suffit de quelques instants de réflexion pour se rendre compte que le rôle de Pierre dans cet événement décisif de l'histoire de la rédemption est dû en grande partie à la préparation rigoureuse qu'il avait reçue de Jésus. En effet, en plus d'une forte dose de l'onction de l'Esprit, le message qu'il délivre ce jour-là reflète sa maîtrise du contenu biblique, la profondeur de sa perspective théologique, sa sophistication en matière d'herméneutique et sa pertinence dans l'application – autant d'éléments qui témoignent d'une préparation théologique solide.

Notre troisième illustration ressort de l'expérience d'Israël après l'exil. Le réveil sous la direction d'Esdras, peut-être plus que tout autre incident, révèle la puissance de la Parole pour effectuer le renouveau spirituel et le rôle auxiliaire de la formation théologique dans un tel processus. Un arrière-plan historique peut nous aider. Conformément à sa promesse de rétablir Israël comme nation après la captivité (Jr 25.11), Dieu ramène Zorobabel et un contingent de compatriotes juifs en Israël pour entamer le projet de restauration. Au programme : la reconstruction du temple (Esd 2.1-70). Zorobabel finit par réaliser cette tâche (Esd 6.14-15). Mais le projet est encore loin d'être achevé. Près de cent ans plus tard, les murs de la ville sont encore en cendres (Né 1.2-3). Pour remédier à ce triste état de choses, Dieu envoie Néhémie à la ville accablée (Né 2.1-10). Comme son prédécesseur Zorobabel, Néhémie aussi va accomplir sa tâche (Né 6.15-16). Pourtant, même ces réalisations ne signifient pas l'accomplissement de la restauration promise. En plus de la restauration du temple et la reconstruction des murs, il faut surtout le renouvellement du peuple lui-même ; et pour cela, il faut un responsable d'un autre acabit : Esdras.

La tâche d'Esdras est de toute évidence un effort de formation théologique. Sa contribution au processus de restauration consiste entièrement à immerger le peuple de Dieu dans la parole de Dieu. Néhémie montre que cet exploit se réalise au moyen d'un rassemblement spectaculaire en plein air, axé sur la Loi divine. Convoqué tous les jours pendant un mois entier (Né 8.18), le rassemblement monstre est entièrement dédié à la lecture publique de la Loi, faite par Esdras (8.3), et l'explication de son sens au peuple, faite par les Lévites (8.7-8). La rencontre, ouverte à « tous ceux qui étaient aptes à comprendre » (Né 8:2), n'est rien d'autre qu'un cours intensif d'exposés bibliques.

L'effet de transformation du peuple dû à cette exposition soutenue à la Parole est immédiat et profond. La compréhension de la Parole par le peuple produit chagrin et remords (Né 8.12, 20). Leur prise de conscience du caractère et des œuvres de Dieu dépeints dans la Loi, jointe à la reconnaissance de leur propre désobéissance, les pousse à faire une alliance solennelle avec Dieu et à s'engager avec serment à « marcher suivant la loi de Dieu... et à mettre en pratique tous les commandements, les règles et les prescriptions de l'Éternel » (Né 10.29). Sous le faisceau de lumière de la Parole et son examen pénétrant, un peuple qui a connu des années de décadence spirituelle pendant l'exil s'éveille enfin à sa responsabilité de suivre Dieu et de respecter ses lois de tout cœur.

Le rôle de la formation théologique dans ce réveil est encore plus simple. Esdras est un sacrificateur érudit. En tant que scribe (en héb. *sofer*), il est savant, versé dans l'Écriture et « avait fait de la loi écrite un sujet d'enquête[12] ».

En plus de sa formation en préparation au sacerdoce, la compétence d'Esdras est due à son dévouement à l'étude, la mise en pratique et l'enseignement de la Loi de l'Éternel (Esd 7.10). C'est ce dévouement qui lui vaut sa réputation d'enseignant compétent de la Loi de Dieu (Esd 7.25) et qui l'amène à être nommé par un roi païen pour diriger un groupe de savants (8.16-17) à l'avant-garde du mouvement d'enseignement religieux qui a produit le grand renouveau décrit ci-dessus.

---

12. Carl F. KEIL et Frans J. DELITZSCH, *I & II Kings, I & II Chronicles, Ezra, Nehemiah, Esther*, vol. 3 du *Commentary on the Old Testa*ment, Réimpression de 1969, Grand Rapids, MI, Eerdmans, 1982, p. 95.

La formation théologique et l'avancée de la mission de Dieu

Que ce soit dans l'Ancien Testament ou le Nouveau, le peuple de Dieu n'est jamais présenté dans l'Écriture comme appartenant à lui-même. Il est toujours considéré comme le peuple qui appartient à Dieu, sa propriété précieuse et personnelle (1 P 2.9). Ainsi conçu, son existence n'est pas supposée tourner autour de lui-même (1 Co 6.19 ; Rm 14.8) ; elle doit être par contre consacrée à la recherche de celui à qui il appartient (Rm 12.1-2). Dans cette perspective, le bien-être dont nous avons parlé dans la section précédente n'est pas à considérer comme un but en soi. Comme la mise en condition d'un athlète, il doit être vu comme la condition nécessaire pour l'implication dans une œuvre beaucoup plus grande – *la participation à la mission de Dieu*. Et comme tel est le cas, il s'ensuit que la pertinence de la formation théologique ne se limite pas à sa contribution au bien-être de l'Église. Elle doit forcément aussi inclure la préparation de celle-ci à un engagement significatif dans l'accomplissement de la mission divine.

Une discussion exhaustive du sens de la *missio Dei* et du rôle précis de l'Église dans sa réalisation dépasse la portée de ce chapitre[13]. Pour ce qui est de notre objectif ici, nous adopterons une position minimaliste en décrivant la mission divine et ecclésiale comme un joyau à quatre facettes, à savoir : le ministère diaconal, le témoignage kérygmatique, l'engagement prophétique et l'exaltation doxologique.

Le ministère diaconal

Selon l'Écriture, le peuple de Dieu doit être une communauté de service. Il constitue non seulement un royaume de prêtres qui existent pour servir Dieu (Ex 19.6 ; Ap 1.6), mais aussi une communauté de saints dont la raison d'être est d'être « serviteurs les uns des autres » (Ga 5.13 ; voir aussi Jn 13.12-17). C'est ainsi que, malgré son insistance sur le rôle important de pasteurs spécialement formés, Paul peut affirmer que le ministère doit engager la totalité du peuple de Dieu (Ep 4.12). Et cet engagement n'est pas un luxe ; la croissance, la stabilité, voire l'intégrité de la communauté ecclésiale en dépendent (Ep 4.13-16). Mais qu'est-ce qui rend possible ce travail diaconal ? C'est l'effet d'une double dotation, venue de l'activité du Dieu trinitaire. Tout d'abord, l'Esprit-Saint, de concert avec

---

13. Pour aller plus loin sur le sujet, voir Christopher WRIGHT, *La mission de Dieu. Fil conducteur du récit biblique*, trad. Alexandre Sarran, coll. Théologie biblique, Charols, Excelsis, 2012.

le Père et le Fils, accorde souverainement à chaque membre du corps ecclésial des dons et des capacités (grec *charismata*, 1 Co 12.1ss) pour servir le bien commun (1 Co 12.3). De plus, le Christ transcendant et céleste lui-même donne à cette communauté certaines *personnes douées* dans le but déclaré de l'habiliter (grec *katartismos*) à ce ministère diaconal mutuel. Ces personnes doivent former tout le peuple de Dieu à des « œuvres de service » (grec *ergon diàkonias*, Ep 4.12).

Dans la pensée de Paul, la mise en condition qui qualifie le peuple de Dieu à prendre part à un service diaconal opérant n'est pas fragile, mais robuste et solide. Il inclut la fermeté de sa conviction doctrinale (Ep 4.14-15), son développement dynamique, organique et communautaire (4.16), et sa croissance spirituelle constante pour être transformé à l'image du Christ (4.13). Si on va au-delà du contexte immédiat d'Éphésiens 4 pour considérer le contexte élargi du livre, on comprend rapidement que cette formation des croyants pour l'œuvre du ministère inclut la transmission de la connaissance des choses profondes de Dieu. Paul lui-même initie ce processus éducatif en proclamant à l'Église « les richesses infinies de Christ » (Ep 3.8) et en expliquant à tous le mystère rédempteur de Dieu « caché de toute éternité en Dieu » (Ep 3.9). Ce ministère diaconal n'exige rien de moins que « le développement d'un corps de théologiens "laïcs" dont le rôle est d'appuyer le ministère éducatif de l'Église[14] ».

Le rôle de la formation théologique est crucial ici. Si, pour accomplir son ministère, le peuple de Dieu doit être théologiquement formé, il va sans dire que ceux à qui cette tâche est confiée doivent être eux-mêmes théologiquement formés. La tâche diaconale de l'Église exige donc la transmission de la connaissance théologique à deux niveaux. Nous pouvons les qualifier de niveau 2 et 3, à savoir la formation des responsables d'églises et celle des laïcs respectivement. À cet égard, le théologien grec orthodoxe Calivas a raison d'affirmer que « les laïcs et les responsables d'églises doivent [...] s'efforcer d'atteindre un niveau de compétence théologique [...] et c'est toute l'Église qui doit poursuivre et pratiquer cette théologie[15] ». Ainsi considérée, la formation théologique ne peut guère être qualifiée d'élitiste. Même dans sa forme spécialisée, c'est un enseignement du peuple de Dieu pour accomplir la mission de Dieu.

---

14. Dieumeme NOELLISTE, *Toward a Theology of Theological Education*, Séoul, Corée du Sud, Commission Théologique de l'Alliance Evangélique Mondiale, 1993, p. 15.
15. Alkiviadis CALIVAS, « Theology and Theologians: An Orthodox Perspective », dans *Theological Literacy for the Twenty-First Century*, sous dir. Rodney Petersen, Grand Rapids, MI, Eerdmans, 2002, p. 30.

Le témoignage kérygmatique

En plus du ministère diaconal, un aspect important de la raison d'être du peuple de Dieu est de témoigner de la grâce rédemptrice de Dieu et, ce faisant, de servir de canal pour ses bénédictions envers le monde (Gn 12.3 ; 2 Co 5.18). Quelques instants avant sa montée au ciel, le Christ lui-même rappelle aux disciples cette responsabilité d'évangélisation. Dans ces dernières directives, il leur dit que sur la base de sa souffrance, sa mort et sa résurrection dont ils sont tous témoins, ils doivent prêcher en son nom « la repentance et le pardon des péchés... à toutes les nations, à commencer par Jérusalem » (Lc 24.47). Les disciples recevront un don particulier de l'Esprit pour cette tâche (Lc 24.49 ; Ac 1.8). Mais en plus, ils auront besoin, tout au long de leur tâche, de cette illumination cognitive que la formation théologique rend possible. Jésus l'a initiée par cette brève remise à niveau pendant laquelle il « leur ouvrit l'intelligence afin qu'ils comprennent les Écritures » (Lc 24.45). Quand la mission d'évangélisation commence réellement, Pierre, ainsi que nous l'avons déjà vu, fait bon usage de sa connaissance théologique pour expliquer à la foule stupéfaite ce dont ils sont témoins (Ac 2.14). À mesure que la mission avance, Philippe fera pour l'eunuque éthiopien, ouvert à l'enseignement et pourtant ignorant, ce que Jésus a fait pour les disciples. L'eunuque lit assidûment le prophète Ésaïe sans en comprendre le sens. Philippe doit ouvrir l'esprit de cet homme pieux pour comprendre ce qu'il lit *en lui expliquant les Écritures* (Ac 8.30-35). Notons que c'est l'Esprit même qui envoie Philippe vers le char de l'eunuque pour exécuter cette mission d'enseignement. Il est significatif que l'Esprit ait jugé nécessaire d'employer un agent humain pour achever une tâche didactique qu'il serait lui-même capable d'accomplir (Jn 14.25) !

Dans l'étape finale de la mission, alors que Paul, en tant qu'apôtre des non-Juifs, est chargé d'apporter le message de la rédemption dans la totalité du monde connu, il se rend compte, peut-être plus que ses collègues, de l'importance d'un fondement théologique solide pour la tâche missionnaire. Ainsi, dès son arrivée dans l'importante ville d'Éphèse, il reconnaît l'insuffisance de la connaissance théologique des disciples qui s'y trouvent (Ac 19.2ss.) et décide immédiatement d'y établir un centre de formation théologique pour remédier à cette faille (Ac 19.8-10). Il s'avère que l'effort ne produit pas seulement une augmentation du savoir théologique ; plus important encore, il mène à la diffusion de la Parole du Seigneur parmi tous les habitants de la province d'Asie (Ac 19.10) et, par conséquent, à la célébration de la grandeur du nom du Seigneur dans cette ville païenne (19.17).

L'engagement prophétique

Le mandat d'évangélisation décrit dans la section précédente va de pair avec l'ordonnance biblique faite au peuple de Dieu d'engager la société à considérer les implications du message de Dieu pour le monde. Dans l'Écriture, Israël tout comme l'Église est exhorté à servir de lumière dans un monde ténébreux (Es 42.6 ; Mt 5.14 ; Ph 2.14-15). Pour Jésus, cette ordonnance n'est pas réalisée par une relation à distance vis-à-vis du monde, mais plutôt par un engagement de proximité. Il prie spécifiquement pour que son peuple ne soit pas retiré du monde (Jn 17.15). Son désir, c'est qu'ils soient *dans* le monde sans toutefois être *du* monde (Jn 17.16). De plus, selon Jésus, pour que cet engagement soit authentique, il ne doit pas se résumer à une simple présence ecclésiale ; il doit comporter des actions cohérentes avec l'autorité et l'intégrité ecclésiales. En témoigne son commandement aux disciples de continuer la mission qu'il a lui-même initiée : « Tout comme tu m'as envoyé dans le monde, je les ai moi aussi envoyés dans le monde » (Jn 17.18). Les Évangiles nous montrent que la pratique missionnaire de Jésus n'était rien de moins que profondément prophétique. Dans la conduite de sa mission, il avance des propos qui remettent en cause le statu quo (Mt 23.1ss.). Il soutient des valeurs allant à contre-courant de celles prisées par sa culture (Mc 2.23-28). De plus, il s'engage dans des actions qui dérangent l'ordre socio-culturel établi (Mc 3.4-6 ; Jn 4.27).

Qu'est-ce que la formation théologique a à faire avec le rôle de l'Église dans l'accomplissement de ce mandat prophétique et « missionnel » ? Jésus répond à cette question dans un autre de ses derniers discours aux disciples avant son ascension. Dans Matthieu 28.16-20, Jésus donne encore un autre mandat aux Onze, mais cette fois-ci son objet ne vise ni les soins pastoraux, ni l'évangélisation. Son objectif est *la formation des disciples.* La directive qu'il leur adresse est de « faire de toutes les nations des disciples » (en grec, *matheusete* ; v. 19). À partir de la structure de ce texte, les spécialistes bibliques soutiennent que le commandement de faire des disciples en est le cœur. Par exemple, après une étude exégétique approfondie, Donald Hagner, conclut que « l'accent dans l'ordre missionnaire est mis non sur la proclamation initiale de l'évangile [comme on le suppose souvent] mais plutôt sur la tâche plus ardue d'accompagner les convertis jusqu'à en faire des disciples[16] ». Hagner continue en précisant que l'idée centrale exprimée dans l'impératif missionnaire est « renforcée et expliquée » par

---

16. Donald A. HAGNER, *Biblical Word Commentary: Matthew 14–28*, Dallas, TX, Word, 1995, p. 887.

l'injonction auxiliaire « enseignez-leur à mettre en pratique tout ce que je vous ai prescrit[17] ».

Manifestement, le but de cet impératif missionnaire du Seigneur est de répandre dans les nations des communautés de disciples semblables à celle qu'il a lui-même établie en Israël. Ses disciples doivent alors faire pour les croyants futurs ce que Jésus lui-même a fait pour eux[18]. Comme il leur a servi d'enseignant en théologie, de même doivent-ils servir d'enseignants en théologie à l'Église qui va naître sur la scène mondiale. Et selon Jésus, ce n'est pas un besoin temporaire. Cela doit continuer ainsi « jusqu'à la fin du monde » (Mt 25.20). Voici une responsabilité ecclésiale perpétuelle de « transmettre [les enseignements de Jésus] et de s'assurer que les nouveaux disciples en fassent leur mode de vie[19] ». Mais que vise cette formation de disciples ? Nous trouvons un indice de réponse dans la clarification que Jésus donne concernant le contenu et le but du mandat, à savoir : d'enseigner aux chrétiens partout « à mettre en pratique tout ce que je vous ai prescrit » (Mt 28.19). En bref, l'injonction se résume à un enseignement en vue de l'obéissance.

Mais qu'est-ce que cela signifie au juste ? Une lecture sommaire de l'Évangile selon Matthieu suffit pour noter que l'ensemble des commandements à enseigner et auxquels il faut obéir n'est pas une littérature affable, aisément assimilée aux cultures. Pour le premier des évangélistes comme pour ses collègues, l'enseignement de Jésus est révolutionnaire. Primordial dans cet enseignement est le Sermon sur la Montagne, qui incarne les valeurs et les exigences du royaume que Jésus a inauguré, connu pour son caractère non-conformiste et contre-culturel[20]. Comme la pratique missionnaire de Jésus et de ses disciples le démontre, engager la société par l'enseignement et l'exercice de ce message constitue une position prophétique coûteuse. Pourtant, c'est à une telle vie de disciple qu'une formation théologique pertinente et « missionnelle » doit préparer le peuple de Dieu. Selon les termes du théologien chinois Carver Yu, il s'agit d'une formation théologique qui « implique la dimension ecclésiale et… habilite l'Église » à engager le monde par un témoignage prophétique incisif et transformant[21]. Vu sous cet angle, la formation théologique constitue une dimension essentielle de la mission. C'est

---

17. *Ibid.*
18. *Ibid.*, p. 888.
19. *Ibid.*
20. Voir l'étude approfondie de John Stott du Sermon sur la Montagne, intitulée *Christian Counter-Culture*, Downers Grove, IL, InterVarsity, 1978.
21. Carver Yu, « Engaging the Ecclesial Dimension: Theological Education that Empowers the Church », dans *The Pastor and Theological Education: Essays in Memory of Derek*

l'aspect du ministère d'enseignement de l'Église qui comporte un témoignage pertinent du royaume en vue de la transformation du monde dans le sens de la volonté de Dieu (Mt 6.10). Selon le théologien M. Daniel Carroll R., cette tâche « missionnelle » invite la formation théologique, où qu'elle opère, à créer et à encourager un style de vie pour les chrétiens « qui soit séparé du monde – tout en étant pour le monde » ; et ceci, en discernant « comment mieux incarner les idéaux de Dieu pour notre époque dans divers cadres du monde entier[22] ».

L'exaltation doxologique

Cependant, dans la perspective scripturaire, aucune des facettes mentionnées ci-dessus ne constitue la raison d'être suprême de la mission de Dieu : elles ne sont que des dimensions pénultièmes du but et de l'intention divins. En fin de compte, la mission de Dieu trouve sa fin en Dieu. Chacun des divers aspects doit trouver sa réalisation dans la louange et la gloire qui lui sont rendues. Si le peuple de Dieu se fortifie à travers le ministère diaconal, c'est afin que, en tant que royaume de prêtres, il serve Dieu en déclarant ses louanges (Ex 19.5 ; 1 P 2.9 ; Ap 1.6), et qu'il présente des sacrifices spirituels qui lui sont agréables (1 P 2.5). Si le peuple de Dieu attire l'attention du monde par une vie de disciple qui s'exprime par un témoignage prophétique robuste et tranchant, c'est afin qu'ayant vu ses bonnes œuvres, les gens glorifient Dieu (Mt 5.16). S'il se prévaut du privilège et de l'occasion qui lui sont offerts de communiquer aux autres la bonne nouvelle de la grâce réconciliatrice de Dieu, c'est ultimement « en son nom », c'est-à-dire, en vue de sa renommée (Rm 1.5).

Dans la mesure où la formation théologique permet au peuple de Dieu d'atteindre ces objectifs pénultièmes qui contribuent à la louange de Dieu, elle contribue, elle aussi, à l'accomplissement de ce but « missionnel » ultime. Mais sa contribution devient encore plus directe et pertinente lorsqu'elle se concentre sur la tâche théologique centrale, qui consiste à élaborer les qualités et les propriétés qui démontrent le caractère unique du Dieu de la Bible parmi tous les autres prétendants au statut divin (Es 40), et ce faisant, justifient et défendent son droit d'être le seul objet d'adoration. Ainsi que Miroslav Volf l'affirme dans son article au titre intrigant « Dancing for God », pour qu'une formation théologique soit

---

Tan, sous dir. Siga Arles et al., Bangalore, Indes, Asia Theological Association, 2007, pp. 166, 177.

22. M. Daniel CARROLL RODAS., « Perspectives on Theological Education from the Old Testament », *Evangelical Review of Theology* 29, no. 3, juillet 2005, p. 235.

réellement *théologique*, elle doit « maintenir Dieu au centre » de son activité. Car, quels que soient les succès dont elle jouit dans d'autres aspects de son entreprise, si elle échoue là, elle échoue à tout[23]. La remarque de Stott sur l'introduction de Paul à l'épître aux Romains exprime la même perspective :

> La plus noble de toutes les motivations missionnaires n'est ni l'obéissance à l'ordre missionnaire (bien que cela soit très important), ni l'amour pour les pécheurs aliénés en train de périr (bien que cette incitation soit très puissante, surtout quand nous considérons la colère de Dieu au verset 18), mais plutôt le zèle – zèle ardent et passionné – pour la gloire de Jésus-Christ[24].

Cependant, faire de Dieu le point focal de nos efforts éducatifs ne signifie nullement minimiser l'importance des objectifs « missionnels » ultimes. Les précisions entre parenthèses dans la citation de Stott ont pour but de dissiper tout souci à cet égard. Mais Volf traite la question avec plus de force et d'intensité en arguant que nous servons mieux tous les autres objectifs quand nous mettons Dieu à la bonne place : la place suprême. Sa logique est irréfutable :

> Dieu est le créateur et celui qui aime sans faille sa création ; les êtres humains et leur monde sont en effet la sphère d'intérêt de Dieu. Il est impossible de danser pour ce Dieu au détriment de sa création. La danse qui plaît à Dieu doit conférer une bénédiction à ses créatures. En fait, étant donné que Dieu est la source de tout bien pour la création entière, *seule* une danse qui plaît à Dieu fera prospérer la création[25].

La formation théologique et la préservation de l'intégrité de la foi chrétienne

L'émergence de la foi chrétienne sur la scène religieuse du monde n'était pas due à une planification stratégique humaine, mais au déroulement providentiel du plan de Dieu et à l'accomplissement de son dessein. Tous les grands évènements de rédemption qui constituent les bases de la montée de la nouvelle foi

---

23. Miroslav VOLF, « Dancing for God: Challenges Facing Theological Education Today », *Evangelical Review of Theology* 29, no. 3, juillet 2005, p. 20.
24. John R. W. STOTT, *The Message of Romans: God's Good News for the World*, Leicester, GB, InterVarsity, 1994, p. 53.
25. VOLF, « Dancing for God », p. 207 (italiques dans l'original).

ont eu lieu conformément à la chronologie établie par Dieu et aux objectifs qu'il avait fixés (Ga 4.4 ; Jn 12.23 ; Ac 2.23). Gamaliel semble le reconnaître lorsqu'il conseille aux dirigeants religieux juifs d'arrêter de persécuter les partisans de la nouvelle foi, de crainte qu'ils ne se trouvent en train de « combattre contre Dieu » (Ac 5.39).

Mais, malgré la sanction divine, dès le début les pionniers de la foi chrétienne sont très francs en ce qui concernait sa vulnérabilité. Ils savent que la survie de la « nouvelle doctrine » (Ac 9.2, LSG) n'est pas une chose allant de soi, mais une cause pour laquelle il faut se battre. Ainsi, à la première génération de chrétiens déjà menacés par le danger de l'apostasie, Jude, demi-frère de Jésus, émet un plaidoyer urgent, celui de « combattre pour la foi transmise aux saints une fois pour toutes » (v. 3). Le mot grec traduit par « combattre » (*epegonizo*) fait allusion à l'effort vigoureux déployé par un athlète au cours d'une compétition intense[26]. Dans 2 Corinthiens 10, Paul précise le sens de cet effort en le décrivant en termes militaires. Pour lui, il s'agit d'un réel combat intellectuel : « Nous renversons les raisonnements et tout obstacle qui s'élève avec orgueil contre la connaissance de Dieu, et nous faisons toute pensée prisonnière pour qu'elle obéisse à Christ » (v. 5). Ce combat requiert le recrutement et l'engagement actif de tous les chrétiens, pas seulement un contingent de combattants chrétiens d'élite. L'Église toute entière est désignée « pilier et soutien de la vérité » (1 Tm 3.15). C'est pour cette raison que Pierre maintient que les chrétiens doivent toujours être prêts à donner une explication raisonnée (en grec *apologia*) chaque fois qu'on leur demande de rendre compte (en grec *logos*) de leur espérance (1 P 3.15).

Même si Pierre ne le dit pas explicitement, il est toutefois évident que cette explication intellectuelle et cognitive jugée essentielle pour préserver l'intégrité de la foi *nécessite* une préparation théologique adéquate. Le théologien orthodoxe A. Calivas le met en évidence lorsqu'il affirme que « du moment où chaque chrétien orthodoxe a part à la vie de l'église, la responsabilité lui incombe de défendre la vérité [...] *Pour cette raison* le clergé ainsi que les laïcs doivent s'efforcer de grandir en piété authentique *et* s'efforcer d'atteindre un niveau de compétence théologique... »[27]. Mais cette note qui reste à l'arrière-plan des textes mentionnés dans les paragraphes précédents vient au premier plan dans d'autres écrits de la correspondance paulinienne, notamment ses lettres à Timothée, son fils dans la foi. Selon Paul, mis à part sa pertinence pour la défense intellectuelle ci-dessus

---

26. Cleon L. ROGERS Jr. et Cleon L. ROGERS III, *The New Linguistic and Exegetical Key to the Greek New Testament*, Grand Rapids, MI, Eerdmans, 1998, p. 605.
27. CALIVAS, « Theology and Theologians », p. 30 (italiques ajoutés).

mentionnée, l'importance élevée d'avoir des responsables d'églises théologiquement compétents pour maintenir l'intégrité de la foi chrétienne est évidente à partir d'une triple perspective : celle de sauvegarder la foi, de la transmettre et de l'enseigner.

La conservation du trésor de la foi

Tout d'abord, pour l'apôtre, la formation théologique préserve la foi en s'assurant qu'elle soit précieusement conservée. Conserver précieusement ici signifie garder la foi, en préservant son intégrité et son authenticité. Conserver le trésor de la foi, c'est veiller à ce qu'elle soit protégée sous une forme pure pour les générations à venir.

L'idée de conserver le trésor de la foi dans le sens envisagé ici retentit dans toutes les lettres de Paul. Dans l'épître aux Galates, Paul déclare que même les anges n'ont pas le droit d'altérer le contenu de la foi. « Mais si quelqu'un – même nous ou même un ange venu du ciel – vous annonçait un évangile différent de celui que nous vous avons prêché, qu'il soit maudit ! » (Ga 1.8). Il conseille à la jeune église de Thessalonique : « Tenez ferme et retenez les enseignements que nous vous avons transmis, soit oralement, soit par notre lettre » (2 Th 2.15).

C'est en raison de cette préoccupation que vers la fin de sa vie, Paul insiste auprès du jeune pasteur Timothée sur la charge qui lui est confiée de préserver la foi de toute corruption : « Prends pour modèle les saines paroles que tu as entendues de moi... garde le beau dépôt qui t'a été confié » (2 Tm 1.13-14). Évidemment il existe une norme doctrinale liée à l'évangile, qui doit être préservée pour éviter que la foi elle-même ne soit déformée, faussée. Dans 2 Timothée 2.2, lorsque Paul parle de « ce que tu as entendu », il s'agit du même « beau dépôt », l'évangile, la foi qui est à conserver précieusement afin de pouvoir la transmettre à d'autres.

Or, en quoi la formation théologique est-elle en lien avec la conservation du trésor de la foi ? Le « dépôt » que Timothée doit préserver intact ne lui a pas été donné par un songe ou une intuition. Comme nous l'avons vu, Paul peut compter sur Timothée pour conserver la foi parce qu'elle lui a été enseignée. Cette foi lui a d'abord été transmise dans le contexte de son foyer d'enfance (1.5). Plus tard, il en a reçu une explication plus soutenue et détaillée de la part de son mentor, Paul. Le jeune pasteur a la responsabilité de garder « ce qu'il avait entendu ». Il doit tenir ferme et s'attacher aux choses qui lui ont été apprises.

Cette nécessité de conserver précieusement la foi ou la garder en sécurité est tout aussi urgente aujourd'hui qu'elle l'était quand Paul l'exprimait pour la première fois. Comme à l'époque de Paul, aujourd'hui de faux christianismes sont pléthore dans le marché des religions. Et les maîtres de l'hérésie aujourd'hui ne sont pas moins rusés que leurs homologues des années passées. Ils ont bien maîtrisé l'art de formuler des déformations doctrinales dans un beau langage à résonance biblique pour se faire une crédibilité non méritée. Par des temps pareils, la préservation de la foi dépend de « Timothées » modernes qui, étant bien formés, sont capables de trier les décombres actuels afin de récupérer le joyau précieux et le conserver pour les générations futures.

La transmission de la foi

En second lieu, Paul enseigne que la formation théologique préserve la foi en assurant sa *transmission*. Dans 2 Timothée 2.2, non seulement il ordonne à Timothée de garder ce qu'il a entendu, mais il lui confie aussi la responsabilité de veiller à ce que la prochaine génération reçoive le trésor de foi ainsi conservé. On ne conserve pas la foi juste pour la conserver, mais plutôt afin que la nouvelle génération la reçoive intacte. *La transmission permanente est le moyen par lequel le christianisme se perpétue.*

Pour assurer que la foi soit transmise en toute sécurité aux générations futures, Paul conseille à Timothée de la confier à des personnes sérieuses et dignes de confiance. Comme Donald Ward l'a dit, « un trésor aussi précieux que l'évangile n'est pas à confier à n'importe qui, ni à tout le monde[28] ». Ceux qui sont dignes d'une responsabilité aussi sacrée doivent donner des preuves que ce qui leur est confié ne risque pas d'être « perdu, volé ou altéré[29] ».

Tout comme Timothée, ceux qui doivent assurer la transmission de l'évangile ne sont pas nés avec les capacités nécessaires pour l'accomplir. *Il faut les former.* Ils doivent être qualifiés pour s'occuper de la transmission de la foi de façon compétente et sûre. C'est une exigence perpétuelle. *La transmission responsable de la foi chrétienne requiert des dirigeants théologiquement formés. Laissée aux soins de responsables mal préparés, la foi dont la prochaine génération héritera risque bien d'être une foi hybride.* Comme l'a dit le missiologue britannique Andrew Walls, cette diffusion transgénérationnelle constitue « la force vive de la foi chrétienne

---

28. Donald A. WARD, *Commentary on 1 and 2 Timothy and Titus*, Waco, TX, Word Books, 1974, p. 160.
29. *Ibid.*, p. 125.

historique[30] », car la foi chrétienne, et par ailleurs la foi biblique en général, « n'est qu'à une génération de l'extinction[31] ».

Ce qui rend l'implication de responsables théologiquement équipés tout à fait essentielle pour cette tâche, c'est entre autres le fait que la transmission nécessaire ici ne se limite pas au simple transfert verbal d'un message d'autrefois. Au contraire ; comme Walls l'indique, au-delà du langage, la transmission authentique de la foi cherche à pénétrer les structures profondes d'une culture en vue de « les réorienter toutes vers le Christ[32] ». Et si l'on considère le glissement actuel vers le Sud du centre de gravité de la foi chrétienne et la « transformation démographique de l'Église[33] » qui en découle, ce travail revêt un caractère d'urgence. Car il est évident qu'un « leadership théologique occidental d'une église principalement non-occidentale constitue une incongruité[34] » à laquelle il faut remédier.

L'enseignement de la foi

Enfin, selon Paul, la formation théologique préserve la foi chrétienne en favorisant l'*enseignement* responsable de la foi. Il faut conserver précieusement et transmettre fidèlement la foi afin qu'elle soit enseignée au peuple de Dieu avec justesse. Timothée doit former des responsables fidèles afin qu'à leur tour, ils l'enseignent à d'autres. « Ce que tu as entendu de moi en présence de nombreux témoins, confie-le à des personnes fidèles qui soient capables de l'enseigner aussi à d'autres » (2 Tm 2.2).

Nous avons déjà souligné les niveaux deux et trois de la formation théologique par rapport au ministère diaconal de l'Église. Ici nous avons une base biblique solide pour la formation théologique au niveau un qui consiste à former les formateurs. Il vise la préparation de ce qu'Orlando Costas appelle « les maîtres

---

30. Andrew F. WALLS, « Christian Scholarship and the Demographic Transformation of the Church », dans *Theological Literacy for the Twenty-First Century*, sous dir. R. Petersen, Grand Rapids, MI, Eerdmans, 2002, p. 171.
31. David TRACY, « On Theological Education: A Reflection », dans *Theological Literacy for the Twenty-First Century*, sous dir. R. Petersen, Grand Rapids, MI, Eerdmans, 2002, p. 21. Le souci de Paul pour la transmission continue de la foi fait écho au livre de Deutéronome et à ses directives répétées à la génération en cours de transmettre les enseignements de la Torah à la génération suivante (Dt 4.9-11 ; 6.1-2, 6-9 ; 11.1-7, 18-20).
32. WALLS, « Christian Scholarship », p. 171.
33. *Ibid.*, p. 166.
34. *Ibid.*, p. 173.

des pasteurs », connus aussi dans le langage de Paul comme les « docteurs » ou, dirions-nous, les « savants » de la foi. En plus de l'enseignement, leur rôle consiste à pourvoir aux outils et ressources académiques nécessaires pour apprendre et pour enseigner la foi chrétienne – une tâche de première importance pour la transmission de la foi aux générations futures[35]. Ici on pense tout de suite au ministère d'un Philippe auprès de l'eunuque éthiopien, d'un Ananias auprès de Paul, d'Aquilas et de Priscille auprès d'Apollos, d'un Paul auprès de Timothée, et ainsi de suite. Il faut remarquer qu'une telle formation est jugée nécessaire quelles que soient l'aptitude intellectuelle, la stature spirituelle ou la préparation académique et l'éveil spirituel de l'étudiant. Apollos était un orateur érudit, brillant et plein d'esprit (Ac 18.24, 28) ; mais il avait encore besoin d'instruction privée sous le tutorat du couple Aquilas et Priscille pour corriger sa théologie inachevée et « lui [exposer] plus exactement la voie de Dieu » (Ac 18.26). La piété de l'eunuque Éthiopien est très évidente dans son vif intérêt et sa prompte réponse à l'activité de Dieu (Ac 8.27-28) ; pourtant, malgré cette disposition spirituelle, l'instruction que lui prodigue Philippe n'est ni inutile, ni redondante, comme il le reconnaît lui-même (8.31). Ni la formation de premier rang que Paul a reçue aux pieds du célèbre maître Gamaliel, ni sa rencontre spectaculaire avec le Christ ressuscité (Ac 9.3-6), ni même la révélation particulière reçue de Dieu lui-même (Ga 1.15ss) n'écartent la nécessité du ministère d'enseignement reçu d'Ananias, ou du travail de mentorat de Barnabas à son égard. De même, l'éducation pieuse et l'exposition soutenue à la Parole que Timothée avait reçues dès son enfance *devaient* nécessairement être renforcées par sa formation et son encadrement par Paul avant de pouvoir assumer le rôle exigeant de responsable pastoral.

Conclusion

Si l'argumentation présentée dans les pages qui précèdent a le moindre mérite, nous pouvons conclure avec certitude que la formation théologique n'est absolument pas un ajout superflu pour l'accomplissement de l'œuvre de Dieu sur la scène de l'histoire, mais plutôt un élément nécessaire au déroulement de son dessein. Dans tous les aspects du plan divin discutés plus haut, la connaissance théologique est soit latente, soit clairement évidente, soit manifestement sous-entendue. Et il faut noter que son rôle est souligné aux moments les plus critiques du déroulement du plan divin. Elle est au premier plan du projet de restauration après l'exil. Elle occupe une place prépondérante dans la préparation à

---

35. NOELLISTE, *Toward a Theology of Theological Education*, p. 14.

la naissance de l'Église. Et elle se fait remarquer dans la mise en œuvre du mandat d'évangélisation qui a entraîné la naissance et l'essor du mouvement chrétien. Cela ne suggère pas que Dieu ne pouvait pas accomplir son plan sans se servir d'un tel instrument ; cela montre et souligne plutôt qu'il a choisi d'utiliser cet outil, imparfait certes, mais nécessaire, et servant sans aucun doute la mise en œuvre de son entreprise.

Points pour la réflexion et l'action

1) Selon l'argumentation présentée dans ce chapitre, la connaissance théologique serait un accompagnement essentiel à l'accomplissement du plan de Dieu. En réfléchissant à cette idée et en considérant votre propre institution, dans quelle mesure la conscience de cette vérité se fait-elle sentir dans sa façon de comprendre son identité institutionnelle ? Si une telle conscience se fait sentir dans la vie de l'institution, quels en sont les indices précis ? Si non, à votre avis, qu'est-ce qu'il faut faire pour assurer qu'elle devienne un élément indissociable de la culture de l'institution ?

2) Dans la littérature sur la formation théologique, on a souvent exprimé un mécontentement sur l'état des relations entre les écoles de théologie et l'Église. À supposer que cette plainte soit fondée, dans quelle mesure cet état de choses vous préoccupe-t-il, étant donné l'enseignement biblique sur l'importance de la formation théologique pour le bien-être de l'Église ?

Sur une échelle allant de « insuffisante » à « excellente », quelle note attribuez-vous à la relation entre votre institution et l'Église dans votre communauté ?

☐ Insuffisante   ☐ Passable   ☐ Bonne   ☐ Excellente

Si la relation est en-dessous de « bonne », où situez-vous le problème ? Quelles mesures pratiques faut-il entreprendre pour remédier à la situation ?

3) En mettant cette relation de côté, si vous évaluez l'impact de votre institution sur le bien-être de l'Église dans votre communauté au cours des dix dernières années, comment caractérisez-vous la contribution de votre institution ?

☐ Négligeable   ☐ Faible   ☐ Moyenne   ☐ Importante

Si la contribution est en-dessous de « importante », à quoi attribuez-vous cela ? Quelles mesures pratiques pouvez-vous prendre maintenant pour commencer à améliorer la situation de l'institution ?

4) On a parfois accusé la formation théologique classique d'élitisme. En considérant objectivement la formation offerte dans votre institution, trouvez-vous des motifs justifiant cette critique ? Si oui, en méditant la discussion sur les fonctions diaconale et didactique (en rapport avec l'enseignement) de la formation théologique, avez-vous des idées pouvant vous aider à corriger ce défaut ? Si vous trouvez de telles idées, comment les mettre en pratique dans la vie de votre école ?

5) On a parfois l'impression que la formation théologique et la mission suivent des trajectoires divergentes. Ce chapitre s'écarte de cette perspective et plaide plutôt en faveur d'un rapport symbiotique entre les deux. Êtes-vous d'accord avec cette position (« missionnelle ») ? Si oui, en vous servant de l'échelle ci-dessous, quelle note attribuez-vous au caractère « missionnel » de la formation offerte dans votre institution ?

☐ Pas missionnelle   ☐ À peine missionnelle

☐ Modérément missionnelle   ☐ Considérablement
                                                    missionnelle
☐ Entièrement missionnelle

Si votre évaluation est en-dessous de « considérablement missionnelle », quels sont les obstacles qui vous empêchent d'atteindre ce niveau ? Que pouvez-vous faire pour les éliminer ?

6) On entend parfois un plaidoyer pour une approche à la formation théologique qui met en sourdine les sujets dits « académiques » (par exemple les langues bibliques, la théologie systématique, etc.) pour privilégier les disciplines dites « pratiques » (telles que la relation d'aide, la gestion, etc.). À la lumière de la préoccupation biblique visant la capacité de l'église à développer une défense effective de la foi, jugez-vous cette suggestion appropriée ?

Pour aller plus loin

Ouvrages en français

SHAW Perry, *Transformer la formation théologique. Un manuel pratique pour un apprentissage intégral et contextuel*, coll. ICETE, Carlisle, Langham Global Library, 2015.

WRIGHT Christopher, *La mission de Dieu. Fil conducteur du récit biblique*, trad. Alexandre Sarran, coll. Théologie biblique, Charols, Excelsis, 2012.

Ouvrages en anglais

ALESHIRE Daniel, *Earthen Vessels: Hopeful Reflections on the Work and Future of Theological Schools*, Grand Rapids, MI, Eerdmans, 2008.

BANKS Robert, *Reenvisioning Theological Education*, Grand Rapids, MI, Eerdmans, 1999.

NOELLISTE Dieumeme, *Toward a Theology of Theological Education*, Seoul, Corée du Sud, WEF Theological Commission, 1993.

Autres ressources

BARRO Antonio, KOHL Manfred, sous dir., *Liderança para um novo século*, Londrina, Brésil, Descoberta Editora, 2003.

Evangelical Review of Theology 29, no. 3 (juillet 2005), tout le numéro.

FARLEY Edward, *Theologia*, Philadephie, PA, Fortress, 1983.

KOHL Manfred W., SENANAYAKE A. N. Lal, sous dir., *Educating for Tomorrow: Theological Leadership for the Asian Context*, Bangalore, India, SAIACS Press and Overseas Council International, 2002.

PADILLA C. René, sous dir., *Nuevas Alternativas de Educación Teológica (Nueva Creación)*, Grand Rapids, MI, Eerdmans, 1986.

PETERSEN Rodney, sous dir., *Theological Literacy for the Twenty-First Century*, Grand Rapids, MI, Eerdmans, 2002.

STOCKHOUSE Max, *Apologia: Contextualization, Globalization and Mission in Theological Education*, Grand Rapids, MI, Eerdmans, 1988.

2

Pour une philosophie opérationnelle de la formation théologique
Passer de la philosophie à la stratégie

Lee Wanak

Il y a quelques années, j'ai animé un atelier dans une école biblique sur l'amélioration des processus de formation. J'ai été étonné de voir la compétence avec laquelle le professeur de théologie présent a formulé la manière dont son école entendait former des penseurs critiques capables de devenir des conducteurs et des agents du changement. Cependant, pendant que nous discutions après le séminaire, un de ses étudiants est venu lui demander d'assister à une rencontre des étudiants à propos des politiques pédagogiques. Le professeur s'est tout de suite mis sur la défensive : « Est-ce que cette rencontre est approuvée par l'administration ? », a-t-il demandé. Comme il continuait à interroger l'étudiant, je me suis demandé ce qu'était devenue la philosophie qu'il avait si bien formulée. Quand la philosophie d'une institution n'a pas imprégné sa stratégie, il est essentiel de l'opérationnaliser. Par « opérationnaliser », j'entends deux choses : a) aller au-delà d'une simple explication des notions fondamentales pour explorer des façons de mettre ces concepts en pratique ; b) déterminer, prédire et mesurer des résultats qualitatifs et quantitatifs.

La formation théologique a la réputation bien méritée de développer une pléthore de philosophies, de rapports et de traités théologiques qui, en fin de compte, n'aboutissent à aucune réalisation. Le problème ne réside pas forcément dans les documents eux-mêmes, mais dans le manque d'intentionnalité à passer de la théorie à la pratique. Dans ce chapitre, je cherche à dépasser les généralités de nos philosophies de formation pour pourvoir passer à l'étape suivante : celle de l'actualisation.

La philosophie, les philosophies et la philosophie opérationnelle de la formation théologique

« La philosophie », « les philosophies » et « la philosophie opérationnelle » : voici trois termes qui représentent une progression allant de l'abstrait vers le concret ; c'est-à-dire, des principes chrétiens universels vers la pratique dans des contextes spécifiques. Le but de la philosophie d'une discipline est de décrire et d'établir ses principes directeurs. McKinney propose les principes directeurs suivants pour la formation théologique :

1) La connaissance de Dieu – une métaphysique qui reconnaît Dieu et cherche une connaissance véritable de Dieu, y compris les faits, les émotions et une bonne relation avec Dieu.

2) La centralité de la révélation écrite – une épistémologie bâtie sur la révélation, assurant ainsi une norme de vérité.

3) Le rôle du Saint-Esprit – un processus de formation conduit par le Saint-Esprit.

4) La nature de l'humanité – une anthropologie qui reconnaît que les êtres humains sont créés à l'image de Dieu, mais aussi déchus de la grâce à cause du péché.

5) Le but du ministère chrétien – une pédagogie qui vise la maturité chrétienne. Cela implique une relation avec Dieu caractérisée par l'autonomie spirituelle, l'intégrité, la stabilité et la compréhension[1].

Norris offre une philosophie plus précise en élaborant des principes adaptés à la formation pastorale :

1) La formation aux ministères est une fonction fondamentale de l'Église.

2) Le pasteur bien formé connaît le monde dans lequel il sert.

3) Le pasteur bien formé connaît Dieu.

---

1. Larry J. McKinney, « A Theology of Theological Education: Pedagogical Implications », *Evangelical Review of Theology* 29, no. 3, 2005, p. 218-227.

4) Le pasteur bien formé communique la nature de Dieu.
5) La formation aux ministères est le processus de toute une vie[2].

Edgar pose la question suivante : « Quels sont les critères par lesquels on peut reconnaître *la formation théologique* ?[3] » Il suggère six paramètres possibles – le contenu, le but, la méthode, l'éthos, le contexte et les personnes impliquées – mais ne précise pas le sens théologique de ces termes. Chacune de ces philosophies met en relief des critères différents, bien qu'elles aient trait à une même discipline. En abordant une discipline précise, ces philosophies diffèrent quelque peu de la philosophie classique, qui traite des questions ultimes de la vie.

Beaucoup d'institutions théologiques puisent leur fondement philosophique dans leurs doctrines et dans leurs énoncés de mission et de valeurs ; mais de tels documents laissent de nombreuses questions pédagogiques sans réponse. Opérationnaliser ces énoncés est un processus empirique complexe d'essais et d'erreurs dans des situations en constante évolution. Par exemple, si notre philosophie met l'accent sur des diplômés qui seront des agents du changement capables de transformer leur environnement, on doit se demander : « Comment le programme permet-il aux étudiants d'expérimenter et de pratiquer un *leadership* transformationnel dans les contextes de l'établissement éducatif, de l'église et de la communauté ? »

Je me suis rendu autrefois dans une école biblique en Asie destinée aux pasteurs ruraux démunis. En assistant à un cours de théologie, j'ai assisté à un cours sur des positions peu claires de certains théologiens européens que les étudiants ne comprenaient pas du tout et qui avaient peu de rapport avec leur contexte de ministère. Après le cours, j'ai demandé au professeur la raison pour laquelle il avait choisi un tel sujet. J'ai été étonné de l'entendre dire : « Je m'efforce d'améliorer le programme ». Apparemment, pour lui « améliorer le programme » signifiait « l'occidentaliser » et tenait peu compte de la situation de l'étudiant, de la pédagogie, du contexte du ministère ou de la charte de l'école.

Opérationnaliser suppose confronter les questions concrètes des ressources et des contraintes. C'est faire le pont entre la théorie et l'action. Une philosophie de la formation théologique peut tendre dans cette direction en considérant les

---

2. Beauford A. NORRIS, « A Philosophy of Ministerial Education: The Common Task of Church and Seminary », *Encounter*, 1956, p. 403-411.
3. Brian EDGAR, « The Theology of Theological Education », *Evangelical Review of Theology* 29, no. 3, 2005, p. 208.

réponses à des questions telles que : Quelle est la finalité de la formation théologique dans le contexte précis qui est le nôtre ? Qui sont ceux que nous formons ? Comment les formons-nous ? Quelle est la nature du programme ? Quel est ou quels sont le(s) meilleur(s) lieu(x) pour la formation ? Toute notre activité dans la formation théologique doit être examinée à la lumière de ce genre de questions. Toutefois, il faut toujours laisser la place pour mener des expériences novatrices. Dans le monde des affaires, le terme anglais « skunkworks » désigne un groupe au sein d'une organisation chargé de travailler sur un projet particulier, bénéficiant d'une grande autonomie et libre de toute bureaucratie. De nombreuses innovations modernes sont le fruit des « skunkworks ». La formation théologique bénéficierait d'un genre de « skunkworks » pour innover et se développer.

Il est impossible de développer une seule philosophie de la formation théologique qui convienne à tous les contextes. La foi chrétienne et le ministère chrétien découlent du texte biblique, mais plongent aussi leurs racines dans de nombreux contextes très variés. Un seul modèle ne convient pas à tous les contextes, ni à toutes les époques. Une philosophie opérationnelle doit s'adapter à la culture, aux situations sociopolitiques et aux contextes économiques et religieux. Elle doit aussi s'adapter au futur, tenant compte des tendances telles que la renaissance des religions (par exemple, l'islam), la persécution, l'augmentation de la coopération entre communautés chrétiennes, la démocratisation, la sécularisation, l'urbanisation, les changements sociopolitiques, l'évolution dans les rôles des hommes et des femmes et les avancées pédagogiques et technologiques.

Des idées purement abstraites sont faciles à ignorer et difficiles à appliquer. Une philosophie opérationnelle va au-delà de l'abstrait pour répondre à des questions qui mènent à la mise en pratique. À l'Asian Theological Seminary, nous avons développé une philosophie de la formation qui nous a fait progresser vers l'amélioration. Nous avons abordé des domaines tels que la vérité et la formation, la vérité et la vie, servir de modèles de la vérité, la science et l'Écriture, le respect des personnes, former les formateurs, Jésus comme formateur modèle, le service et la gestion et la maturité spirituelle. Toutefois, de tels concepts restent sans vie à moins qu'on n'en étoffe les implications pour la politique, l'administration, le programme, la pédagogie et la culture de l'institution.

De plus, la philosophie opérationnelle diffère quelque peu de la planification stratégique. Les institutions de formation théologique s'investissent lourdement dans leurs préoccupations philosophiques et théologiques ; elles sont plus idéalistes que les organisations militaires ou commerciales. La stratégie (dérivée du mot grec *stratigos*) fait allusion au rôle d'un commandant. Gagner une bataille ou de l'argent est généralement un processus plutôt pragmatique où la stratégie joue un rôle important. La philosophie opérationnelle met plus l'accent sur la fidélité à ce que nous sommes – nos convictions et valeurs philosophiques/théologiques et surtout notre compréhension de la Bible et les traditions que nous avons développées.

Élaborer une philosophie opérationnelle nécessite généralement plusieurs documents, dialogues, séances de formation et évaluations. Souvent, une suite de documents est générée, en passant des questions d'ordre général à celles qui sont particulières. Les différents départements mettent l'accent sur différents aspects et chacun doit pouvoir élaborer et défendre son caractère unique. Il y a quelques années, j'ai eu la responsabilité de démarrer un programme original aux Philippines axé sur le ministère en milieu urbain. Le programme s'accordait bien avec notre doctrine, notre mission, nos valeurs et notre philosophie, mais il était très différent de tout ce que nous avions proposé auparavant. Des cours tels que « L'herméneutique parmi les pauvres » et « La réalité urbaine et la théologie » nous ont amenés à réexaminer nos bases théologiques. D'autres cours, comme « Le service envers les marginalisés », « Le leadership entrepreneurial et organisationnel », « La théologie et la pratique de l'économie communautaire » et « Les soins de santé primaires », évoquaient plutôt des éléments qu'on trouverait dans un programme de master en assistance sociale. Il a fallu du temps pour que ce programme soit approuvé. Des programmes très divers peuvent émerger à partir des mêmes documents de base. C'est inévitable lorsque nous trouvons de nouvelles façons d'opérationnaliser dans de nouveaux contextes de ministère.

Les principes universels dans une philosophie de la formation théologique

À ce stade, on peut se demander s'il existe des principes universels dans une philosophie de la formation théologique. Si j'ai mes principes universels et que vous aussi, vous avez les vôtres, alors le concept même de principes universels est compromis. Mais peut-être qu'à nos niveaux de compréhension les plus profonds il existe un terrain d'entente. Peterson mentionne au moins un principe universel pour la formation chrétienne en général : « Le point de départ d'une philosophie chrétienne de l'enseignement, c'est la tendance naturelle des êtres humains à chercher à comprendre[4]. » Notre soif de comprendre notre monde et le Dieu qui l'a créé est le résultat naturel du mandat culturel que nous trouvons dans Genèse

---

4. Michael L. PETERSON, *Philosophy of Education: Issues and Options*, Downers Grove, IL, InterVarsity, 2005, p. 87.

1.26. Puisque nous sommes ses créatures particulières, Dieu s'attend à ce que nous cherchions la vérité, à ce que nous découvrions, à ce que nous étudions.

Dans une perspective évangélique, on mesure mieux la vérité en ayant une compréhension juste de l'Écriture. Je considère cela comme une marque fondamentale d'une philosophie de la formation théologique évangélique. On doit être biblique – pas bibliolâtre – passionnément engagé à connaître le Dieu de la Bible et ses voies. De quelle manière une institution peut-elle opérationnaliser cette déclaration du petit catéchisme de Westminster, selon laquelle le but principal de la vie des êtres humains est de « glorifier Dieu et de trouver en lui son bonheur éternel[5] » ? Nous devons être des penseurs critiques, sans commettre l'erreur critique d'être indifférents aux voies de Dieu. Après tout, la formation théologique doit nous rendre capables d'aimer et d'adorer profondément Dieu et de rechercher la sagesse de sa Parole.

En second lieu, la formation théologique doit être « missionnelle », c'est-à-dire en phase avec la *missio Dei*, donnant forme à l'évangile du royaume de Dieu et formant les êtres humains à vivre comme citoyens et soldats de ce royaume. Si on perd de vue l'aspect « missionnel », la formation théologique se réduit à un exercice académique de débats au sujet de Dieu. Il est utile de distinguer entre d'une part une compréhension et une appréciation générales de la *missio Dei* et, d'autre part, la préparation à certains rôles précis permettant de participer à cette mission. Toute institution de formation théologique fera bien d'inculquer la compréhension et l'appréciation générales de la *missio Dei*, mais chacune doit choisir délibérément quels types de préparation elle va offrir.

Ensuite, la formation théologique a pour vocation d'être « formatrice ». Nous devons aider les étudiants à développer des compétences académiques et pratiques, et les dispositions ou attitudes dont ils auront besoin en tant que responsables et érudits chrétiens. Il est aussi essentiel de former les étudiants spirituellement, en sorte qu'ils connaissent intimement Dieu, qu'ils nourrissent une foi qui les soutient dans les temps difficiles, qu'ils développent une boussole morale et éthique selon le cœur de Dieu, et qu'ils fassent face aux problèmes personnels pour lesquels ils ont besoin de guérison intérieure. Dans sa discussion sur la formation, Witmer énumère les éléments d'une formation intégrale qui

> … contribuent à un ministère pastoral qui persévère et qui porte ses fruits. Ce sont, dans l'ordre qui suit : la formation spirituelle, l'épanouissement personnel (y compris le renouvellement de leur

---

5. Westminster Shorter Catechism. (s.d.) www.epc.org/mediafiles/westminster-shorter-catechism.pdf, 2. (26 septembre 2011).

vocation au ministère), l'intelligence émotionnelle (y compris la croissance dans la maturité émotionnelle et la capacité de s'identifier aux autres), le mariage et la vie de famille, et enfin, la direction et la gestion. Remarquez qu'une seule catégorie a trait aux compétences pour le ministère telles que nous les concevons le plus souvent ; les autres ont trait à la formation spirituelle, au développement du caractère et aux relations humaines[6].

De plus, la formation théologique se doit d'aider les étudiants à se forger une vision biblique du monde. Comment est-ce qu'ils perçoivent, interprètent et expliquent leur monde ? Quels sont les hypothèses, les valeurs et les engagements de l'institution qui sous-tendent sa perception de la réalité et ses réponses à ces perceptions[7] ? En termes pratiques, une vision du monde fournit une explication du monde, nous permet de savoir ce qui est vrai, nous guide par rapport à ce que nous devons faire et comment nous devons le faire, et donne une direction pour l'avenir. La vision du monde est une orientation fondamentale du cœur. Elle fournit un modèle pour guider la volonté, les émotions, la raison, la motivation et la prédisposition. Elle influence le sens que nous attribuons aux événements et notre façon de les interpréter et de les évaluer. La vision du monde permet aussi à un groupe humain d'établir son style et son ton particuliers. Quels sont les traits émotionnels généraux qu'on souhaite développer chez les étudiants ? Doivent-ils être bienveillants ou antagonistes ; agressifs dans le témoignage ou relationnels ; dogmatiques ou tolérants ?

La vision du monde constitue un ensemble cohérent, mais quand le groupe est confronté à un quelconque dilemme déroutant, il éprouve un déséquilibre, comme celui que les disciples ont connu entre la mort du Christ et sa résurrection. Une étudiante ébranlée dans sa foi m'a dit un jour : « Si le livre d'Ésaïe a deux auteurs, alors je dois repenser ma foi. » Sa foi était comme un château de cartes. L'institution a la responsabilité d'aider à nourrir une foi résiliente et réfléchie, intégrée dans une vision du monde capable de naviguer les nombreux défis à la foi que nous rencontrons.

La formation théologique devrait également être holistique. Elle est instructive et formatrice, mais aussi transformatrice, prenant en compte les individus, les communautés, les sociétés et les structures. La Bible parle beaucoup de la justice. La formation théologique doit cultiver non seulement une voix évangélique, mais

---

6. Timothy Z. WITMER, « Seminary: A Place to Prepare Pastors? » *Westminster Theological Journal* 69, 2007, p. 240-241.
7. Charles H. KRAFT, *Anthropology for Christian Witness*, Maryknoll, NY, Orbis, 1996, p. 52.

aussi une voix prophétique qui recherche la justice et la paix. Être holistique, c'est aussi intégrer les multiples dimensions de l'apprentissage : physique, cognitif, social, affectif, moral et spirituel ; et l'institution s'efforce d'accorder une certaine importance à chacun de ces domaines de développement. Cependant, être holistique, c'est toujours un objectif idéal, impossible à atteindre pleinement. Il y a tant de péché et de rupture dans le monde qu'on peut perdre de vue la poursuite de *Theos* dans la poursuite de l'holisme. Pourtant, dans un sens, toute la vie est théologique. Une philosophie opérationnelle doit donner une direction sur la façon d'équilibrer ces multiples dimensions de l'holisme.

Enfin, la philosophie ou l'esprit qui caractérise les idées et coutumes de l'institution doit être empreint de vertu et du caractère moral chrétien. De quelle manière l'institution aborde-t-elle les questions concernant la discipline, le pardon, la résolution de conflit, les normes de comportement, la liberté en Christ, les relations personnelles, la spiritualité et le service ? Souvent, les étudiants retiennent mieux cette philosophie implicite que les cours qu'ils suivent et les livres qu'ils lisent. Ces domaines interconnectés – la nature de la vérité, la mission, la formation, la vision du monde, l'holisme et la philosophie de l'institution – sont autant d'éléments universels que l'institution doit aborder en élaborant une philosophie de la formation théologique.

Vers une philosophie opérationnelle de la formation théologique

Une multitude de questions orientent le développement d'une philosophie opérationnelle de la formation théologique. On peut regrouper ces questions en cinq catégories principales : le programme d'études, le mode de communication, la pédagogie, la communauté et la politique.

Le programme d'études

Le terme « curriculum » dérive du verbe latin *currere*, qui signifie « courir ». Le curriculum (programme d'études en français) signifie couramment l'ensemble des cours qu'un étudiant doit suivre pour obtenir un diplôme dans un domaine précis. Cependant, un programme d'études peut aussi dénoter le document formel qui précise les intentions et les procédures, les expériences anticipées et réelles des étudiants, et l'impact psycho-spirituel de ces expériences sur les étudiants ; de surcroît, c'est un moyen d'influencer l'Église et le monde. En fin de compte, toutefois, le programme qui en découle est toujours un consensus politique imparfait entre le corps enseignant et les autres parties prenantes et ce consensus est susceptible de changer de façon périodique.

Pour opérationnaliser le programme, une institution doit examiner le lien entre sa philosophie et la nature de son programme d'études. McNeil expose les grandes lignes de quatre perspectives à partir desquelles on peut orienter un programme : humaniste, socio-constructiviste, technique et académique[8].

Le programme de type humaniste, orienté vers la formation et centré sur l'étudiant, propose des expériences intrinsèquement enrichissantes qui contribuent à intégrer les émotions, les pensées et les actions des étudiants. Cette approche correspond dans une certaine mesure au modèle dit d'« Athènes » de Kelsey, centré sur la formation du caractère moral[9]. Edgar remarque que l'approche d'Athènes « ne vise pas tant les connaissances *sur* Dieu que la connaissance *de* Dieu[10] ».

Le programme socio-constructiviste, ancré dans la société, orienté vers l'action, aide les étudiants à faire face aux nombreux problèmes dans la société. La communauté et l'Église deviennent ainsi des prolongements de la salle de cours.

Le programme technique, axé sur le « comment faire », se sert des programmes, méthodes et ressources pour accomplir des objectifs de formation spécifiques et remplaçables. C'est une approche particulièrement utile pour les formations à court terme aux ministères pratiques.

En dernier lieu, le programme si souvent utilisé dans la formation théologique, organisé autour des sujets académiques, cherche à développer un esprit rationnel à travers la maîtrise des bases fondamentales de la théologie. Cette approche rappelle le modèle dit de Berlin de Kelsey, qui met l'accent sur la recherche ordonnée, disciplinée et critique comme préparation au ministère professionnel. Chacune de ces orientations a des précédents bibliques et théologiques ; chaque institution doit déterminer l'approche prédominante, et l'ensemble des cours appropriés, pour sa philosophie opérationnelle. Les questions suivantes sont à considérer lors de ce processus.

La contextualisation et la mondialisation

Comment l'institution s'enracine-t-elle dans son propre contexte ? Inversement, comment une institution à vocation internationale s'adresse-t-elle à

---

8. Voir John D. MCNEIL, *Curriculum: A Comprehensive Introduction*, Boston, MA, LittleBrown & Co., 1985.
9. David H. KELSEY, *Between Athens and Berlin: The Theological Debate*, Grand Rapids, MI, Eerdmans, 1993, p. 4-7.
10. EDGAR, « Theology of Theological Education », p. 209.

ses contextes multiples ? De quelles manières la culture et les situations contemporaines locales et globales doivent-elles influencer le programme ? Tout comme Jésus a adapté l'évangile du royaume aux Juifs du premier siècle, nous devons réfléchir à la manière dont l'institution peut s'adresser aux contextes locaux et internationaux du XXIe siècle. Cette perspective peut avoir un sens tout autre dans les contextes chrétiens de privation et de persécution par rapport aux contextes occidentaux de liberté et d'abondance. Noelliste identifie certains éléments essentiels qui doivent caractériser la formation théologique dans les contextes défavorisés : un programme centré sur les églises ; une coopération qui permet de maximiser les ressources ; une préparation destinée aux ministères bi-vocationnelles ; et une détermination à exercer une influence transformatrice, en s'opposant au fatalisme et en transformant les circonstances[11]. Quel lien y a-t-il entre le Christ et la culture, et comment ce lien doit-il influer sur la formation théologique ? Quel est le rapport entre la révélation générale et la révélation spéciale ? De quelles manières la théologie devrait-elle être étroitement liée aux multiples trajectoires de la connaissance et du savoir humains, et de quelles manières la science peut-elle éclairer notre compréhension et notre foi ? Comment le programme traite-t-il de la pré-modernité, la modernité et la postmodernité ? De quels milieux les étudiants viennent-ils et dans quels milieux prévoient-ils de servir ? Comment les préparer au ministère parmi les pauvres en milieu urbain ou rural, parmi les classes moyennes ou les fortunés ? L'institution vise-t-elle un groupe linguistique ou ethnique particulier ? L'attention sera-t-elle portée sur le ministère auprès d'un certain groupe religieux ou non-religieux ou d'une tranche d'âge particulière, par exemple, le ministère auprès des jeunes ?

Parmi les éléments à considérer en contextualisant le programme, il y a la manière dont nous concevons l'Évangile. Est-ce un évangile étroit, qui ne concerne que le salut des âmes et le ciel, ou plutôt un évangile plus étendu, c'est-à-dire visant la démonstration du royaume de Dieu, dans un but tant spirituel que social ? L'interprétation biblique est-elle déterminée par le seul horizon de l'auteur scripturaire ou existe-t-il deux horizons : celui de l'auteur et celui du lecteur ? La présentation de l'Évangile est-elle universelle, ou bien différente pour chaque peuple et contexte ? L'institution devrait-elle adopter une approche classique concernant le programme, axée sur les connaissances, les sciences théologiques et l'exégèse, ou bien devrait-elle accorder une attention particulière aux approches basées sur l'expérience qui s'inspirent des sciences sociales ? Les

---

11. Dieumeme NOELLISTE, « Theological Education in the Context of Socio-Economic Deprivation », *Evangelical Review of Theology* 29, no. 3, 2005, p. 278-283.

structures de la formation théologique sont-elles universelles ou doivent-elles varier en fonction des besoins et modèles locaux ? La langue principale de l'institution doit-elle se baser sur une compétence dans la terminologie théologique et l'emploi d'une langue mondiale, telle que le français ; ou doit-elle être une langue parlée, la langue maternelle des étudiants ? Les étudiants sont-ils appelés à maîtriser un système théologique précis, ou plutôt à acquérir les compétences requises pour formuler eux-mêmes une théologie et une pratique pertinentes ? Évidemment, chacune de ces dyades représente les extrémités d'une gamme. Pour mettre en œuvre une philosophie de la formation théologique, la communauté éducative doit arriver à un consensus sur ces questions critiques.

La tradition et la transformation

De quelles manières les grands concepts et mouvements durables de l'Écriture et de la tradition chrétienne, tant locale que globale, doivent-ils informer notre philosophie de la formation théologique ? De quelles manières la formation théologique doit-elle préserver la tradition théologique de l'institution ? Dans quelle mesure constitue-t-elle un agent de changements innovants à l'intérieur de cette tradition ? Un exemple pertinent est l'évolution du rôle des femmes dans l'Église. De quelles manières l'institution prend-elle en compte la spécificité des femmes[12] ?

La conception du programme d'études

Doit-on concevoir le programme d'études utour des modèles classiques, tels les catégories de la théologie systématique ? Ou doit-il être novateur, axé sur les problèmes actuels et se servant d'études de cas pertinentes ? La majorité des programmes évangéliques sont déjà occidentalisés de par leur origine occidentale. La théologie occidentale, qui se sert du raisonnement analytique de la tradition grecque ancienne, présente plusieurs avantages, mais il lui manque le caractère holistique d'autres cultures. De quelles façons faudrait-il l'adapter pour qu'elle devienne plus asiatique, africaine ou hispanique ? En d'autres termes, dans quelle mesure le programme doit-il s'adapter au style d'apprentissage du groupe ciblé, et dans quelle mesure doit-il initier les étudiants à d'autres manières d'apprendre[13] ? De quelles manières traite-t-il les questions du rôle des hommes

---

12. Beverley HADDAD, « Engendering Theological Education for Transformation », *Journal of Theology for Southern Africa* 116, juillet 2003, p. 65-80.
13. Marlene ENNS, « Now I Know in Part: Holistic and Analytic Reasoning and Their Contribution to Fuller Knowing in Theological Education », *Evangelical Review of Theology* 29, no. 3 (2005), p. 251-269.

et des femmes, de classe sociale et d'ethnicité ? Comment tient-il compte du niveau de développement des étudiants ?

Quelles doivent être la portée, la séquence et la durée du programme ? Sera-t-il long et approfondi, comme la formation des Jésuites, ou court, comme les guides pratiques des laïcs ? La séquence des cours est-elle d'une importance cruciale, comme pour l'apprentissage des langues bibliques, ou plutôt flexible, selon les intérêts et la disponibilité des étudiants ?

De quelle manière la *missio Dei* devrait-elle influencer le programme d'études ? La *missio Dei* se conçoit-elle de manière étroite, ne touchant qu'à l'Église et l'évangélisation ? Ou est-ce une conception large, comprenant Dieu et son peuple dans toutes les sphères de la vie ? Si le programme d'études communique une vision trop étroite, il inculque aux étudiants une vue restreinte des desseins de Dieu ; s'il présente une vision trop large, n'importe quelle bonne intention peut être définie comme une entreprise missionnaire. Dans ce dernier cas, l'orientation du programme se perd alors dans une pléthore d'activités et de cours plus ou moins en lien les uns avec les autres[14]. Dans ce cas, il sera nécessaire de recentrer le programme d'études en se posant la célèbre question de Herbert Spencer : « Quel est l'apprentissage qui possède la plus grande valeur ?[15] »

Comment l'institution jongle-t-elle à la fois entre la formation académique, le développement des compétences pour le ministère et la formation spirituelle ? Met-elle tellement l'accent sur la formation académique et les compétences pour le ministère que l'épanouissement personnel et la soif de Dieu se perdent dans les nombreuses activités, et qu'une sorte de rigidité cadavérique spirituelle devient chose normale pour les étudiants ? Une charge trop importante de travail ou d'activités peut détruire nos rapports avec les autres et avec Dieu. Un accent mis sur les cultes journaliers, la prière, la méditation, les retraites, entre autres, favorise des liens forts dans les relations ; mais un excès dans ce sens peut laisser les étudiants mal informés et faibles en compétences. Pour avoir une philosophie opérationnelle, il faut établir un juste milieu entre la formation académique, le développement des compétences et la formation spirituelle.

Quel est le cadre de l'apprentissage ? Si l'enseignement est plutôt informel, l'apprentissage émergera naturellement de la vie quotidienne collective. Si l'enseignement est non formel, l'apprentissage ressortira d'expériences quelque peu

---

14. John CORRIE, sous dir., *Dictionary of Mission Theology: Evangelical Foundations*, Downers Grove, IL, InterVarsity, 2007, s.v. « Mission Dei ».
15. Herbert SPENCER, « *What Knowledge Is of Most Worth?* » (sans date) http://www.readbookonline.net/readOnLine/23356/ (18 juin 2011).

structurées sur le terrain, souvent dans le contexte d'Églises ou d'organisations para-ecclésiastiques. Si l'apprentissage doit avoir lieu dans un contexte formel, la salle de classe (réelle ou virtuelle) devient le principal cadre d'apprentissage. Il est probable que l'institution adopte un mélange de ces trois options. Une philosophie opérationnelle doit préciser ce qui doit s'accomplir dans chaque cadre et accorder du temps et des ressources appropriés à chacun d'eux.

Quel accent doit-on mettre sur les compétences pratiques pour le ministère ? Comment mener la formation sur le terrain ? Kornfield énumère trois modèles de formation sur le terrain. L'approche « développement des compétences » conduit ce genre de formation généralement à partir des théories des sciences sociales plutôt que sur une base théologique. Le modèle qui va « de la théologie à la pratique » est une approche à sens unique, selon laquelle la formation sur le terrain est essentiellement l'application de la théologie à la pratique du ministère. Dans cette perspective, on ne critique pas la théologie à la lumière de l'expérience ; on en fait l'application sur le terrain tout simplement. Le modèle de la « pratique comme lieu de la théologie pastorale » est une approche qui va dans les deux sens ; ici, la théologie et la pratique sont en dialogue, s'enrichissant mutuellement l'une l'autre[16].

La spiritualité

Comment l'âme apprend-elle ? Comment l'institution forme-t-elle les élèves à développer la sagesse selon les voies de Dieu ? Quelle est la place occupée par la Bible, l'herméneutique, l'exégèse et le culte respectivement ? Comment la théologie intègre-t-elle la spiritualité ? De quelles manières l'institution forme-t-elle les étudiants comme disciples et fait-elle avancer leur formation spirituelle ? De quelles manières la culture de l'institution cultive-t-elle un amour mature pour Dieu et une force morale capable de résister aux épreuves et à la persécution ?

Les résultats

Quels doivent être les résultats de la formation théologique ? Comment l'institution évalue-t-elle sa propre réussite et celle de ses diplômés ? Souvent, les institutions élaborent des listes de compétences essentielles qu'elles comptent développer chez les étudiants, y compris dans des domaines tels que : l'articulation d'une vision biblique du monde, les compétences en direction et en

---

16. David KORNFIELD, « Seminary Education toward Adult Education Alternatives », dans *Missions and Theological Education in World Perspective*, sous dir. Harvie M. Conn et Samuel F. Rowen, Farmington, MI, Associates of Urbanus, 1984, p. 180-181.

organisation, la maturité spirituelle et la capacité de construire et de maintenir des relations saines. Les résultats visés doivent découler des documents de base de l'institution. Le programme doit répondre à la question : « Comment obtenir les résultats visés ? » La dernière étape du processus de développement du programme est de déterminer comment évaluer les résultats, y compris l'appréciation du programme, des étudiants et du corps enseignant.

Le modèle d'évaluation CIPP (Contexte, Intrant, Processus, Produit) développé par Guba et Stufflebeam est un outil d'évaluation utile pour comparer les résultats visés et obtenus. Les décisions de planification doivent chercher à réduire l'écart entre ce qui est et ce qui devrait être dans un contexte donné. Les décisions de structure traitent de la manière de se servir d'apports variés pour réaliser les objectifs. Les décisions d'exécution se servent de données progressives pour ajuster les stratégies déployées pour réaliser les objectifs. Les décisions de remaniement sont basées sur l'évaluation des résultats. On prend toutes ces décisions selon le degré de réalisation des intentions et la question de savoir si le plan doit être adopté, adapté ou terminé[17].

Le mode de dispense des cours

Quels sont les systèmes de prestation les plus adaptés à la nature particulière de la formation théologique préconisée par l'institution ? L'apprentissage doit-il avoir lieu dans les salles de classe, sur le terrain, à distance, par le tutorat, ou en combinant ces formats ? L'institution proposera-t-elle la formation continue, la formation des laïcs, ou des cours et diplômes en ligne ? L'apprentissage suivra-t-il un modèle formel, non formel, ou informel ? Si les disciples de Jésus arrivaient dans une institution théologique de nos jours, ils auraient de la peine à reconnaître ce qui s'y passe. Les devoirs, les examens, les notes et le reste leur seraient tout à fait étrangers. Leur apprentissage était informel et relationnel, trouvant sa source dans les situations quotidiennes vécues avec Jésus.

Le mode de la formation théologique a changé au cours de l'histoire du christianisme. Jésus a probablement fréquenté l'école de la synagogue locale et Paul s'est assis aux pieds de Gamaliel. Le mode de formation théologique pratiqué par Jésus était celui d'un maître itinérant. Au cours de l'expansion du christianisme,

---

17. Egon GUBA et Daniel L. STUFFLEBEAM, « Evaluation: The Process of Stimulating, Aiding and Abetting Insightful Action », (1970), ERIC ED055733 (21 juillet 2011). Pour une mise à jour du CIPP voir Daniel L. STUFFLEBEAM, « The 21st Century CIPP Model: Origins Development and Use », dans *Evaluation Roots: Tracing Theorists' Views and Influences*, sous dir. Marvin C. ALKIN, Thousand Oaks, CA, SAGE, 2004, p. 245-266.

on a développé des écoles de catéchisme. Au Moyen Âge, des écoles monastiques ont surgi et, avec l'essor de grandes cathédrales, les membres du clergé étaient formés dans les écoles des cathédrales. Le programme comportait alors le *Trivium* (grammaire, logique et rhétorique) et le *Quadrivium* (calcul, astronomie, musique et géométrie). Pendant la Renaissance, la formation théologique était associée au développement des universités. Luther a rédigé son *Grand Catéchisme* pour les pasteurs et les enseignants, et le *Petit Catéchisme* pour les jeunes. À l'ère moderne, l'essor des écoles du dimanche, la création des écoles bibliques et des institutions théologiques et le développement de la formation théologique en ligne ont pris la relève[18].

Le mode de la formation théologique est informé surtout par le contexte. Toutefois, chaque mode comporte des points forts et des faiblesses qui doivent être pris en considération. L'approche catéchétique est déficiente en réflexion critique. L'approche universitaire est forte en réflexion critique, mais inadéquate dans le développement des compétences pour le ministère. Les programmes formels sont forts sur le plan académique, mais ont aussi des difficultés à développer des compétences pratiques. L'enseignement à distance n'offre pas les relations personnelles en profondeur que l'on trouve dans les communautés d'apprentissage.

La pédagogie

Comment enseignons-nous ? Quel est l'usage approprié de la technologie pour le contexte de l'institution ? Pendant mes premières années d'engagement dans la formation théologique décentralisée dans la région rurale de Mindanao aux Philippines, l'utilisation d'un rétroprojecteur pour former les formateurs aurait été inapproprié, parce que les églises n'avaient pas d'électricité. De nos jours, la technologie devient universelle, surtout l'Internet. Quels sont les processus d'enseignement et d'apprentissage les plus appropriés ? Comment évaluer le progrès des étudiants ? Quel est le rôle de l'enseignant ? Le professeur est-il celui qui dispense des informations ou un guide aux ressources, ou encore, un fournisseur de connaissances ou un poseur de problèmes ? Le style de la formation se servira-t-il de technologies de pointe ou de base ? Dans quelle mesure la pédagogie s'inspire-t-elle du contexte local, et s'y adresse-t-elle, plutôt que des

---

18. Beverly C. JOHNSON-MILLER, « History of Christian Education », dans *Encyclopedia of Religious and Spiritual Development*, sous dir. Elizabeth M. DOWLING et W. George SCARLETT, Thousand Oaks, CA, SAGE, 2005, http://sage-ereference.com/religion/Article_n77.html (15 septembre 2009).

situations au plan mondial ? L'enseignant doit-il être généraliste, spécialiste ou quelqu'un qui développe une approche interdisciplinaire[19] ?

L'épistémologie dominante de l'institution a d'importantes implications pour sa pédagogie. En d'autres termes, chaque institution a tendance à favoriser une épistémologie particulière, et celle-ci oriente son approche pédagogique. Les épistémologies varient aussi d'un département à un autre. On peut les classer en quatre grandes catégories :

1) Les **idéalistes** estiment que ce que nous percevons dans le monde extérieur est fait d'idées. Le centre d'intérêt pédagogique vise alors les théories et les idées plutôt que les expériences. L'enseignement s'inspire du modèle classique : le savant sur l'estrade, qui se sert de méthodes didactiques pour mettre en lumière et pour expliquer les vérités universelles. Cette épistémologie mettrait l'accent sur un programme dominé par l'étude de grands ouvrages chrétiens classiques.

2) Les **rationalistes** croient que le raisonnement déductif est le meilleur guide pour les croyances et l'action. On forme alors ceux qui apprennent à tirer les conclusions par une déduction logique, semblable aux raisonnements de théorèmes et d'axiomes en géométrie. Le programme devrait alors chercher à développer les capacités de raisonnement de l'esprit.

3) Les **constructivistes** envisagent la connaissance comme basée sur les perceptions, les expériences et les normes sociales. On comprend la réalité comme étant construite par la société. Pédagogiquement, ceux qui apprennent construisent la connaissance à mesure qu'ils trouvent un sens à leurs expériences et qu'ils situent la théologie dans leur contexte.

4) Les **empiristes** maintiennent que la connaissance doit se baser sur l'expérience perceptuelle des sens. L'approche pédagogique est fondée sur les expériences et les observations attentives. Cela peut comprendre l'usage de la méthodologie scientifique, les travaux pratiques sur le terrain ou en laboratoire, les recherches statistiques et des conclusions tirées à partir de résultats quantifiables.

---

19. Lee WANAK, « Theological Education and the Role of Teachers in the 21st Century: A Look at the Asia Pacific Region », *Journal of Asian Mission* 2, no. 1, 2000, p. 3-24.

Les épistémologies prisées dans la formation théologique peuvent aussi être fondées sur une personnalité charismatique ou autoritaire, ou sur une tradition théologique. Dans ces approches, la vérité n'est pas déterminée par la qualité d'une idée, mais plutôt par la personne qui l'a développée, ou par un ensemble d'idées dominantes à l'intérieur d'une tradition donnée.

Toutes ces épistémologies ont des points forts et des faiblesses. Certaines institutions théologiques ont tendance à être positivistes dans leur orientation. On peut savoir, et on sait mieux, par le raisonnement et l'érudition ; on peut connaître objectivement par le biais de la logique et l'analyse systématique. D'autres ont tendance à mettre l'accent sur l'apprentissage contextualisé basé sur l'expérience. Enns, par exemple, prend une approche holistique, se servant d'une épistémologie critique-réaliste. Cette approche reconnaît l'existence d'une vérité objective, tout en admettant qu'on doit l'appréhender de façon subjective[20]. On considère les expériences des sens comme étant essentiellement fiables, tout en reconnaissant qu'une interface existe entre le monde de la nature et celui de la société, qui influe sur la perception. La philosophie opérationnelle d'une institution peut créer des paramètres épistémologiques formels ou informels. Par exemple, l'expérience des sens peut-elle modifier la théologie d'une personne, ou bien la théologie est-elle fixée dans une tradition particulière ?

La communauté

Quels sont les domaines-clés de la vie communautaire à considérer lorsqu'on cherche à opérationnaliser une philosophie de la formation théologique ? De quelles manières la vie communautaire d'une institution de formation théologique forme-t-elle la vie et les valeurs des pasteurs ? Comment se fait-il que de petites institutions qu'on estime faibles selon les normes habituelles de l'accréditation en formation théologique, produisent néanmoins des pasteurs infatigables, qui persévèrent en dépit de la persécution, la pauvreté et la maladie ? Le secret réside peut-être dans la seule chose qu'elles aient en abondance – des relations profondes et durables, qui démontrent les qualités de la vie chrétienne vécue en communauté. C'est la communauté qui incarne la théologie. Carroll note que la formation théologique dans l'Ancien Testament traite en grande partie des affaires de la communauté[21]. Bien entendu, il y a des différences en matière de relations communautaires : entre les sociétés qui priment la collectivité et celles

---

20. Enns, « Now I Know in Part », p. 251-269.
21. Carroll R., « Perspectives », p. 228-239.

qui mettent l'accent sur les individus, et entre les contextes urbains et ruraux. De plus, à l'ère d'Internet, la communauté n'est plus limitée par les contraintes de la géographie.

La culture de l'institution

En quoi la vie communautaire constitue-t-elle un élément de la formation théologique ? Comment forger une culture institutionnelle qui reflète les valeurs de la foi chrétienne ? Étant donné qu'une grande partie de l'Écriture traite de la nature de la communauté du peuple de Dieu, il faut réfléchir sérieusement au développement de la vie communautaire. Mais on a l'impression que de plus en plus, nos institutions produisent une culture molle faite d'individus plus ou moins liés les uns avec les autres. Voici quelques questions à considérer : quels sont les rapports entre les enseignants et les étudiants ? L'administration fonctionne-t-elle de manière rigide ou flexible? Est-ce qu'on apprécie l'originalité, ou bien insiste-t-on trop sur la conformité ? Les vies sont-elles marquées par la compréhension et la compassion ?

> La leçon pour aujourd'hui, c'est que la formation théologique doit considérer son rôle dans la création et l'entretien d'un style de vie – tant pour les croyants en tant qu'individus que pour les communautés rassemblées – qui est séparé du monde, tout en étant *pour* le monde en ce qui concerne le témoignage[22].

Qu'est-ce que les étudiants retiennent le plus du temps qu'ils ont passé lors de leur formation théologique ? Souvent ce sont les expériences relationnelles – tant positives que négatives – avec les enseignants, les administrateurs et les autres étudiants qui créent des souvenirs durables. Ils se souviendront si l'institution était humanisante ou déshumanisante, voire rigide, dans sa façon de traiter avec les étudiants : si c'était un lieu où on trouvait de la joie en Dieu et où on respectait les autres. Souvent, la culture institutionnelle que nous créons et que nos étudiants expérimentent, a plus d'influence sur leur vie et leurs valeurs que le contenu des cours qu'ils suivent. Comment alors opérationnaliser la philosophie de l'institution pour en tenir compte, et comment l'examen de cette culture institutionnelle façonne-t-il la philosophie de l'institution ?

---

22. *Ibid.*, p. 235.

Les relations extérieures

Pour poursuivre l'excellence dans la formation théologique, il faut avoir des amis. Quelle doit être la relation de l'institution de formation théologique avec l'Église, avec d'autres institutions de formation théologique et avec d'autres organismes chrétiens ? Comment l'institution contribuera-t-elle à la vie de l'Église ? Si la formation théologique est tenue de servir l'Église, alors il faut se demander, « À quoi doit ressembler l'Église dans le monde aujourd'hui ? » Kerr écrit : « Si l'Église est censée être la gardienne de la tradition sacrée, alors la formation théologique prendra une forme bien différente. Si, en revanche, on considère l'Église comme un agent du changement social et culturel, alors la formation théologique sera toute autre[23]. » Bien entendu, Kerr a opéré une dichotomie entre les fonctions intérieures et extérieures de la formation théologique par rapport à l'Église. En réalité, les institutions de formation théologique se situent quelque part sur la gamme de perspectives qu'il schématise ainsi.

Une grande partie des ouvrages traitant de la formation théologique vise uniquement le modèle universitaire. Mais de nombreux modèles coopératifs sont à considérer, en plus du séminaire traditionnel, autonome et résidentiel, basé sur le modèle universitaire. Parmi les options, on peut citer : les formats liés à l'Église, tels que les programmes de formation en soirée ou en weekend, ou basé sur le tutorat du pasteur ; des modèles à distance comme la formation théologique par correspondance et les programmes en ligne ; et des approches communautaires, incluant les apprentissages au ministère et les programmes de formation à la mission. Au sein même du modèle universitaire il y a aussi plusieurs approches annexes à considérer : par exemple, la création de programmes d'études religieuses dans les universités, les consortiums, les instituts de niche, les écoles parrainées et affiliées, les partenariats et les programmes de validation. Pour entrer dans de telles relations, il faut une philosophie opérationnelle bien réfléchie.

Quels doivent être les rapports entre une institution de formation théologique et les autres institutions de formation théologique ? Comment les expériences de formation peuvent-elles être enrichies par la participation à des associations, consortiums ou partenariats ? Rien que dans la sphère de l'ICETE (le Conseil international pour la formation théologique évangélique), il existe

---

23. Hugh Kerr, « Education in General and Theological Education », *Theology Today*, 2005, p. 452.

872 institutions dans 113 pays[24]. Des milliers d'autres institutions existent avec lesquelles on peut entretenir des relations productives. Il y a très longtemps, on m'a demandé de fonder une école biblique dans une région dite « pionnière ». Avec le temps, j'ai découvert que notre établissement était le treizième du genre dans la région, dont six étaient accessibles à pied depuis notre école. Tous étaient de petites institutions évangéliques qui faisaient face à de nombreuses difficultés, capables de collaborer quand il s'agissait de tournois de basket mais pas à l'égard de la formation aux ministères. Une philosophie opérationnelle de la formation théologique découle de notre compréhension de l'Église universelle et du royaume de Dieu.

Il y a de cela plusieurs années, Richard Niebuhr a soulevé la question des rapports entre le Christ et la culture[25]. Son analyse nous aide à repenser nos idées présupposées concernant la mission de la formation théologique. Quels rapports l'institution entretient-elle avec son quartier, sa société et le corps politique ? Sur la base d'une approche *Christ-contre-la-culture*, certains adopteront une position très séparatiste. D'autres, tels que Harvey Cox, se rapprochent d'avantage du modèle *Christ-de-la-culture*, en préconisant un niveau élevé d'ouverture et d'intégration[26]. D'autres voient des *sphères distinctes et séparées de l'activité de Dieu* dans le monde. De plus en plus, les institutions évangéliques se proposent de jouer un rôle de transformation de la culture, *Christ-au-dessus-de-la-culture*, où l'église œuvre à travers la culture, et considèrent notre mission comme proactive et positive, pour transformer le monde. Cette perspective exige une lecture attentive de la culture au sens large, et met l'accent sur les opportunités pour poursuivre le renouvellement. Même si une de ces prises de position domine dans la culture de l'institution, elle n'est probablement pas exclusive. Des modèles différents peuvent s'appliquer aux situations différentes. Toujours est-il qu'il faut trouver une réponse à la question du rapport entre Christ et la culture dans toute sa complexité, avant que l'institution ne puisse gérer ses rapports externes.

---

24. *ICETE News* (janvier 2009). http://www.icete-edu.org/news/jan09.html (consulté le 25 juin 2011). N.D.E. : Nous estimons maintenant le nombre d'institutions membres à environ 1200 (à ce jour, le 2 juin 2020). Ces institutions se trouvent dans huit régions différentes du monde et 113 pays (https://icete.info).
25. Voir H. Richard Niebuhr, *Christ and Culture*, New York, Harper & Row, 1951.
26. Harvey Cox, « The Significance of the Church: World Dialogue for Theological Education », *Theological Education*, hiver 1967, p. 270-279.

Les ressources

Comment va-t-on financer l'institution ? Quelles seront sa théologie et sa philosophie de développement de ressources ? Quel pourcentage du budget va-t-on allouer à l'effort de levée de fonds ? De quelles manières et dans quelle mesure permettra-t-on aux donateurs d'influencer l'institution ? Les donateurs ont le pouvoir potentiel d'influencer la charte de l'institution, lui donnant de nouvelles orientations. Cela peut s'effectuer par le biais de sages conseils et de collaboration ; ou, malheureusement résulter de l'exercice d'un pouvoir économique despotique.

La politique institutionnelle

Les institutions ont souvent des manuels sur leurs politiques et procédures pour le corps enseignant et le personnel, élaborant des principes pour guider les décisions et la pratique. De nouvelles politiques surgissent généralement quand on découvre de meilleures façons de fonctionner, ou pour éviter qu'un problème déjà survenu ne se répète. Une culture institutionnelle adaptable sera plus prompte à initier de nouvelles politiques, alors qu'une culture plus rigide aura tendance à résister au changement.

La gouvernance

La gouvernance est le processus qui consiste à fournir une direction institutionnelle et une planification stratégiques dans la direction de l'institution. Cela s'effectue généralement à l'initiative d'un conseil d'administration ou de gouvernance qui fonctionne selon les principes établis dans la constitution de l'organisation et le règlement intérieur. Ce conseil joue un rôle critique dans l'orientation de la philosophie opérationnelle de l'institution, surtout dans le développement de sa mission, vision et valeurs de base. Pour bien gouverner, le conseil doit être impliqué de façon significative. La bonne gouvernance exige l'engagement et l'inclusion ; des membres du conseil qui ne sont pas personnellement engagés risquent de prendre de mauvaises décisions. Le conseil d'administration doit déterminer les qualités des membres potentiels qui peuvent faire avancer l'institution au mieux dans l'accomplissement de sa mission. L'un des meilleurs exercices que les membres du conseil peuvent accomplir, c'est de passer régulièrement en revue la littérature relative à la bonne gouvernance. Cependant, une grande partie de cette littérature émane de l'Occident. Autant que possible selon le point de vue biblique et éthique, la gouvernance doit s'enraciner dans la culture locale de l'institution.

L'administration

Les administrateurs, surtout le directeur, sont les premiers responsables de l'exécution de la mission de l'institution et à ce titre, ils détiennent beaucoup de pouvoir dans la mise en œuvre de sa philosophie opérationnelle. En interprétant et en exécutant les décisions du conseil, les administrateurs constituent un pont entre le conseil, le corps enseignant et le personnel. Le caractère, les valeurs et l'éthique des administrateurs sont autant de facteurs-clé pour forger la culture de l'institution. Sera-t-elle ouverte ou fermée, hiérarchique ou plutôt horizontale, innovatrice ou traditionnelle ?

Le corps enseignant

Le corps enseignant joue un rôle-clé en façonnant l'esprit, le cœur et les compétences des étudiants. Qui doit enseigner ? Quels critères sont primordiaux dans le recrutement du corps enseignant : la formation universitaire, l'expérience dans le ministère, les croyances doctrinales, la profondeur spirituelle ? Quels rôles doivent être ouverts aux femmes ? Quels sont les principaux rôles que les enseignants doivent jouer – théologien, tuteur, conseiller, chercheur et/ou praticien du ministère ? Quels rapports les enseignants entretiennent-ils entre eux ? Quel degré de liberté académique doit-on leur accorder pour traiter des questions d'actualité par rapport aux forces hégémoniques dans la société et l'Église ? Est-ce qu'on les oblige à adhérer strictement à un programme d'instruction préétabli ? Les enseignants, considérés comme experts, transmettent-ils leurs connaissances aux étudiants principalement par l'apprentissage « par cœur », faisant ainsi des « dépôts » dans leur esprit, à ressortir lors des examens ? Ou seront-ils des facilitateurs et poseurs de problèmes, qui suscitent une prise de conscience chez les étudiants pour penser et agir selon les voies de Dieu[27] ? Chaque institution de formation théologique et chaque membre du corps enseignant se situe quelque part sur cette gamme entre l'expert et le guide dans le voyage de l'apprentissage. Enfin, une philosophie opérationnelle détermine comment on évalue et développe les membres du corps enseignant. Quels mécanismes sont nécessaires pour améliorer la performance des enseignants ?

Les étudiants

Qui sont ceux que l'on forme ? Toutes les institutions ont des critères d'admission. La réponse à cette question a beaucoup à faire avec notre objectif dans

---

27. Voir Paulo FREIRE, *Pedagogy of the Oppressed*, trad. Myra Bergman Ramos, New York, Continuum, 1990.

la formation théologique. Certaines institutions acceptent des élèves perturbés, que les parents ou les responsables d'église estiment avoir besoin de « redressement ». Bien que nous soyons tous brisés à certains égards, ce but de « redressement » est très différent de celui de formation pour le ministère ; l'institution doit formuler son programme de manière à répondre aux besoins de son public.

De quelles manières le genre, la classe sociale, l'appartenance ethnique, la langue, l'âge, l'arrière-plan scolaire, l'expérience et les croyances personnelles influent-ils sur l'admission à l'institution et à certains programmes ? J'ai une fois été témoin de la frustration continuelle d'un étudiant plus mûr et marié dans une institution dont le programme visait les jeunes bacheliers. Il se heurtait constamment à des politiques conçues pour restreindre et contrôler le comportement des jeunes étudiants. La culture de l'institution était inflexible et on ne voulait pas faire des exceptions ni développer d'autres règlements plus appropriés à son âge et son expérience. Ses nombreuses années d'expérience dans le ministère ne changeaient rien au programme qu'il devait suivre. De ce fait, les politiques de l'institution limitaient indûment les étudiants expérimentés.

L'accréditation et la délivrance des diplômes

Comment va-t-on évaluer l'institution ? Quelle est la place de l'accréditation et de la délivrance de titres ? L'institution cherchera-t-elle à être reconnue par des associations académiques laïques ou gouvernementales en plus des organisations d'accréditation pour la formation théologique ? Leurs critères peuvent être utiles s'ils sont bien adaptés à la charte de l'institution. Mais si en devenant homologuée, l'institution ne répond plus aux besoins de la population ciblée, cela peut être préjudiciable. Ce danger est particulièrement préoccupant lorsqu'il s'agit d'institutions de base créées localement. L'accréditation et l'octroi des titres ont tendance à déplacer ces institutions vers la classe moyenne, en sorte que les pauvres et ceux qui ne sont pas instruits ne s'y sentent plus à l'aise. L'accréditation est souvent biaisée en faveur de ce que Plueddemann appelle l'enseignement et les structures « de la barre supérieure » – logiques et bien organisés, avec l'accent mis sur la lecture et l'écriture, et un corps enseignant muni de doctorats. Les institutions qui visent plutôt les questions « de la barre inférieure », en mettant l'accent sur les préoccupations culturelles et les besoins contextuels du ministère, auront malheureusement plus de difficultés à se faire accréditer[28].

---

28. James E. PLUEDDEMANN, « The Challenge of Excellence in Theological Education », dans *Excellence and Renewal: Goals for the Accreditation of Theological Education*, sous dir. Robert L. YOUNGBLOOD (Flemington Markets, NSW, Australie: Paternoster Press, 1989), p. 5.

Les institutions théologiques souhaitent souvent que leur corps enseignant s'adapte aux standards nationaux, ce qui porte à déplacer l'équilibre entre les formations académique, ministérielle et spirituelle vers des préoccupations académiques. Comment l'institution va-t-elle pondérer l'importance relative de ces trois domaines dans le choix et le renouvellement des professeurs ?

Conclusion

Développer une philosophie opérationnelle est un processus complexe et interactif ; il engage de nombreux acteurs qui représentent divers intérêts et expertises. Ce processus est ancré dans les documents de base de l'institution. Cependant, il se concrétise par le développement des programmes ; la détermination des modes d'enseignement ; l'élaboration des principes et des méthodes pédagogiques ; l'établissement des paramètres des relations internes et externes ; et la création des politiques et des procédures qui informent la mission et la culture organisationnelle de l'institution.

Il reste beaucoup de questions auxquelles répondre pour passer de la philosophie à l'action. Le tableau (en annexe) présente quelques questions pouvant servir de point de départ pour identifier les domaines qui exigent de la réflexion et de l'action.

Points pour la réflexion et l'action

Développer une philosophie opérationnelle demeure toujours un projet en cours ; toutefois, il est important pour les institutions théologiques d'effectuer un réexamen tous les cinq ans environ. Voici quelques étapes précises du développement d'une philosophie opérationnelle :

1) **Former une équipe**. Rassembler un noyau divers et expérimenté de formateurs et de praticiens en théologie, et choisir un facilitateur respecté qui a l'esprit ouvert. Les membres de ce groupe doivent absolument connaître de près les tendances des diverses parties prenantes en ce qui concerne le ministère.

2) **Examiner les documents de base** (charte, statut, règlement intérieure, etc.). Revoir, réviser et développer les documents de base de l'institution tout en considérant les éventuels développements futurs, en ce qui concerne l'environnement tant interne qu'externe.

3) **Cerner les enjeux.** Une analyse FFPM (forces, faiblesses, possibilités et menaces) et une Investigation Appréciative (IA) mettant l'accent sur ce qui donne vie à l'institution seront utiles dans ce processus. Il existe de nombreuses ressources sur la FFPM, l'IA et la planification stratégique. Certaines sont identifiées dans la section « Pour aller plus loin » de ce chapitre et dans la bibliographie à la fin du livre.

4) **Traiter les questions relevées.** Il faut établir des objectifs qui mènent à de nouvelles initiatives et au développement des programmes et départements existants.

5) **Créer un consensus.** Il ne suffit pas d'obtenir l'approbation du conseil. De telles initiatives exigent un consensus réel et une planification en détail par les acteurs des divers départements. Les plans stratégiques doivent être adoptés et développés par l'ensemble de l'organisation, sinon ils ne feront que prendre la poussière. Participer dans le processus est souvent ce qui amène les administrateurs, le personnel et le corps enseignant à s'approprier les projets. Il y a deux niveaux sur lesquels on doit développer un consensus : 1) la planification stratégique, qui est plutôt générale ; 2) la planification opérationnelle, qui permet de concrétiser les détails de la mise en œuvre des projets.

6) **Réaliser le plan.** Cela consiste à ajouter les détails nécessaires pour passer à la mise en œuvre. Il s'agit de mettre par écrit des objectifs quantifiables en se servant de calendriers ; déterminer les ajustements à faire au niveau du personnel ; développer les descriptions de postes, les projets de levée de fonds et de marketing ; et évaluer les besoins en développement des infrastructures et en matériel.

7) **Évaluer les progrès.** Des évaluations tant formatives (pendant le processus de développement) que sommatives (après qu'une initiative est institutionnalisée) sont essentielles. Il faut utiliser les évaluations pour réviser les initiatives.

Pour aller plus loin

Ouvrages et articles en anglais

BANKS Robert, *Reenvisioning Theological Education: Exploring a Missional Alternative to Current Models*, Grand Rapids, MI, Eerdmans, 1999.

COOPERRIDER David L., WHITNEY Diana, *Appreciative Inquiry: A Positive Revolution in Change*, San Francisco, CA, Barrett-Koehler, 2005.

HARKNESS Allan, sous dir., *Tending the Seedbeds: Educational Perspectives in Asia*, Manila, Asia Theological Association, 2010.

STAFFORD Guy S., *Strategic Planning for Christian Organizations: Turning the Power of Vision into Effective Ministry*, Orlando, FL, Association for Biblical Higher Education, 1994.

WITMER Timothy Z., « Seminary: A Place to Prepare Pastors? », *Westminster Theological Journal* 69, 2007, p. 229-246 (consulté le 10 juin 2011 sur *ATLA Religion Database with ATLASerials*, EBSCO*host*).

Autres ressources

JOHNSON-MILLER Beverly C., « History of Christian Education », *Encyclopedia of Religious and Spiritual Development*, sous dir. Elizabeth M. Dowling et W. George Scarlett, Thousand Oaks, CA, SAGE, 2005. http://sage-ereference.com/ religion/Article_n77.html (consulté le 15 septembre 2009).

MOUW Richard J., « Evangelicalism and Philosophy », *Theology Today* 44, no. 3, 1987, p. 329-337 (consulté le 10 juin 2011 sur *ATLA Religion Database with ATLASerials*, EBSCO*host*).

OLSEN Ericka, « SWOT Analysis: How to Perform One for Your Organization », 2008. http://www.youtube.com/watch?v=GNXYI10Po6A&feature=related You Tube (consulté le 30 septembre 2011).

Annexe à ce chapitre
Questions générales sur le développement d'une philosophie opérationnelle de la formation théologique

Les documents fondamentaux

1) Les documents fondamentaux de l'école sont-ils suffisants pour guider l'opérationnalisation ?
2) Quelle est la vision du monde de l'école, ses hypothèses, ses valeurs, ses engagements et ses allégeances ?
3) Comment l'école comprend-elle la nature des Écritures ? De l'Évangile ?
4) Quels sont les présupposés épistémologiques de l'école ?
5) De quelle manière les structures académiques s'adaptent-elles aux besoins et aux modèles locaux ?
6) Quelle est la base du choix de la langue de l'école ?
7) Qu'est-ce qui motive les étudiants à maîtriser un système théologique spécifique ou à acquérir les compétences nécessaires pour former une théologie et une pratique pertinentes ?
8) De quelle manière la théologie doit-elle être intrinsèquement engagée dans les nombreuses trajectoires du savoir humain ? De quelle façon la science peut-elle éclairer notre compréhension et notre foi ?

Le programme d'études

La contextualisation et la mondialisation

1) Comment l'école doit-elle être ancrée dans son propre contexte ? Inversement, de quelle manière doit-elle aborder la mondialisation ?

2) De quelle manière les cultures et les situations locales et mondiales contemporaines devraient-elles influencer le programme d'études ?

3) Quelle est le lien entre le Christ et la culture et de quelle manière devrait-il influencer la formation théologique ?

La tradition et la transformation

1) De quelle manière la culture et le programme d'études permettent-ils aux étudiants d'expérimenter et de pratiquer progressivement le *leadership* transformationnel à l'école, à l'Église et dans la communauté ?

2) De quelle manière les grandes idées et mouvements durables de l'Écriture et de la tradition chrétienne devraient-ils façonner la formation théologique ?

3) De quelle manière l'école doit-elle préserver la tradition théologique qui lui est propre ?

4) De quelle manière devrait-elle être une agence de changement et de réforme innovante dans le cadre de cette tradition ?

La conception du programme d'études

1) Quelle doit être la nature du programme d'études ?

2) Comment la *missio Dei* doit-elle façonner le programme d'études ?

3) Comment le programme d'études traite-t-il de la pré-modernité, de la modernité et de la postmodernité ?

4) Comment va-t-il préparer les étudiants à exercer leur ministère auprès des pauvres en milieu urbain ou rural, de la classe moyenne ou de la bourgeoisie ?

5) Quelle importance faut-il accorder aux compétences pratiques des ministères ? Comment l'éducation sur le terrain devrait-elle être menée ?

6) Quel est le meilleur lieu pour enseigner ?

7) L'école doit-elle se concentrer sur une langue ou un groupe ethnique particulier ?

8) Faut-il mettre l'accent sur le ministère auprès de groupes religieux ou non religieux particuliers ou d'une tranche d'âge particulière, par exemple le ministère auprès des jeunes ?

9) Le programme d'études doit-il être conçu autour de schémas classiques tels que les catégories de la théologie systématique ? Ou doit-il être novateur et centré sur les problèmes actuels, en utilisant, par exemple, des études de cas ?

10) De quelle manière le programme d'études devrait-il être asiatisé, africanisé ou latinisé ?

11) De quelle manière le programme d'études est-il adapté au style d'apprentissage du groupe cible et comment élargit-il les compétences d'apprentissage des étudiants ?

12) De quelle manière le programme d'études aborde-t-il les questions du rôle des hommes et des femmes, de classe sociale et d'appartenance ethnique ?

13) Comment le programme d'études tient-il compte du niveau de développement de l'étudiant ?

14) Quels doivent être la portée, la séquence et la durée du programme d'études ?

15) Comment l'école doit-elle concilier les études, le développement des compétences ministérielles et la formation spirituelle ?

La spiritualité

1) Comment l'âme apprend-elle ? Comment l'école forme-t-elle les étudiants à développer la sagesse selon les voies de Dieu ?

2) Quelle est la place occupée par la Bible, l'herméneutique et l'exégèse ?

3) De quelle manière la théologie intègre-t-elle la spiritualité ?

4) Comment l'école forme-t-elle les étudiants à être disciples et fait-elle avancer leur formation spirituelle ?

5) De quelle manière la culture de l'institution cultive-t-elle un amour mature pour Dieu et une force morale capable de résister aux épreuves et à la persécution ?

Les résultats

1) Quels doivent être les résultats généraux de la formation théologique ? Et les résultats spécifiques de chaque programme d'études ?

2) Quels processus l'école doit-elle utiliser pour évaluer sa propre réussite et celle de ses diplômés ?

Le mode de dispense des cours

1) L'apprentissage doit-il avoir lieu principalement dans des contextes formels, non formels ou informels ?

2) Quels sont les systèmes de prestation les plus adaptés à la nature particulière de la formation théologique préconisée par l'institution ? Quelles technologies devraient être utilisées ?

3) L'apprentissage doit-il avoir lieu dans les salles de classe, sur le terrain, à distance, par le tutorat, ou en combinant ces formats ?

4) L'école proposera-t-elle la formation continue, la formation des laïcs ou des cours et des diplômes en ligne ?

La pédagogie

1) Quel est le rôle de l'enseignant ? Le professeur est-il celui qui dispense des informations ou un guide aux ressources ? Ou encore, un dépositaire de connaissances ou un poseur de problèmes ?

2) De quelles manières la pédagogie s'inspire-t-elle du contexte de l'étudiant ?

3) Quelle est l'utilisation appropriée de la technologie dans le contexte de l'école ? L'enseignement doit-il se servir de technologies de pointe ou de base ?

4) Quels sont les processus d'enseignement et d'apprentissage les plus appropriés ?

5) Dans quelle mesure la pédagogie doit-elle s'inspirer et se concentrer sur le contexte local par opposition aux différents contextes dans le monde ?

6) L'enseignant doit-il être un généraliste, un spécialiste ou développer une approche interdisciplinaire ?
7) Comment l'apprentissage doit-il être évalué ?

La communauté

La culture institutionnelle

1) Comment la philosophie de l'école doit-elle être mise en œuvre dans la culture institutionnelle et comment l'examen de cette culture devrait-il façonner la philosophie de l'école ?
2) De quelles façons la vie communautaire constitue-t-elle un élément de la formation théologique ? Comment la culture institutionnelle reflète-t-elle les valeurs essentielles de la foi chrétienne ? Comment la communauté peut-elle servir de modèle pour façonner la vie et les valeurs des étudiants ?
3) Comment les administrateurs, le corps enseignant et les étudiants doivent-ils se comporter les uns envers les autres ? Les vies sont-elles marquées par la compréhension et la compassion ?
4) En quoi l'école est-elle un lieu où l'on trouve de la joie en Dieu et où toutes les personnes sont respectées ?
5) Comment l'école doit-elle aborder des domaines tels que la discipline, le pardon, la résolution de conflit, les normes de comportement et la liberté en Christ, les relations interpersonnelles, la spiritualité et le service ?
6) Dans quelle mesure les étudiants doivent-ils maîtriser la terminologie théologique ou être capables d'aborder les principes théologiques en termes du quotidien ?

Les relations extérieures

1) De quelle manière la position de l'école sur la relation entre le Christ et la culture peut-elle guider les affiliations extérieures ?
2) Quelle doit être la relation de l'école avec l'Église ? Comment l'école doit-elle contribuer à la vitalité de l'Église ?

3) Quelles seront les relations de l'école avec les autres institutions de formation théologique et les organisations chrétiennes ? Comment l'école pourrait-elle participer à des projets de collaboration ?

4) Comment les expériences de formation peuvent-elles être enrichies par la participation à des associations, des consortiums ou des partenariats ?

Les ressources

1) Comment financer l'école ?
2) Quelles seront la théologie, la philosophie et la politique de l'école en matière de développement des ressources ?
3) Quel pourcentage du budget doit être alloué à la levée de fonds ?
4) De quelles manières et dans quelle mesure les bailleurs de fonds seront-ils autorisés à contrôler l'institution ?
5) L'école utilise-t-elle des procédures comptables appropriées, transparentes et irréprochables ? Comment les procédures pourraient-elles être améliorées ?

La politique institutionnelle

La gouvernance

1) Des documents de gouvernance appropriés sont-ils en place ? Leurs directives sont-elles suivies ? Dans quels domaines doivent-ils être révisés ?
2) Quelles sont les caractéristiques des membres potentiels du conseil d'administration qui permettront à l'école d'avancer au mieux dans sa mission ?
3) Comment le conseil doit-il insuffler une vision, planifier l'avenir et contrôler les activités en cours ?
4) De quelle manière le conseil d'administration doit-il s'impliquer dans l'institution afin de promouvoir une prise de décision judicieuse ?
5) Quelles doivent être les politiques visant à prévenir les conflits d'intérêts ?

L'administration

1) Quelles sont les connaissances et les compétences interpersonnelles et de direction que doivent posséder les administrateurs ?
2) Quels sont les styles administratifs les plus appropriés pour l'école ?
3) L'originalité est-elle valorisée ou faut-il mettre l'accent sur la conformité ?
4) Comment les administrateurs doivent-ils être évalués ?

Le corps enseignant

1) Qui devrait enseigner ? Quels sont les principaux critères de sélection des enseignants ? Quel poids doit-on accorder aux résultats scolaires, à l'expérience dans le ministère, aux croyances doctrinales et à la profondeur spirituelle ? Y a-t-il des critères homme/femme et d'appartenance ethnique dans la sélection du corps enseignant ?
2) Comment les membres du corps enseignant doivent-ils se percevoir ? Quels sont les rôles-clé qu'ils doivent jouer ? Est-ce un rôle académique ? Un rôle de formation de disciples ? De conseil spirituel ? D'érudit universitaire ? De praticien du ministère chrétien ?
3) Comment les membres du corps enseignant doivent-ils se comporter les uns envers les autres ? Envers l'administration ? Envers les étudiants ?
4) Quels sont les pouvoirs de décision des enseignants ?
5) Quelles restrictions imposer à la liberté académique ?
6) Comment évaluer les membres du corps enseignant ?

Les étudiants

1) Sur quelles bases les étudiants doivent-ils être sélectionnés ? De quelle manière le genre, la classe sociale, l'origine ethnique, l'âge, le parcours scolaire, l'expérience et les convictions personnelles peuvent-ils influer sur l'admission à l'école et à des programmes particuliers ?
2) De quel milieu les étudiants viennent-ils et dans quel type de milieu s'attendent-ils à servir ?

3) De quelle manière la langue et le contexte culturel peuvent-ils, intentionnellement ou non, restreindre l'admission ?

4) De quelle manière la perception, l'interprétation et l'explication de leur monde par les étudiants pourraient-elles influencer les programmes et la pédagogie ?

L'accréditation et la délivrance des diplômes

1) Comment évaluer la qualité des écoles ?

2) Quel est le rôle des organismes d'accréditation ?

3) L'institution doit-elle chercher à être reconnue par les organisations laïques académiques et gouvernementales ?

4) Comment l'école et l'agence d'accréditation pourraient-elles peser le pour et le contre de la formation académique, ministérielle et spirituelle ?

3

Se rendre en terre promise
Vision, mission et valeurs : leur impact sur les objectifs de la formation théologique

Paul Wright

À chaque pas en traversant le désert de Sinaï, Israël ne pensait à rien d'autre : la vision de la Terre promise ne les quittait jamais. Malgré les peines, les conflits et les contretemps, Moïse ne permettait jamais aux enfants d'Israël d'oublier qu'ils étaient le peuple de Dieu, et qu'ils devaient donc refléter ses valeurs, déclarer sa gloire et s'avancer vers l'accomplissement de la vision divine.

Chaque institution de formation théologique a besoin d'une « terre promise ». Et chaque institution a besoin d'un Moïse pour la conduire vers ce but. La vision de Dieu pour le ministère et comment accomplir celle-ci est essentielle au succès et à la croissance de tout ministère chrétien, y compris la formation théologique. Barna observe avec justesse que la plupart des écoles de théologie protestantes négligent le rôle d'une formulation de vision dans le ministère[1], et par cela même, incitent les futurs responsables à se contenter du statu quo. Dieu n'en demande-t-il pas plus de ceux qui sont chargés de former son peuple ? Dans le même esprit, Nanus déclare : « Il n'y a pas de force motrice plus puissante pour faire avancer une organisation vers l'excellence et le succès à long terme, qu'une vision attractive de l'avenir, utile, réalisable et partagée à grande échelle[2]. »

---

1. George BARNA, *The Power of Vision*, Ventura, CA, Regal, 1991, p. 13.
2. Burt NANUS, *Visionary Leadership*, San Francisco, CA, Jossey-Bass, 1992, p. 3.

Ce chapitre cherche donc à clarifier l'importance de la vision, de la mission et des valeurs institutionnelles, et leur impact pour définir le rôle des responsables au sein des écoles de formation théologique. La vision répond à la question « Quoi ? », en donnant une idée claire de l'avenir souhaité. La mission (ou objectif) répond à la question « Pourquoi ? », en définissant la finalité unique de l'institution. Les valeurs fondamentales, clairement énoncées, apportent au quotidien une réponse claire à la question « Comment y arriver ?[3] ». Normalement, les valeurs de l'institution constituent le fondement de sa mission (ou finalité). À partir de la mission, on développe la vision et la stratégie[4]. Cependant, c'est souvent la vision pour le ministère que l'on perçoit en premier ; mission et valeurs sont affinées à mesure que la vision est clarifiée. Par conséquent, la présente réflexion suivra cet ordre chronologique typique : mission, vision, valeurs, stratégie.

Décrire la vision

La promesse de la liberté et d'une nouvelle patrie était sans doute alléchante pour les enfants d'Israël asservis (Ex 4.29-31). Malgré les défis énormes qu'ils devaient affronter, la réalisation des promesses de Dieu aux patriarches saisit leur cœur et les mobilise à suivre la conduite de Moïse. « La puissance de la vision est sa capacité à capter l'attention… et à centrer cette attention sur un rêve commun – une direction qui a du sens et qui permet de s'orienter[5]. »

La vision ne signifie pas simplement envisager ce qui pourrait être. C'est regarder l'avenir avec les yeux de la foi, tout en gardant les pieds fermement ancrés dans la réalité. Barna en donne une définition excellente : « La vision pour le ministère est une idée claire d'un avenir souhaité que Dieu accorde à ses serviteurs choisis et qui se base sur une compréhension juste de Dieu, de soi et des circonstances[6]. »

Quelques éléments de cette définition méritent une attention particulière. D'abord, la vision est une idée claire des aspirations pour l'avenir. La clarté de cette idée s'exprime habituellement par un énoncé de vision qui décrit succinctement, mais clairement, ce que l'institution entend être et faire. Ensuite, en contraste avec les indications de la littérature laïque à ce sujet, la vision d'un

---

3. Peter Senge, *The Fifth Discipline*, New York, Currency/Doubleday, 1990, p. 223-224.
4. Malphurs illustre ce rapport de façon graphique. Voir Aubrey Malphurs, *Ministry Nuts and Bolts*, Grand Rapids, MI, Kregel, 1997, p. 13.
5. Nanus, *Visionary Leadership*, p. 16.
6. Barna, *Power of Vision*, p. 28.

organisme chrétien doit être le résultat de la direction de Dieu dans la vie des personnes concernées. La vision vient de Dieu, et non des propres projets et intentions d'une personne. Le rôle des responsables quant à la réception et la communication de la vision peut varier d'une institution à l'autre, mais leur dépendance de Dieu doit être une évidence. Enfin, la vision n'est pas juste un rêve ou une promesse ; elle est fondée sur une compréhension lucide de la réalité. La connaissance de soi est importante pour discerner ce qui est possible, mais il est avant tout essentiel de connaître Dieu : sa personne et son œuvre. C'est ce qui servira de point d'ancrage, nécessaire au sein de l'incrédulité et de l'opposition qui peuvent surgir. La résistance à laquelle Moïse était confrontée n'était pas exceptionnelle (Ex 5.2-23).

La vision peut être exprimée de façon négative, en termes de ce à quoi l'institution devra s'opposer, mais cela va à l'encontre du but recherché. Malheureusement, dès que surgit une menace, la survie apporte une cohésion dans certains groupes. Même si une vision négative peut générer beaucoup d'énergie, elle est basée sur la peur, ancrée dans l'impuissance, et, en fin de compte, limitée dans sa durée[7]. « Laisse partir mon peuple » (Ex 7.16) ne suffisait pas pour le peuple de Dieu ; Dieu orienta Israël vers un pays « où coulent le lait et le miel » (Ex 3.8 ; Dt 8.7-9).

La vision commence souvent avec une personne. Pressentie intuitivement comme la direction à suivre, la vision « se compose d'une part de prévoyance, d'une part de perspicacité, de beaucoup d'imagination et de discernement, et souvent, d'une bonne dose d'audace[8] ». S'y mêlent le savoir du responsable, son expérience, sa motivation, son intuition, sa vision du monde, son caractère et sa connaissance de soi[9]. Traditionnellement, la vision se transmet de haut en bas par « un processus de ruissellement[10] ». Cependant, la vision d'une institution peut aussi avoir son origine parmi les responsables de rang plus bas dans l'échelle hiérarchique et être par la suite reconnue par des collègues ou supérieurs dotés de sagesse.

Senge plaide vigoureusement en faveur d'une approche d'équipe pour développer une vision commune basée sur la vision personnelle de chaque membre. En citant Bill O'Brien de la compagnie d'assurances Hanover, il dit : « Ma vision

---

7. SENGE, *Fifth Discipline*, p. 225.
8. NANUS, *Visionary Leadership*, p. 34.
9. Arnoldo ARANA, « ¿Cómo articula el líder la visión? », Global Leadership Consulting (décembre 2008). http://www.glcconsulting.com.ve/articulos/Articulo_Como articula el lider la vision_Arnoldo Arana.pdf (3 janvier 2012).
10. BARNA, *Power of Vision*, p. 141-146.

n'est pas ce qui vous importe. La seule vision qui vous motivera, c'est votre vision[11]. » Ainsi, en se basant sur les intérêts personnels de chaque membre, la vision est partagée et non imposée d'en haut. Dans ce processus, le responsable doit être prêt à communiquer d'abord sa propre vision, écouter attentivement et réfléchir, tout en encourageant les autres aussi à croître dans le processus de développement personnel et organisationnel.

Que le processus de développement de la vision descende d'en haut ou soit plutôt collaboratif pourrait dépendre de facteurs tant culturels que personnels. Hofstede a élaboré le concept de « distance de pouvoir » ou « distance hiérarchique » pour préciser dans quelle mesure une inégalité de pouvoir est acceptée au sein d'une organisation ou d'une institution. Il a observé que certaines cultures préconisent un style de direction plutôt autocratique ou paternaliste, alors que d'autres préfèrent des rapports plus égalitaires[12]. Définir et articuler la vision d'une institution doit donc refléter le contexte culturel dans lequel elle se situe.

Dans tous les cas, on ne peut sous-estimer l'importance de développer un consensus et un soutien collaboratif. Quand on communique une vision avec enthousiasme, on déclenche une énergie puissante pour réaliser cette vision. Nanus affirme ce qui suit :

> En fin de compte, il est fort possible que ce soit le dirigeant qui élabore la vision et lui confère une légitimité, qui l'exprime dans une rhétorique saisissante qui embrase l'imagination et les émotions de ses partisans, qui – grâce à la vision même – rend les autres capables de prendre des décisions pour faire avancer les choses. Mais pour que l'organisation réussisse, cette image doit découler des besoins de l'organisation toute entière en sorte que tous les acteurs importants se l'approprient et s'engagent en conséquence[13].

Pour exprimer clairement l'avenir envisagé par une institution théologique, l'énoncé de vision est un outil important[14]. Il sert de guide à la prise de décisions concernant les programmes académiques, le recrutement et l'embauche,

---

11. SENGE, *Fifth Discipline*, p. 21.
12. Geert HOFSTEDE, *Cultures and Organizations*, New York, McGraw-Hill, 1997, p. 23-37, 152-154.
13. NANUS, *Visionary Leadership*, p. 36.
14. Pour d'autres exemplaires d'énoncés de vision, voir MALPHURS, *Ministry Nuts and Bolts*, Grand Rapids, MI, Kregel, 1997, p. 122-130 ; Anna MCGOWAN et Jan SYKES, « Vision Statements and Examples », http://dbiosla.org/inside/governance/visionstate.pdf (12 décembre 2011) ; José Luis Romero, « Vision Statement Examples » (2008) http://www.skills2lead.com/vision-statement-examples.html (12 décembre 2011).

la planification stratégique et l'allocation de ressources. De plus, l'énoncé sert de miroir pour l'autoévaluation lors du processus d'accréditation[15]. Il doit être bref et concis, et exprimer les aspirations, l'identité et la contribution particulières de l'institution dans un langage vivant et facile à comprendre. Les clichés et les slogans sont à éviter. La formulation précise de l'énoncé est un facteur significatif et parfois déterminant pour la réalisation effective de la vision.

Ableman et Dalessandro ont identifié sept traits qui permettent à l'énoncé de bien transmettre la vision de l'institution : il doit être (1) *partagé*, reflétant la collaboration de toutes les parties prenantes ; (2) *clair*, de façon à aider le personnel à distinguer les activités qui contribuent à la réalisation de la vision de celles qui ne le font pas ; (3) *convaincant*, de sorte à générer de l'enthousiasme pour le projet ; (4) *avantageux*, c'est-à-dire, démontrant les bienfaits de la réalisation de la vision ; (5) *complet*, illustrant les résultats souhaités de façon tangible ; (6) *compatible*, indiquant en quoi la vision est adaptée au contexte visé ; et (7) *observable*, exprimé en termes de résultats au niveau pratique[16].

Le Denver Seminary donne un exemple excellent d'énoncé de vision :

> Notre vision : notre faculté à l'avenir. Nous nous engageons nous-mêmes ainsi que nos ressources à être une faculté qui
>
> 1) Fournit un apprentissage qui transforme la personne sur le plan spirituel, lui propose des défis intellectuels et professionnels qui interrogent la réalité d'un monde en besoin de rédemption à tous les niveaux.
>
> 2) Implique notre communauté tout entière dans la diversité de l'Église universelle, tant ethnique que culturelle et confessionnelle.
>
> 3) Poursuit une croissance institutionnelle pondérée et durable grâce à des systèmes de programmation et de prestation créatifs.
>
> 4) Fournit des ressources financières adéquates pour soutenir la stratégie de croissance de l'institution tout en assurant sa santé financière à long terme.

---

15. Diane CORDERO DE NORIEGA, « Institutional Vision, Values, and Mission: Foundational Filters for Inquiry », dans Amy Driscoll et Diane Cordero de Noriega, *Taking Ownership of Accreditation*, Sterling, VA, Stylus, 2006, p. 37-39.
16. Robert ABLEMAN et Amy DALESSANDRO, « Institutional Vision in Christian Higher Education: A Comparison of ACCU, ELCA, and CCCU Institutions », *Journal of Research in Christian Education* 18, 2009, p. 89-90.

5) Collabore avec les anciens étudiants, les églises, les agences de mission, les programmes de formation théologique et autres organisations pour l'avancement du royaume de Dieu dans le monde entier[17].

Après avoir défini et approuvé la vision, la direction de l'institution doit la communiquer régulièrement. « Promouvoir la vision », constitue l'un des rôles majeurs des responsables[18]. Tous les moyens devraient y être consacrés, que ce soit le matériel promotionnel, les prédications et enseignements, la correspondance, les conversations publiques ou privées. Quand la vision est largement partagée, les nombreux moyens de diffusion de la vision rendent la tâche d'autant plus facile pour les responsables de l'institution.

Définir la mission

Bien que Moïse ait pu pressentir son appel d'après les circonstances exceptionnelles de sa naissance, sa mission personnelle devient explicite quand Dieu lui parle dans le buisson ardent (Ex 3.7-12). Il conduit alors Israël à la rencontre avec YHWH au Mont Sinaï, où sa mission en tant que peuple particulier de Dieu, sacerdoce royal et nation sainte, est rendue manifeste au monde (Ex 19.5-6). Ce modèle d'énoncé de mission imprègne non seulement le texte de loi donné à Sinaï, mais aussi toute l'histoire qui s'ensuit.

Comme nous l'avons déjà dit, la mission définit le but spécifique de l'organisation et répond à la question « Pourquoi ? ». Selon les termes de Peter Drucker, un énoncé de mission n'est pas seulement fait de « bonnes intentions[19] ». Contrairement à la vision, qui décrit la direction globale que prend l'institution, l'énoncé de mission explique comment elle y parviendra. Il est centré précisément sur le but et l'orientation de l'institution[20]. Traditionnellement, l'énoncé de mission s'exprimait en termes généraux. De nos jours, par contre, on voit plus

---

17. Denver Seminary, « Our Mission and Vision » (2018) https://denverseminary.edu/about/who-we-are/mission-and-vision/ (consulté le 4 septembre 2018). N.D.E. : Cet énoncé a été révisé depuis sur le site internet du Denver Seminary.
18. MALPHURS, *Ministry Nuts and Bolts*, p. 116-117.
19. Peter DRUCKER, *Managing the Non-Profit Organization*, New York, Harper Business, 1990, p. 4.
20. Voir ABLEMAN et DALESSANDRO, « Institutional Vision », p. 83.

souvent des énoncés conçus dans le but de préciser la contribution particulière de l'institution[21].

On peut élaborer cet énoncé au cours d'une série de rencontres ou lors d'une retraite, à laquelle participent les principaux directeurs et parties prenantes. Dans ce processus, on doit analyser trois éléments : les points forts spécifiques de l'institution ; les opportunités et les besoins de son contexte de ministère ; et ses convictions de fond. Lorsqu'une idée claire émerge, on peut confier à une ou deux personnes la rédaction d'une proposition provisoire qu'on pourra par la suite analyser, affiner davantage, et approuver. Il est souvent plus facile pour une seule personne que pour un comité de rédiger un énoncé clair.

Non seulement l'énoncé de mission donne une direction, il sert aussi d'outil diagnostique, en mettant l'accent sur la finalité de l'institution. On peut alors évaluer toutes les activités, les objectifs et les buts par rapport à la mission globale de l'institution afin de développer un ministère plus ciblé et cohérent. Malphurs suggère six questions qui explique cette fonction : (1) Qu'est-ce que Dieu veut que nous fassions ? (2) Que faisons-nous ? (3) Pourquoi ne faisons-nous pas ce que Dieu désire que nous fassions ? (4) Si nous continuons dans la trajectoire actuelle, où en serons-nous dans deux ans, cinq ans ou dix ans ? (5) Nos principaux responsables savent-ils où en est le ministère et vers quoi il tend ? S'accordent-ils sur cette direction ? (6) Que faudrait-il pour changer de cap et s'orienter dans le sens que Dieu indique ?[22] Ainsi, l'énoncé de mission fournit les raisons qui sous-tendent tout ce que fait l'institution.

Quelques exemples d'énoncés de mission peuvent nous aider à ce stade. Le Seminario Teológico Centroamericano (SETECA) définit sa mission comme suit : « Former des hommes et des femmes de Dieu à communiquer efficacement les Saintes Écritures et à exercer un leadership empreint d'excellence[23]. » L'énoncé de mission du Denver Seminary est un peu plus détaillé :

> Le Denver Seminary prépare des hommes et des femmes à répondre aux besoins du monde avec la puissance rédemptrice de l'Évangile et la vérité transformatrice de l'Écriture. Par nos programmes d'enseignement et notre processus de mentorat, nous appelons les

---

21. NORIEGA, « Institutional Vision », p. 41. Voir aussi Joseph R. FERRARI et Jessica VELCOFF, « Measuring Staff Perceptions of University Identity and Activities: The Mission and Values Inventory », *Christian Higher Education* 5, 2006, p. 243-261.
22. MALPHURS, *Ministry Nuts and Bolts*, p. 68-69.
23. Jim B. ADAMS, « ¡Bienvenido a Seteca! », Seminario Teológico Centroamericano (23 septembre 2011) http://www.seteca.edu/index.php/es/seteca-es/info/82-saludo-del-rector (30 janvier 2012).

étudiants de l'institution à croître sur les plans spirituel, intellectuel et professionnel, afin de conduire le peuple de Dieu dans l'accomplissement de la mission de Dieu dans le monde[24].

Notons que l'énoncé de mission est destiné à un usage interne, et non forcément à la promotion ou la collecte de fonds. Sa base biblique doit être évidente, soit en s'exprimant dans un langage biblique, soit en en se fondant sur des concepts théologiques. Si l'énoncé de mission est bref, cela peut le rendre encore plus efficace. Drucker déclare de façon frappante : « Si l'on peut imprimer l'énoncé de mission sur un T-shirt, il est probablement de la bonne longueur[25]. » Grâce à une telle brièveté, on peut facilement s'en souvenir et s'en servir pour toutes sortes de fonctions administratives, et ainsi maintenir le cap de l'institution[26]. La recherche démontre qu'un énoncé de mission clair joue un rôle important pour assurer la loyauté et le soutien financier lors des transitions du personnel, surtout celles qui se produisent au niveau de l'équipe de direction[27].

Élucider les valeurs fondamentales

À Sinaï, Israël reçoit le texte de loi qui permet à la nouvelle nation d'interagir et de fonctionner en tant que peuple de Dieu. Fondées sur le caractère même de YHWH (Ex 34.6-7), les valeurs fondamentales de la justice et de la sainteté de Dieu imprègnent autant les Dix Commandements que les lois ultérieures. Tout comme l'ADN incorporé dans chaque cellule vivante, les valeurs fondamentales identifiées doivent imprégner la mise en œuvre journalière de la mission et la vision de l'institution théologique.

Alors que la vision brosse le tableau de l'avenir souhaité et que la mission exprime la finalité spécifique de l'institution, les valeurs fondamentales sont les croyances et les convictions considérées d'une importance primordiale pour l'institution. Elles constituent une charpente relationnelle et théorique qui soutient l'organisation et assurent un socle commun pour entreprendre des actions

---

24. Denver Seminary, « Our Mission and Vision ».
25. Drucker, p. 65.
26. Pour des exemples d'énoncés de mission, voir MissionStatements.com (2012), http://www.missionstatements.com/ (12 janvier 2012).
27. Ferrari et Velcoff, « Measuring Staff Perceptions », p. 245. Voir aussi Joseph R. Ferrari, Todd L. Bottom et Robert E. Gutierrez, « Passing the Torch: Maintaining Faith-Based University Traditions during Transition of Leadership », 2010, *Education* 131(1) : 66.

coordonnées. L'excellence, la collaboration, la priorité de la prière, la responsabilité fiscale et l'initiative sont des exemples de valeurs institutionnelles possibles.

L'influence des valeurs fondamentales ne peut être surestimée. Les valeurs fondamentales remplissent cinq fonctions : (1) elles définissent les priorités, les objectifs et la prise de décisions ; (2) elles orientent la résolution des problèmes et des conflits ; (3) elles influencent le degré de satisfaction professionnelle et l'engagement vis-à-vis de l'institution ; (4) elles jouent un rôle dans la consolidation des équipes, la prise des risques et la reconnaissance du personnel ; (5) elles orientent la gestion des ressources financières et autres[28]. Concernant les valeurs fondamentales, Noriega affirme : « Ces valeurs fondamentales décrivent notre manière d'œuvrer – elles caractérisent notre pédagogie, nos cours, les thèmes de nos programmes, les processus d'évaluation des programmes et le développement professionnel[29]. » En considérant leur impact sur la culture de l'organisation, Malphurs suggère trois descripteurs importants des valeurs fondamentales. Tout d'abord, elles sont constantes, pour apporter une stabilité par des temps incertains. Ensuite, elles sont ferventes, pour démontrer l'énergie émotionnelle nécessaire à l'action. Enfin, comme nous sommes le peuple de Dieu, elles sont conformes à la Bible, pour refléter le caractère divin[30].

Bien que les valeurs fondamentales soient personnelles et institutionnelles, il est essentiel qu'elles soient claires et partagées avec enthousiasme par tous les participants si l'institution veut accomplir sa vision. Être d'une même pensée est une motivation biblique permettant de parvenir à un consensus sur des valeurs définies (Ac 4.32 ; Ph 2.2-4). Souvent, les conflits interpersonnels au sein d'un ministère découlent d'un conflit de valeurs. « Si vous pouvez mettre au jour, et ainsi clarifier, les valeurs qui alimentent le conflit, vous êtes en bonne voie de résoudre le conflit, ou tout au moins de déterminer si une résolution est même possible. En général, les membres d'une organisation ne partagent pas de valeurs concordantes[31]. » Malphurs observe que les responsables qui mettent en relief les valeurs fondamentales de manière délibérée ont tendance à être proactifs. Ce sont des responsables qui ont réfléchi à ce qu'ils croient et pourquoi ils le croient. Ils sont motivés par leurs valeurs. En revanche, les valeurs ancrées de manière inconsciente caractérisent souvent les dirigeants réactifs, qui se laissent alors influencer par d'autres facteurs externes. Ainsi, il pourrait être crucial à la

---

28. Aubrey MALPHURS, *Values-Driven Leadership* (Grand Rapids, MI: Baker, 2004), p. 37-44.
29. NORIEGA, « Institutional Vision », p. 40.
30. MALPHURS, *Ministry Nuts and Bolts*, p. 20-24.
31. MALPHURS, *Values-Driven Leadership*, p. 40.

survie de l'institution de chercher un consensus sur les valeurs fondamentales dès le début et de les revisiter régulièrement[32].

Comment identifier les valeurs fondamentales ? En commençant par la personne au sommet de la hiérarchie, chaque membre de l'équipe de responsables fait d'abord un inventaire personnel. On peut suggérer diverses approches. Après un temps de réflexion personnelle, chaque personne pourrait énumérer par écrit les valeurs qui lui tiennent le plus à cœur. Un(e) ami(e) proche ou un(e) conjoint(e) pourrait aider à réviser et éventuellement compléter cette liste personnelle. Malphurs suggère qu'on remplisse le questionnaire « Personal Core Values Audit » qu'elle offre dans *Values-Driven Leadership*[33]. Il faut ordonner la liste par ordre de priorité et d'importance.

Ensuite, l'équipe de responsables pourrait comparer les listes pour repérer les points communs. Les énoncés de valeurs d'autres organisations ecclésiales ou commerciales peuvent aussi aider à identifier les valeurs auxquelles le groupe est le plus sensible. Décrire l'« institution idéale » peut apporter des lumières supplémentaires. Bien qu'une telle description puisse ressembler à l'énoncé de vision, elle permet toutefois d'identifier les valeurs sous-jacentes. L'analyse du budget de l'institution donne aussi des indices en ce qui concerne ses valeurs réelles. Quand la liste est finalisée, il faudrait sélectionner cinq à dix des valeurs énumérées et les classer par ordre de priorité.

Il faut distinguer entre les valeurs réelles, actuelles et celles auxquelles on aspire. Les valeurs actuelles sont les convictions des membres qui régissent leurs actions quotidiennes et qui sont reflétées dans les réponses à la question : « Pourquoi faisons-nous ce que nous faisons ?[34] » Les valeurs auxquelles on aspire sont celles qu'on ne pratique pas encore de manière conséquente, mais qu'on est en train d'acquérir. Pour être authentique, il vaut mieux indiquer les valeurs auxquelles on aspire comme telles dans la liste et limiter leur nombre. Des comportements perçus comme étant cohérents avec les valeurs dont on se réclame aideront à établir la crédibilité de l'institution.

Enfin, il est important d'exprimer les valeurs de l'institution dans une déclaration écrite de valeurs, soit un crédo[35]. Une telle déclaration apporte la clarté nécessaire pour développer le consensus, assurer l'adhésion et communiquer les valeurs aux autres. Il est souhaitable de donner une introduction, une explication

---

32. *Ibid.*, p. 46.
33. *Ibid.*, p. 165-167.
34. *Ibid.*, p. 50.
35. Pour des exemples de crédos, voir MALPHURS, *Values-Driven Leadership*, p. 145-163.

et une justification biblique pour chaque valeur énumérée. La formulation doit être soigneusement conçue pour stimuler l'intérêt, inspirer la fierté et communiquer clairement le sens de chaque point. Le nombre de valeurs énoncées ne devrait pas dépasser dix (et devrait de préférence se limiter à cinq ou six), pour favoriser la clarté et la précision[36]. Par exemple, le Denver Seminary définit ses valeurs comme suit : « L'engagement envers [...] l'autorité des Écritures, l'érudition vigoureuse, l'orthodoxie charitable, les relations rédemptrices et un intérêt pour le monde entier[37]. »

Revoir le crédo tous les jours peut aider les responsables dans la prise de décisions. On peut analyser les décisions, qu'elles soient grandes ou petites, à la lumière des valeurs fondamentales, telles que définies par l'institution. Cela apportera de la cohérence à la vision et la mission définies par la direction de l'institution. De plus, l'équipe de direction devrait communiquer ces valeurs régulièrement et par tous les moyens possibles afin d'imprégner la pensée de tous au sein de l'institution. Un bon moyen de communiquer les valeurs consiste à raconter la manière dont ces valeurs sont reflétées dans l'expérience des administrateurs, du personnel et des étudiants. Ainsi, elles contribuent à forger l'ethos de l'administration, du personnel et du corps étudiant. On peut espérer que les anciens de l'institution seront également connus pour la façon dont ces mêmes valeurs fondamentales auront forgé leur caractère.

La déclaration des valeurs fondamentales joue un rôle important dans l'évaluation périodique, surtout pendant l'autoévaluation qui a lieu lors du processus d'accréditation. Noriega note que ces valeurs « servent comme critères pour examiner nos intentions. Agissons-nous de manière à démontrer que ces valeurs sont fondamentales à notre œuvre ?[38] » Dans ce processus, il faut apporter des preuves que les valeurs préconisées nous orientent réellement en ce qui concerne les objectifs pour les étudiants, la conception des programmes, la formation des professeurs et d'autres aspects des fonctions quotidiennes de l'institution théologique.

---

36. *Ibid.*, p. 83.
37. Pour une définition plus détaillée, consultez le lien suivant : Denver Seminary (2018), « Our Core Commitments ». https://denverseminary.edu/about/who-we-are/core-commitments/ (5 septembre 2018).
38. Noriega, « Institutional Vision », p. 40.

Passer de la vision à la réalité

Parmi toutes les difficultés associées à la traversée d'Israël vers la Terre promise, la résistance du peuple que Moïse avait à conduire était sans doute la plus difficile. En effet, Moïse devait sans cesse faire face à l'érosion constante de la vision : les plaintes, la mesquinerie, la résistance et la rébellion pure et simple. La réponse d'Israël au rapport des dix espions a fait différer de quarante ans la réalisation de la vision ! Imaginez la déception personnelle de Moïse face à l'incrédulité d'Israël alors que la réalisation de la vision était à portée de main ! Motiver le peuple de Dieu à réaliser sa vision est sans doute l'aspect le plus difficile de la conduite d'une œuvre.

Il existe toute une gamme de réponses possibles au cours de la réalisation de la vision de l'institution théologique. Senge observe que les réponses varient de l'indifférence et la non-conformité à l'investissement et l'engagement.

> Dans la plupart des organisations contemporaines, il y a peu d'investis – et encore moins d'engagés. La grande majorité des gens sont dans un état de « docilité ». Les adeptes dociles se conforment à la vision. Ils font ce qu'on attend d'eux. Ils soutiennent la vision dans une certaine mesure. Mais ils ne sont pas réellement investis ou engagés[39].

Malheureusement, la docilité en soi, qu'elle soit sincère ou à contrecœur, engendre la médiocrité et un attachement léthargique au statu quo qui rend la réalisation de la vision encore plus difficile. De toute évidence, il faut une réponse plus enthousiaste de la part de tous. La différence critique entre la simple docilité et l'engagement, c'est que le personnel « engagé » aspire sincèrement à la réalisation de la vision. Ils en endossent la responsabilité et feront quasiment tout pour y parvenir.

Comment alors encourager les autres à s'engager réellement envers la vision ? Senge offre les suggestions suivantes. Tout d'abord, engagez-vous vous-même. Démontrez votre passion profonde pour le projet. Ensuite, soyez franc et sincère en parlant de la vision et des difficultés éventuelles, sans exagérer les bénéfices, ni minimiser les problèmes. Enfin, accordez à votre interlocuteur une liberté dans sa réponse à la vision. Ni la manipulation, ni la contrainte ne sauraient susciter un engagement passionné envers la vision. « La leçon la plus dure à admettre pour la plupart des dirigeants, c'est qu'en fin de compte, *vous*

---

39. SENGE, *Fifth Discipline*, p. 219.

ne pouvez rien faire pour amener une autre personne à s'investir ou à s'engager. L'investissement et l'engagement exigent la liberté de choix[40]. »

Pour un responsable, encourager l'engagement envers la vision est, à certains égards, un exercice d'équilibriste. D'une part, il faut distinguer la vision personnelle de la vision institutionnelle[41]. Les subordonnés ne s'approprieront pas la vision si celle-ci ne reflète que les aspirations personnelles du responsable. D'autre part, il est absolument nécessaire de s'y investir personnellement. Le cœur de la direction académique, c'est l'intégrité avec laquelle on incarne la vision. Cette intégrité résulte de ce que le responsable croit, valorise et fait[42]. En conduisant ainsi par l'exemple, on a alors la tâche d'habiliter les autres à suivre cette initiative. Dans ce sens, Nanus observe : « Votre but principal en tant qu'entraîneur, c'est d'habiliter les équipiers à agir au nom de la nouvelle vision et de soutenir leur engagement à son égard[43]. » Quand les autres conçoivent la réalisation de leur vision comme faisant partie d'une vision institutionnelle plus grande, ils sont plus enclins à s'engager de tout cœur. Nanus suggère que la formule de la « conduite visionnaire » est la suivante :

> Un but commun + Personnes habilitées + Changements organisationnels appropriés + Réflexion stratégique = Conduite visionnaire réussie[44].

Sur le plan pratique, il faudra apprendre de nouvelles façons de concevoir le processus administratif pour conduire l'équipe vers des actions cohérentes avec la vision, la mission et les valeurs de l'institution. Il faudrait encourager, renforcer et récompenser les performances conformes à la vision. Il convient d'analyser de nouvelles voies pour mieux organiser en vue de réaliser la vision, avec de nouvelles procédures et politiques d'opération. Il faudra probablement développer de nouvelles compétences ou même embaucher de nouveaux équipiers qui soutiennent la nouvelle vision, ainsi que la mission et les valeurs qui en découlent[45].

---

40. *Ibid.*, p. 223. Italiques dans l'original.
41. BARNA, *Power of Vision*, p. 133.
42. James ARTHUR, « Greater Expectations: Vision and Leadership in Christian Higher Education », dans *Leadership in Christian Higher Education*, sous dir. Michael Wright et James Arthur, Exeter, GB, Imprint Academic, 2010, p. 5.
43. NANUS, *Visionary Leadership*, p. 149-150.
44. *Ibid.*, p. 156.
45. *Ibid.*, p. 147-149.

Toutefois, il faut anticiper une certaine résistance. Si on l'ignore, elle peut éventuellement détruire le ministère. Par conséquent, il faudra identifier la résistance et chercher une résolution. Après avoir analysé les motifs des personnes résistantes au changement, on peut appliquer une stratégie appropriée à la situation. Cela peut inclure un ensemble d'initiatives telles que créer des coalitions, pratiquer la contrainte, présenter des contre-arguments, négocier des accords, refuser de réagir à la résistance, encourager éventuellement les opposants à partir, embaucher des personnes favorables à la vision, inclure d'autres dans la formulation de projets, écouter les opposants, raisonner et développer des relations avec eux, récompenser les actions constructives et œuvrer à former un consensus[46]. Toutefois, ce processus ne manquera pas d'engendrer des crises.

> Tous les responsables, quelles que soient leurs capacités et la qualité de leur relation avec Dieu, vivent des crises. Même dans un cadre de ministère chrétien, les responsables rencontrent des difficultés. Gardez à l'esprit qu'une crise n'est pas forcément une situation négative. Une crise peut être tout simplement un tournant qui met à l'épreuve vos capacités à diriger[47].

Les réactions de Moïse face à l'opposition à sa manière de diriger sont particulièrement instructives sur ce point. Son frère et sa sœur ont critiqué sa vie personnelle et sa manière de diriger, ce qui a occasionné l'intervention de Dieu : Miriam fut frappée de lèpre (cf. Nb 12.10). Cette situation donne un indice important concernant son caractère : « Moïse était un homme très humble, plus humble que n'importe quel homme à la surface de la terre » (Nb 12.3). Sa force spirituelle et émotionnelle bien maîtrisée se manifeste clairement dans son refus de se défendre. Au contraire : il laisse à Dieu le soin d'intervenir pour son compte.

Plus tard, un conflit au niveau de la vision amène Koré, Dathan et Abiram à fermer les yeux sur leur propre responsabilité à Kadès-Barnéa, afin d'accuser Moïse de n'avoir pas réalisé la vision et de jouer à la dictature sur le peuple de Dieu (Nb 16). Ému d'une juste colère, Moïse a comme première réaction de se prosterner et s'humilier dans la prière. Il réfute les accusations, réprimande les rebelles et suggère un test : c'est l'intervention divine qui démontrera la légitimité des assertions de part et d'autre. De nouveau, l'Éternel vient à la défense de Moïse, ouvrant la terre pour engloutir Koré et les Lévites rebelles et ensuite envoyant le feu du ciel pour dévorer les autres rebelles (Nb 16.31-35). Dans ces cas comme

---

46. Aaron D. ANDERSON, *Engaging Resistanc*, Stanford, CA, Stanford Business Books, 2011, p. 125.
47. BARNA, *Power of Vision*, p. 73.

dans d'autres, les crises ont poussé Moïse à chercher la face du Seigneur, ce qui a renouvelé l'intimité entre lui et le Seigneur et lui a apporté l'assurance qu'il était sur la bonne voie en ce qui concerne la vision.

Par conséquent, le responsable que Dieu désigne doit évaluer le coût de la réalisation de la vision. Il acceptera d'endurer les traumatismes ou éventuellement de laisser la vision à un autre qui soit prêt à le faire. Force est de reconnaître qu'il existe des personnes qui sont tout simplement incapables d'accepter la vision de Dieu à ce moment-là. Se séparer des membres du personnel résistants de l'institution peut s'avérer être la seule option possible, bien que pénible[48]. Toutefois, la guérison et l'unité qui en résultent peuvent donner un nouvel élan pour atteindre la vision.

Par exemple, le doyen d'une faculté de théologie en Amérique du Sud a entrepris d'orienter son institution vers une vision plus ciblée pendant une période de deux ans par le biais de conversations personnelles, de retraites et de lectures appropriées. Le conseil d'administration a approuvé et adopté un nouvel énoncé de vision. La plupart des membres de l'équipe de direction ont embrassé la vision, mais la résistance passive de certains intervenants influents a fini par immobiliser le travail administratif. En offrant sa démission au conseil, le doyen a suscité une série de discussions au sein de celui-ci, aboutissant à la démission des membres récalcitrants du personnel. Négocier ces démissions fut certes douloureux, mais les professeurs et autres membres du personnel restants se sont unis dans leur soutien de la nouvelle vision établie un an plus tôt, ce qui a donné un nouvel élan à l'institution.

Conclusion

Israël est bien arrivé à la Terre promise, même si Moïse n'a pas pu y entrer. Dieu a tenu ses promesses envers son peuple. Leur expérience peut servir d'encouragement et de modèle pour tous ceux qui, dans les générations suivantes, cherchent à accomplir son plan. Définir la vision, la mission et les valeurs fondamentales joue un rôle important pour aider une institution théologique à aller au-delà du statu quo pour accomplir un rôle précis dans l'accomplissement du dessein de Dieu. Le défi auquel fait face le responsable que Dieu désigne, sera d'utiliser ces concepts pour conduire son propre « peuple » à leur terre promise particulière.

---

48. *Ibid.*, p. 148.

On propose donc au lecteur de ces lignes de doter son institution théologique d'une direction claire en l'aidant à définir sa vision, sa mission et ses valeurs fondamentales. Ce ne sera pas facile, mais c'est essentiel si l'institution souhaite définir des priorités claires et un projet de croissance. Les points pour la réflexion et l'action énumérés ci-dessous vous aideront à explorer les concepts sur le plan pratique.

Points pour la réflexion et l'action

1) Dans ce chapitre, je propose la traversée de Moïse et d'Israël vers la Terre promise comme modèle en ce qui concerne la vision, la mission et les valeurs. Pouvez-vous identifier d'autres exemples bibliques que l'on pourrait utiliser pour illustrer ces concepts ?
    - Lequel de ces exemples a le plus d'impact sur vous ? Pourquoi ?

2) Votre institution possède-t-elle une déclaration claire de sa vision, sa mission et ses valeurs fondamentales ? Si oui, selon vous, quels éléments devrait-on affiner ou développer davantage ?
    - Si votre institution n'a pas d'énoncé de vision, rédigez ici une déclaration provisoire. À quoi aimeriez-vous que votre institution ressemble dans dix ans ou vingt ans ? À votre avis, qui devrait participer à l'élaboration d'une déclaration formelle ?

3) Quelles sont les principales parties prenantes à inclure dans le processus de définition de la vision, de la mission et des valeurs de votre institution ?
    - À votre avis, et sur la base de votre connaissance de la culture et du contexte de votre institution, comment votre organisation devrait-elle s'y prendre pour définir sa vision, sa mission et ses valeurs ?
    - Comment envisagez-vous votre propre rôle dans la définition et la conduite de votre institution vers la réalisation de sa vision donnée par Dieu ?

4) Quelle est la mission actuelle de votre institution ? Quels indices démontrent que l'organisation accomplit sa mission ? Dans quelle mesure la réalise-t-elle ?
    - Si votre institution n'a pas d'énoncé de mission, rédigez-en un provisoire ici. Si elle en a déjà un, rédigez une version révisée sur la base de ce que vous avez appris.

5) Quelles sont vos valeurs personnelles les plus importantes ?
   - Quelles sont les valeurs les plus importantes de votre institution ? Sont-elles explicites ou implicites ? Pouvez-vous penser à d'autres valeurs que vous considérez importantes ?
   - Quelle concordance y a-t-il entre vos valeurs personnelles et celles de l'institution ? Dans quels domaines existe-t-il une discordance ?
   - Si un conflit de valeurs apparaît entre vous et l'institution, ou entre vous et un collègue, que peut-on faire pour résoudre ce conflit ?

Pour aller plus loin

Ouvrages en français

Hardy Steven, Vers l'excellence dans la formation théologique. *Pistes pour repenser nos pratiques institutionnelles*, coll. ICETE, trad. Celia Evenson, Carlisle, Cumbria, Langham Global Library, 2017, p. 37-56.

Shaw Perry, *Transformer la formation théologique. Un manuel pratique pour un apprentissage intégral et contextuel*, coll. ICETE, trad. Celia Evenson, Carlisle, Langham Global Library, 2015.

Ouvrages et articles en anglais

Abelman Robert, Dalessandro Amy, « Institutional Vision in Christian Higher Education: A Comparison of ACCU, ELCA, and CCCU Institutions », *Journal of Research in Christian Education* 18, 2009, p. 84-119.

Arthur James, « Greater Expectations: Vision and Leadership in Christian Higher Education », dans *Leadership in Christian Higher Education*, sous dir. Michael Wright et James Arthur, Exeter, Imprint Academic, 2010, p. 3-32.

Barna George, *The Power of Vision*. Ventura, CA, Regal, 1992.

Ferrari Joseph R., Velcoff Jessica, « Measuring Staff Perceptions of University Identity and Activities: The Mission and Values Inventory », *Christian Higher Education* 5, 2006, p. 243-261.

Malphurs Aubrey, *Values-Driven Leadership*, Grand Rapids, MI, Baker, 2004.

Manktelow James, Carlson Amy, « Mission Statements and Vision Statements: Unleashing Purpose », MindTools (1996-2012).

Nanus Burt, *Visionary Leadership*, San Francisco, CA, Jossey-Bass, 1992.

Noriega Diane Cordero (de), « Institutional Vision, Values, and Mission: Foundational Filters for Inquiry », dans *Taking Ownership of Accreditation*, sous dir. Amy Driscoll et Diane Cordero de Noriega, Sterling, VA, Stylus, 2006, p. 37-51.

SENGE Peter, *The Fifth Discipline: The Art and Practice of the Learning Organization*, New York, Currency / Doubleday, 1990.

Autres Ressources

ANDERSON Aaron D., *Engaging Resistance*, Stanford, CA, Stanford Business Books, 2011.

ARANA Arnoldo, « ¿Cómo articular el líder la visión? » Global Leadership Consulting (décembre 2008). http://www.glcconsulting.com.ve/articulos/ Articulo_Como articula el lider la vision_Arnoldo Arana.pdf (consulté le 3 janvier 2012).

ARANA Arnoldo, « Los roles comunicacionales del líder », Global Leadership Consulting (septembre 2008). http://www.glcconsulting.com.ve/articulos/ Articulo_Los roles comunicacionales del lider_Arnoldo Arana.pdf (consulté le 3 janvier 2012).

DIAMOND Robert M., sous dir., *Field Guide to Academic Leadership*, San Francisco, CA, Jossey-Bass, 2002.

DRUCKER Peter, *Managing the Non-Profit Organization*, New York, Harper Business, 1990.

FARMER Paul C., GABRIEL John, *How to Help Your School without Breaking the Bank*, Alexandria, VA, Association for Supervision and Curriculum Development, 2009.

FERRARI Joseph R., BOTTOM Todd L., GUTIERREZ Robert E., « Passing the Torch: Maintaining Faith-Based University Traditions during Transition of Leadership », *Education* 131, no. 1, 2010, p. 64-72.

GLASER John P., *Leading through Collaboration: Guiding Groups to Productive Solutions*, Thousand Oaks, CA, Corwin Press, 2005.

HOFSTEDE Geert, *Cultures and Organizations*, New York, McGraw-Hill, 1997.

HOLCOMB Edie L., *Asking the Right Questions: Tools for Collaboration and School Change*, 3ᵉ éd., Thousand Oaks, CA, Corwin Press, 2009.

MALPHURS Aubrey, *Ministry Nuts and Bolts*, Grand Rapids, MI, Kregel, 1997.

NEVAREZ Carlos, WOOD J. Luke, *Community College Leadership and Administration*, New York, Peter Lang, 2010.

SENGE Peter, KLEINER Art, ROBERTS Charlotte, ROSS Richard B., SMITH Bryan J., *The Fifth Discipline Fieldbook*, New York, Crown, 1994.

The Teal Trust, « Vision Forming », http://www.teal.org.uk/vl/vl4proc.htm (consulté le 12 décembre 2011).

THIAGARAJAN Sivasailam, PARKER Glenn, *Teamwork and Teamplay: Games and Activities for Building and Training Teams*, San Francisco, CA, Jossey-Bass, 1999.

4

Les facteurs qui contribuent à l'excellence dans la formation théologique

Steve Hardy

L'excellence du fruit des résultats est le meilleur indice de l'excellence dans la formation théologique. Les diplômés de programmes de formation excellents ont bénéficié d'une expérience d'apprentissage qui les a bien préparés pour les ministères auxquels Dieu les a appelés. Cette excellence dans la formation est à célébrer alors que nous contemplons ce que Dieu a fait.

Les visiteurs peuvent être impressionnés par un beau campus, une bibliothèque très fréquentée et la philosophie énoncée dans le prospectus, mais une institution de formation théologique n'est pas excellente uniquement parce qu'elle l'a été par le passé ou parce que sa publicité l'annonce comme telle. Elle est excellente parce que ses objectifs, ses processus et son offre sont en accord avec les principes bibliques. C'est une communauté de personnes compétentes, efficaces et émotionnellement saines qui s'efforcent de croître continuellement dans la connaissance de leur contexte, et qui reçoivent des ressources suffisantes pour bien le servir.

Quels sont les facteurs qui contribuent à l'excellence dans une institution théologique ? Je voudrais en proposer onze : (1) la clarté de la finalité institutionnelle ; (2) une équipe de direction qui sait bien conduire l'institution ; (3) un plan stratégique cohérent et complet ; (4) une attitude attentive au contexte de la formation ; (5) des étudiants bien sélectionnés ; (6) des enseignants de haute qualité ; (7) un soutien administratif solide ; (8) des installations adéquates ; (9) une implication structurée des parties prenantes ; (10) la stabilité ; et (11) un engagement à l'égard de la réflexion et du changement.

La clarté de la finalité institutionnelle

La formation de tout le peuple de Dieu est un mandat du Seigneur Jésus, faisant partie de son ordre missionnaire donné à l'Église (Mt 28.18-20). Il est généralement admis que les institutions de formation théologiques devraient être des lieux stratégiques où des responsables actuels et futurs sont formés pour le royaume de Dieu. Tout dans le programme doit être conçu pour contribuer à ce que les étudiants deviennent des personnes qui continuent d'apprendre tout au long de leurs vies et qui mettent en pratique ce qu'ils apprennent.

Nous reconnaissons un Dieu souverain qui fait concourir toutes choses selon son dessein et pour le bien de son peuple. Toutefois, la souveraineté de Dieu ne justifie pas une administration bâclée ou un programme mal conçu. Il est impossible de vérifier l'excellence (ou l'échec) d'une institution de formation sans clarifier ce que l'on vise. Le premier facteur qui contribue à l'excellence est une vision claire de la raison d'être du programme de formation.

L'énoncé de mission du Singapore Bible College déclare : « La mission du Singapore Bible College est de glorifier Dieu en formant des serviteurs et servantes fidèles de Jésus-Christ, pour l'édification de l'Église et la tâche urgente de l'évangélisation de ceux qui ne sont pas encore touchés par l'Évangile[1]. » La plupart des énoncés de mission des institutions de formation évangéliques commencent par l'affirmation qu'elles existent pour glorifier Dieu. Tant les institutions que les individus souhaitent entendre le Seigneur dire « Tu as bien travaillé, bon et fidèle serviteur » (cf. Mt 25.23). Le peuple de Dieu doit être formé pour la vie et le ministère par l'étude et la mise en application de la parole de Dieu. La Bible est riche en exemples quant aux manières dont on peut et devrait former. La formation théologique comprend sans aucun doute d'être conscient de la présence de Dieu parmi nous. Nous nous efforçons d'écouter sa voix et de nous réjouir de son œuvre dans les vies et les ministères de nos étudiants. Le Singapore Bible College honore Dieu en formant des étudiants qui seront des serviteurs et servantes de l'Église du Christ et qui évangéliseront ceux qui ne connaissent pas encore la bonne nouvelle.

Le but principal de la formation théologique n'est pas de construire d'impressionnants édifices éducatifs, même s'il est bon d'avoir des installations agréables et fonctionnelles. Notre but n'est pas non plus de plaire aux autorités civiles, même si la reconnaissance officielle du Ministère de l'Éducation peut être utile. La viabilité financière et la stabilité de l'équipe du personnel sont importantes,

---
1. Singapore Bible College, « Mission Statement », (17 février https://www.sbc.edu.sg/about/vision-mission-fundamentals/ (consulté le 29 avril 2012).

mais le but premier des institutions de formation n'est pas de trouver des étudiants et des fonds suffisants pour assurer les postes du personnel et du corps enseignant jusqu'à la retraite. Une institution excellente existe pour le bien de ses étudiants et pour la gloire de Dieu. Un consensus en ce qui concerne le but d'un programme de formation théologique façonne l'institution de manière à encourager l'excellence.

Une équipe de direction qui sait bien conduire l'institution

Les institutions de formation théologique s'occupent de former des responsables pour l'Église, pour les organisations chrétiennes et pour la société. Une institution théologique qui forme bien des responsables le fait grâce à plusieurs facteurs. En particulier, elle sait découvrir, encourager, développer et déployer ses dirigeants. Cette institution possède une bonne équipe qui non seulement dirige bien mais est un exemple dans sa manière de diriger. La formation théologique façonne la vie des étudiants afin que Dieu puisse les utiliser comme responsables et personnes influentes pour le bien de son royaume. Le ministère et les compétences de vie s'acquièrent principalement en observant ceux qui les pratiquent bien. Pour qu'il y ait l'excellence dans la formation théologique, les dirigeants, enseignants et membres du personnel se doivent de démontrer les mêmes connaissances, compétences et caractère que le programme entend développer chez ses étudiants.

On ne peut trop souligner l'importance du caractère dans la manière de diriger. La manière dont nous vivons au sein de la communauté revêt plus d'importance que tous nos discours. La compétence professionnelle des enseignants ou des administrateurs va de pair avec des attitudes et des relations qui honorent Dieu.

Une bonne équipe de direction reflète une diversité de dons, de personnalités et d'expériences. Ses membres se respectent et s'apprécient mutuellement, sans se faire concurrence pour la direction de l'institution. Cette équipe s'engage collectivement à résoudre les conflits et à prendre soin les uns des autres. Même si nombre d'institutions de formation excellentes ont été créées par de grands esprits visionnaires, ces écoles ne maintiennent leur excellence que si ces visionnaires savent partager la conduite de l'institution et sa vision avec d'autres. Les étudiants n'apprennent la valeur de la communauté, en tant que corps et réseau, que si les dirigeants de l'institution font confiance aux autres équipiers et les habilitent à accomplir leur tâche. Les étudiants sortants tendent à imiter la manière de diriger qu'ils ont observé. C'est ainsi que certains diplômés créent des églises ou des ministères sur lesquels ils entendent régner seuls jusqu'à leur mort. En revanche, les diplômés d'une autre institution se comporteront très différemment après avoir observé des équipes où les responsables se complètent dans leurs dons et sont prêts à passer le relais à d'autres. Des équipes de direction excellentes contribuent à l'excellence des programmes de formation théologique qu'elles dirigent.

Un plan stratégique cohérent et complet

Une bonne école, dotée de dirigeants compétents qui s'accordent sur la vision et la finalité de l'institution, sera en mesure de rédiger un bon plan stratégique. Ce plan constitue la feuille de route vers l'excellence, permettant à l'institution et à toutes les parties prenantes de vérifier le degré d'excellence du travail accompli. Un plan stratégique cohérent s'élabore à partir de la vision et des valeurs de l'institution, et se base sur des recherches internes et externes. La recherche interne évalue les points forts et les faiblesses de l'institution. Certains de ces aspects sont à renforcer ou à revoir, alors que d'autres sont à abandonner. La recherche externe considère les besoins des étudiants actuels et potentiels, ainsi que les besoins des communautés, églises et organisations dans lesquelles les diplômés auront à servir.

Un plan stratégique naît dans la prière et des aspirations de la communauté entière, et permet à l'institution d'évoluer à partir de son état actuel vers ce qu'elle devrait être dans les cinq à dix prochaines années. Un tel plan doit inclure des détails sur l'amélioration de l'administration, des finances, de l'entretien, du recrutement d'étudiants et du personnel et de la gouvernance. Il doit être rédigé dans un langage compréhensible et accessible à tous les membres de la communauté de l'institution. Un bon plan stratégique sert de point de repère, afin de mesurer les progrès du programme. On devrait le réviser entièrement de manière périodique. Un plan stratégique bien élaboré et complet est un facteur significatif qui contribue à l'excellence (voir en annexe un bref résumé sur la manière de développer un plan stratégique).

Le programme d'études constitue un cas particulier de plan stratégique concernant les étudiants. Il présente un ensemble de cours et d'expériences guidées qui conduisent les étudiants de leur situation au début de leurs études, jusqu'aux résultats attendus au moment de l'obtention de leurs diplômes. Ceux qui donnent des cours spécifiques doivent être au courant de la manière dont chaque matière est en lien avec les autres matières enseignées pour atteindre les objectifs envisagés pour l'ensemble du programme d'études.

Cependant, il existe un élément encore plus important et qui a un plus grand impact sur ce que les étudiants apprennent *réellement*. Il s'agit du « programme implicite », grâce auquel les valeurs de l'institution deviennent visibles dans le quotidien de la formation. L'apprentissage dans les salles de classe et les bibliothèques est important, mais les étudiants apprennent également en observant le comportement du personnel et des étudiants et leurs relations les uns envers les autres. Les étudiants observent aussi la façon dont la direction reflète les valeurs et les priorités de l'institution dans leur manière d'appliquer les politiques, de gérer les fonds et de maintenir les installations. Le fonctionnement de l'équipe de direction est aussi instructif pour les étudiants sur la manière de diriger, les dons et le respect mutuel que tout ce qu'on pourrait dire lors d'un cours ou d'une prédication dans la salle de culte de l'école. Une formation théologique excellente profite du programme tant explicite qu'implicite pour façonner la vie des étudiants.

Une attitude attentive au contexte de la formation

Pour bien former les étudiants aux connaissances et compétences nécessaires pour le ministère et la vie, les dirigeants et le corps enseignant d'un programme de formation théologique se doivent de bien connaître les étudiants. Les étudiants représentent divers arrière-plans et apportent à leur parcours académique une riche variété d'expériences. L'équipe de direction et le corps enseignant d'une institution excellente apprennent à connaître le monde en évolution rapide dans lequel vivent leurs étudiants, et les ministères pour lesquels ils se préparent. Le programme d'études n'est pas un modèle sacré descendu du ciel, fidèlement préservé et transmis comme solution universelle, rigidement standardisé. Un bon programme de formation théologique équipe ses étudiants pour l'exercice des ministères dans des contextes spécifiques. Si les étudiants du Seminario Evangélico de Lima (Séminaire évangélique de Lima) prévoient de servir dans l'implantation d'églises dans les grandes villes du Pérou, il ne serait pas cohérent de développer leurs cours à partir de manuels nord-américains. Les étudiants du Centre de formation missionnaire à Durami en Éthiopie ont un programme d'études brillamment conçu, qui inclut des cours sur la théologie et l'histoire de l'Église copte de l'Éthiopie et des stages dans des communautés où la majorité de la population est musulmane. Mais une grande partie du programme de Durami ne serait pas utile aux étudiants inscrits à l'Instituto Bíblico Português [Institut Biblique Portuguais].

Comprendre le contexte particulier des étudiants signifie connaître leur caractère distinctif, leurs connaissances et leurs compétences. Connaître les étudiants et le monde dans lequel ils vivent permet au programme d'études d'être contextuellement adapté à leur réalité. Il ne serait pas logique de dispenser des connaissances qu'ils ont déjà maîtrisées, ou que leur arrière-plan ne les a pas préparés à comprendre. On les aide à combler leurs lacunes et on pourvoit aux fondements qui leur manquent, pour ensuite les aider à avancer. On aide les étudiants à réfléchir sur leurs expériences propres et à développer leurs compétences propres dans le cadre des vocations qu'ils ont reçues.

Connaître le contexte vers lequel les diplômés se dirigent signifie préparer les étudiants à trouver leur place et à être utiles dès la fin de leurs études. Si les étudiants sont presbytériens en arrivant à l'école, ils ne devraient pas devenir diplômés pentecôtistes ou méthodistes ; si c'est le cas, ils ne seront pas prêts à servir au sein d'une église presbytérienne. Si les étudiants sont envoyés par des églises en milieu rural pour apprendre à servir dans leur lieu d'origine, leur programme aura échoué si, à la sortie, ils sont incapables de servir ailleurs qu'en ville.

Si on prend le contexte au sérieux, lorsque les diplômés prêchent ou enseignent, ils se servent de mots et de formes de communication que leur auditoire comprend. Quand ils enseignent, ils répondent à des questions que les gens se posent (ou devraient se poser), et quand ils étudient, ils font des recherches sur des problèmes qui existent réellement. Ils observent des modèles qu'on peut reproduire dans le contexte local. Ils apprennent de nouvelles compétences en se servant de méthodes pédagogiques qu'ils peuvent à leur tour utiliser pour enseigner.

Connaître le contexte signifie aussi comprendre l'environnement socio-politique d'où viennent les étudiants, car c'est là qu'ils retourneront pour leur ministères futurs. Si le SIDA est si répandu qu'un pasteur *lambda* préside à de nombreuses obsèques chaque mois, le programme d'études devrait être conçu pour préparer les pasteurs à œuvrer dans ce contexte. Si la corruption, la guerre et les réfugiés, les problèmes environnementaux, la haine inter-ethnique ou de grandes disparités entre les riches et les pauvres caractérisent le contexte, le programme d'études doit préparer les étudiants à faire face à ces défis. Un programme d'études ne peut certes pas répondre à tous les besoins en formation et ne résoudra sûrement pas tous les problèmes possibles, mais un bon programme de formation théologique prendra le contexte des étudiants au sérieux, afin que ses diplômés soient bien préparés à exercer leur ministère en réponse aux besoins réels des personnes qui y vivent.

Les institutions de formation qui excellent étendent leur influence régionale à mesure qu'elles continuent à servir leurs diplômés et les communautés où ces derniers exercent le ministère. Elles deviennent des centres de ressources pour la formation continue de leurs diplômés. Pour ce faire, l'institution doit bien connaître ses étudiants sortants, ainsi que leurs contextes.

Des étudiants bien sélectionnés

Même si un programme de formation théologique est brillamment conçu, doté d'enseignants merveilleux, de fonds suffisants et d'infrastructures superbes, il ne produira que peu de fruit si les étudiants ne sont pas de bonnes recrues. Cette désignation n'est pas un commentaire sur leur valeur en tant qu'êtres humains, mais plutôt une implication qui ressort de la finalité de l'institution.

Si la finalité d'une institution théologique est d'évangéliser ses étudiants, elle peut accueillir quasiment tous ceux qui ont les qualifications académiques requises pour étudier au niveau académique proposé par l'institution. En revanche, si le but du programme est de former le peuple de Dieu à marcher dans les voies de Dieu en étudiant sa Parole, l'institution doit admettre uniquement des étudiants qui professent appartenir à ce peuple et qui ont manifesté le désir d'étudier les Écritures et de se conduire dans l'obéissance à leur égard.

Si le but du programme de formation théologique est d'équiper des disciples plutôt mûrs pour l'œuvre de ministère, notamment pour les ministères dans les églises locales ou les organisations chrétiennes, alors l'institution n'admettra que des étudiants qui ont reçu une vocation pour le ministère ou dont Dieu s'est déjà servi dans des rôles de direction au sein de l'église locale. Ceux qui font la demande d'admission ne seront alors pas forcément tous qualifiés pour s'inscrire.

La plupart des programmes de formation théologique pourraient probablement accueillir plus d'étudiants que ceux qui sont actuellement inscrits. D'un point de vue économique, il serait judicieux d'accueillir beaucoup d'étudiants afin de faire bon usage des infrastructures et des enseignants. Malheureusement, de nombreuses écoles de moindre qualité ouvrent grand leurs portes pour admettre pratiquement tous ceux qui peuvent payer les frais de scolarité ou pour lesquels on peut trouver des bourses ou même des subventions de l'État. Cependant, remplir les salles de classes et les résidences d'étudiants qui ne se sentent pas appelés au ministère chrétien ou qui ne sont peut-être même pas des disciples engagés de Jésus-Christ rend l'enseignement difficile. Non seulement ces diplômés seront-ils peu disposés ou incapables de servir les églises locales, mais aussi, un mélange malsain d'étudiants peut avoir un effet néfaste sur le processus d'apprentissage. Les étudiants font partie du programme implicite. Au lieu d'avoir une communauté qui se réjouit en adorant Dieu et en apprenant à le servir, les étudiants risquent de subir l'impact négatif de ceux qui n'ont qu'un intérêt minime pour les choses spirituelles, qui passent plus de temps à se plaindre de la nourriture ou à s'éclipser pour des activités inappropriées qu'à étudier la Parole de Dieu. Bien sélectionner les étudiants selon le but du programme est un facteur significatif qui contribue à l'excellence dans un programme de formation théologique.

Des enseignants de haute qualité

Ce qui confère à des institutions comme le Jos Evangelical Theological Seminary (JETS) au Nigéria ou l'African International University (AIU)[2] leur statut de programmes excellents de formation théologique, ce sont leurs professeurs hautement qualifiés. Les enseignants sont la ressource la plus importante pour tout programme de formation. De bons enseignants connaissent leurs étudiants et les aident de façon créative à maîtriser le programme d'études. Ils constituent un élément positif du programme implicite en forgeant des relations saines avec leurs étudiants. Leurs vies démontrent ce qu'ils disent en classe. Parmi les dons octroyés par l'institution aux étudiants, l'un des plus grands est de les aider à apprendre à apprendre. Les bons enseignants ne proposent pas uniquement des cours magistraux. Ils révisent le contenu et la méthodologie des cours chaque fois qu'ils les présentent, plutôt que de rabâcher les mêmes informations reçues autrefois de leurs propres enseignants. Les étudiants de ces écoles-là ne se contentent pas de réussir aux examens ; ils apprennent des concepts clés et maîtrisent des compétences importantes.

Un bon corps enseignant ne possède pas seulement une formation convenable et les diplômes appropriés. Il a aussi de l'expérience dans les domaines enseignés. Les professeurs en homilétique devraient savoir bien prêcher ! Ceux qui enseignent la missiologie devraient avoir vécu et œuvré dans d'autres cultures ! Et, en tant qu'enseignants, ils devraient tous avoir appris la bonne pédagogie.

Dans les programmes de formation excellents, les enseignants et les administrateurs sont aussi des apprentis à vie. Les enseignants apprennent en étant attentifs aux évaluations de leur enseignement. Ils apprennent en se maintenant

---

2. Autrefois Nairobi Evangelical Graduate School of Theology – NEGST.

à jour dans leur discipline de spécialisation. Ils font des recherches et en rédigent les résultats. Ils participent à des colloques sur la pédagogie pour apprendre de nouvelles méthodes. Ils assistent à des conférences dans leur domaine d'intérêt. Ils apprennent de leurs collègues, en assistant parfois aux cours les uns des autres et en partageant leurs descriptifs de cours, si bien que chaque professeur est informé du lien entre ses cours et l'ensemble du programme. Ils prient les uns pour les autres et s'encouragent mutuellement vers « l'amour et [les] belles œuvres » (Hé 10.24).

Les programmes de formation excellents cherchent activement de bons enseignants. Ils investissent dans leur formation continue et leur octroient des salaires adéquats pour subvenir aux besoins de leurs familles. Avoir des enseignants de haute qualité est probablement le facteur le plus marquant dans l'excellence de la formation théologique.

Un soutien administratif solide

Les enseignants éduquent mieux quand ils ont le soutien d'une équipe administrative compétente. Des structures administratives bien conçues permettent au programme de fonctionner efficacement. L'apprentissage s'effectue dans le cadre d'un système où de nombreux éléments doivent agir simultanément – y compris les finances, car sans fonds suffisants, ni les enseignants ni les administrateurs ne pourront fonctionner.

Quand l'administration est bien faite, elle n'est pas forcément très visible. Mais les choses marchent mieux ! L'une des meilleures équipes administratives que je connaisse est celle de l'Arab Baptist Theological Seminary à Beyrouth. On y voit l'enthousiasme et la compétence d'un groupe de personnes, pour la plupart assez jeunes, qui tous m'ont donné l'impression d'être des serviteurs œuvrant ensemble harmonieusement pour accomplir leurs diverses tâches. Pour beaucoup d'institutions, le ou la réceptionniste peut être la personne qui influence de façon la plus significative la première impression de l'image publique de l'institution. Les tâches administratives sont multiples : s'assurer que les bâtiments et les terrains sont propres et bien entretenus, que les équipements sont maintenus en bon état et remplacés au besoin ; commander les manuels de formation et les fournitures, afin que les étudiants et les enseignants aient les ressources nécessaires pour apprendre. Les livres, journaux et autres documents doivent être bien sélectionnés et répertoriés pour constituer une bibliothèque bien organisée. Il faut recruter des étudiants et examiner leur dossier d'admission. Il faut conserver avec soin les dossiers académiques et personnels des étudiants, les descriptifs de cours et les résultats aux examens. Il faut allouer les salles de classe, administrer les bourses, développer les budgets, lever les fonds. En plus de ces activités régulières, les étudiants et le personnel ont besoin d'orientation et de soins pastoraux.

Ce sont tous des rôles administratifs, dont la plupart ne devraient pas être confiés à des personnes dont les dons se limitent à celui de l'enseignement. L'administration peut être efficace ou bâclée mais dans les deux cas, elle influence l'apprentissage et la mise en pratique future dans le ministère. Les rapports entre les enseignants, les administrateurs et le personnel, et les rapports de ceux-ci avec les étudiants, constituent une leçon puissante sur le corps du Christ. Quand des personnes compétentes, qui ont des descriptions de tâches claires et sont bien disposées à servir les enseignants, le personnel et les étudiants, s'occupent des activités administratives, de telles activités seront reproduites dans les églises et les ministères des étudiants après la fin de leurs études. Une équipe solide de soutien administratif est un facteur essentiel pour l'excellence dans la formation théologique.

Des installations adéquates

Un campus spacieux avec des jardins et des passerelles, des bâtiments magnifiques équipés d'appareils électroniques des plus récents et une bibliothèque possédant des millions de livres et de journaux : tout cela est bien. Mais ce ne sont pas en soi des facteurs critiques pour créer l'excellence dans la formation théologique. Ils peuvent n'être que des monuments à la mémoire de quelqu'un qui avait beaucoup d'argent à donner. Il y a un problème si on est plus fier de nos installations que de nos diplômés. Pourtant, un programme d'études ne peut être excellent s'il manque d'installations adéquates et bien entretenues pour l'enseignement, l'administration et la recherche.

Une bibliothèque n'est pas excellente parce qu'elle est remplie de dizaines de milliers de livres que personne n'a jamais consultés. Au contraire : une bibliothèque excellente est régulièrement utilisée, parce qu'elle contient des ressources qui sont à jour, qui soutiennent le programme d'études et répondent aux besoins de la communauté académique. Une bibliothèque utile facilite non seulement l'apprentissage des étudiants, mais aussi celui des enseignants. Son contenu a été systématiquement choisi, conformément à des principes de sélection développés à partir de l'énoncé de mission de la bibliothèque et de l'institution. Un personnel formé organise et entretient les documents en sorte qu'ils soient faciles à trouver et à préserver, si bien que la bibliothèque reste utile, tant aux étudiants qu'au corps enseignant. En ce début du XXIe siècle, une bibliothèque excellente tire pleinement parti de l'Internet et des documents numérisés consultables.

Les institutions de formation ne sont pas excellentes simplement parce qu'elles sont dotées de résidences pour les étudiants ou d'un beau campus, nous l'avons dit. En fait, selon les objectifs de l'institution, résider sur le campus peut ne pas être nécessaire du tout. Mais toute institution de formation a besoin d'espace pour les bureaux du personnel administratif et des enseignants, ainsi que d'un lieu sûr pour les fichiers et les dossiers. Une bibliothèque adéquate (et peut-être une librairie) est nécessaire pour répondre aux besoins pédagogiques. Avoir suffisamment de salles de classe pour le nombre de cours offerts est également indispensable. Si des logements pour les étudiants et le personnel sont nécessaires, ils doivent être fonctionnels, conçus pour répondre aux besoins du programme de formation et découlant du plan stratégique à long terme de l'institution. Ils doivent être bien entretenus pour éviter de gaspiller l'investissement qu'ils représentent, ou de faire courir des risques inutiles aux résidents.

J'ai eu le privilège de visiter des campus exceptionnels, conçus non seulement pour être fonctionnels, mais aussi pour affirmer la gloire de Dieu. Le Kenya Highlands Bible College avait l'ambiance d'une université de Princeton, « délocalisée » au Kenya. Le South Asia Institute of Advanced Christian Studies (SAIACS) à Bangalore, en Inde, a développé un centre pour les opportunités éducatives – un centre très bien équipé pour les directeurs d'entreprise ou de ministères, qui donne envie aux visiteurs d'y revenir pour des études supplémentaires. Ainsi, même si les installations en soi ne déterminent pas l'excellence, l'absence d'installations adéquates et d'une bonne bibliothèque fonctionnelle peut empêcher un programme de devenir excellent – ou du moins, d'être perçu comme tel.

Une implication structurée des parties prenantes

Un composant important de l'infrastructure d'un programme de formation théologique concerne le fondement même du programme. Les programmes de formation n'existent pas pour eux-mêmes. Les institutions ne rédigent pas des rapports uniquement à des fins internes. Quand le programme de formation a démarré avec le désir de servir l'Église, les organisations chrétiennes et/ou la communauté civile au sens large, il est né de la vision et du financement de certaines personnes. Les institutions de formation théologiques doivent être structurées pour rester attentives et comptables devant ceux qui en sont les « propriétaires » sur le plan fonctionnel : ceux qui les ont fondés, ceux qui les soutiennent financièrement et ceux qu'ils s'efforcent à servir.

Un conseil de gouvernance ou d'administration est probablement une exigence pour la reconnaissance officielle de l'institution. Ce ne sont pas des instances symboliques qui n'existent que parce que les statuts de l'institution l'exige. Ces groupes fournissent le règlement de base, à partir duquel tout le programme de formation théologique fonctionne. C'est au conseil que l'institution présente ses rapports institutionnels. Le conseil d'administration ne dirige pas directement l'école, mais dans la mesure où il est constitué d'experts et d'amis, ses membres peuvent offrir des avis et de l'expertise qui contribueront à l'excellence dans l'accomplissement des tâches administratives et éducatives de l'institution. Une institution réellement excellente que j'ai eu l'occasion de visiter est la Hong Kong Graduate School of Theology, dont le conseil est constitué de personnes non seulement fort impressionnantes, mais qui connaissent très bien l'école et qui œuvrent ensemble pour assurer le bon fonctionnement de l'institution.

La stabilité

Un programme de formation théologique excellent ne vit pas constamment en temps de crise. On ne se débat pas chaque trimestre pour trouver suffisamment d'enseignants. On ne se demande pas chaque mercredi comment on va payer les salaires le vendredi. La santé financière de l'institution ne dépend pas des caprices d'un ou de deux donateurs principaux. Le programme d'études n'est pas transformé tous les ans parce qu'on ajoute toutes les matières que les chargés de cours invités se proposent d'enseigner. Le lieu du campus ne se déplace pas tous les trois à cinq ans. Un programme de formation théologique excellent ne dépend pas de bénévoles pour l'aide administrative, ni des enseignants qui ne sont là qu'à court terme.

La stabilité n'est pas seulement le signe d'un programme de formation théologique excellent ; c'est aussi un facteur essentiel qui contribue à cette excellence. La stabilité ne se limite pas à de bonnes finances ; toutefois, le manque de ressources financières est un facteur majeur d'instabilité. Une institution de formation théologique excellente a des fonds suffisants pour réaliser son plan stratégique.

Par exemple, le Seminario Teológico Centroamericano (SETECA) [Séminaire Théologique de l'Amérique Centrale] à Guatemala a fait preuve d'excellence dans la manière dont il a assumé la responsabilité de sa propre santé financière. On y offre des ateliers les samedis pour les ministères auprès des jeunes, des femmes et des enfants et pour l'école du dimanche. On propose des cours spéciaux le lundi pour les pasteurs du pays entier. On offre aussi des programmes de niveau universitaire les samedis, auxquels participent des centaines de personnes de diverses régions du pays. Ces programmes ont permis au SETECA de développer des solides relations avec des amis, des églises et organisations chrétiennes et surtout avec ses anciens étudiants après l'obtention de leurs diplômes.

Les diplômés d'un bon programme de formation devraient exprimer leur gratitude au Seigneur pour la formation reçue durant leurs études. Des dons financiers réguliers à l'institution sont un moyen d'exprimer cette reconnaissance. Les églises et organisations qui ont accueilli ces diplômés devraient aussi exprimer leur reconnaissance au Seigneur, en offrant des remerciements et des dons, en écho à leur appréciation des compétences de leurs pasteurs et responsables formés par l'institution. Le milieu des affaires devrait être heureux d'investir dans le développement de personnes de caractère qui démontrent des compétences de direction de haute qualité.

Toutefois, les dons aux institutions de formation théologique ne se produisent généralement pas de manière spontanée. Il faut de l'effort pour cultiver des relations en faveur du programme de formation. Les gens ont besoin d'être sollicités pour donner et prier. Les donateurs seront généreux à mesure qu'ils apprennent ce que Dieu a fait et continue à faire par le biais du programme. Des organisations philanthropiques locales peuvent aussi aider, mais souvent elles ne soutiennent que des projets dont elles peuvent apprécier l'impact au niveau local. Pour développer et maintenir le soutien financier, il faut savoir communiquer l'histoire et les besoins de l'institution.

Munie de ressources financières adéquates, une institution de formation peut investir dans son programme, et surtout dans les personnes qui font fonctionner le programme. Les enseignants et le personnel seront recrutés pour leur compétence et pour la contribution qu'ils peuvent faire à la communauté. Mais ils ne deviennent des éléments stables de l'institution que s'ils y restent. Ce sera le cas car une école excellente s'occupe de leurs besoins pratiques, leur verse un salaire convenable et se préoccupe de leur santé, leur logement et des besoins d'éducation de leurs enfants. Les enseignants et le personnel restent aussi quand on les respecte et quand ils ont le sentiment de jouer un rôle important dans l'institution. On aime faire partie d'une communauté où l'on sait se réjouir ensemble et aussi pleurer ensemble.

Les membres du personnel peuvent devenir frustrés et partir s'ils ne sont pas formés pour les rôles pour lesquels on les a embauchés, ou s'ils n'ont pas les outils et les ressources nécessaires pour bien faire leur travail. Pour les enseignants, il s'agit de pouvoir disposer de livres, de revues, d'un accès à Internet pour préparer les cours, et du temps et de l'espace pour faire des recherches et écrire. Les membres du personnel se sentent valorisés lorsqu'ils peuvent participer à des conférences de développement professionnel et quand on leur donne l'occasion d'apprendre de nouvelles choses ou d'assumer de nouvelles responsabilités.

La stabilité ne signifie pas qu'un programme ne peut ou ne doit pas changer. Certains membres du personnel auraient peut-être dû être encouragés à prendre leur retraite ou à partir quelques années plus tôt. Des éléments du programme peuvent avoir à être abandonnés ou modifiés à fond. Tout comme il faudrait peut-être démolir ou rénover certains bâtiments. Mais la communauté de formation demeure stable à mesure qu'elle met en œuvre la vision et les valeurs claires de son plan stratégique. La stabilité contribue à l'excellence.

Un engagement à l'égard de la réflexion et du changement

Être une institution de formation théologique excellente exige la haute qualité dans divers domaines du programme. L'affirmation publique de cette qualité constitue un indicateur clair d'excellence. Cela peut prendre la forme d'une reconnaissance officielle, ou de l'accréditation par un ministère de l'éducation nationale, ou par une agence d'accréditation régionale. La reconnaissance officielle de la qualité est importante pour beaucoup d'étudiants, parce que les programmes accrédités, qui reconnaissent des diplômes validés, ouvrent des portes après l'obtention du diplôme. Toutefois, l'accréditation en soi ne représente pas l'excellence. Elle est juste un indice que l'excellence existe (ou a peut-être existé) dans le programme.

L'affirmation publique peut aussi venir des diplômés et de la communauté qui accueille les diplômés. Ce sont là les personnes qui bénéficient le plus directement du programme et qui peuvent en voir le fruit. Ces affirmations, qu'elles soient officielles ou officieuses, sont excellentes pour les relations publiques. Elles encouragent la confiance dans la qualité du programme de formation, non seulement pour attirer de nouveaux étudiants, mais aussi parfois pour inciter le soutien financier de personnes qui sont heureuses de voir un bon programme se poursuivre.

Tout comme les bâtiments doivent être régulièrement entretenus, l'excellence aussi doit être entretenue. Mais l'excellence dans la formation théologique exige plus que de l'entretien. De bons enseignants s'interrogent constamment sur la façon d'améliorer davantage leurs cours. À mesure que le contexte évolue et que les nouvelles générations d'étudiants rejoignent l'institution, il faut repenser le programme de manière à servir chaque nouvelle génération et à répondre à ses besoins particuliers.

Une communauté académique doit connaître son identité et son impact. Des modalités multiples et bien conçues pour obtenir des retours réguliers informeront dans quelle mesure l'institution réalise les objectifs visés, et comment on peut améliorer ces résultats. De telles évaluations et réflexions seront intégrées au quotidien dans chaque aspect d'un programme excellent et cela, à chaque stade de développement.

L'excellence des programmes développe une culture interne d'introspection et de renouvellement. Chaque membre de la direction et du personnel doit avoir une évaluation annuelle globale de performance qui comprend sa propre introspection tout comme les commentaires de ceux qui travaillent avec cette personne à tous les échelons de la hiérarchie. Les enseignants devraient être évalués par leurs étudiants à la fin de chaque matière enseignée, pour la forme et le fond de leur enseignement. L'enseignant/e était-il/elle qualifié/e dans la discipline concernée ? Ses méthodes pédagogiques étaient-elles créatives ? Que peut-on dire de son rapport aux autres et de son caractère ?

Trois à cinq ans après l'obtention du diplôme, les fruits du programme (c'est-à-dire les diplômés) peuvent mieux évaluer la qualité de la formation reçue. Ils ont eu l'occasion de mettre en pratique ce qu'ils ont appris. Quels cours les ont le plus aidés ? De leur point de vue, quels cours étaient ressentis comme une perte de temps ? Qu'auraient-ils voulu apprendre qu'ils n'ont pas appris ? Les commentaires des diplômés devraient avoir encore plus d'influence dans le réaménagement des cours que ceux des professeurs, car ces derniers ont tendance à plaider pour perpétuer leurs pratiques passées, ou à ajouter quelques cours dans leur domaine de spécialité ou d'intérêt. On peut s'attendre à ce que les diplômés aient plus de recul que les enseignants sur l'impact réel du programme.

Il faudrait aussi écouter les parties prenantes du programme : les églises et organisations servies. Les diplômés trouvent-ils leur place chez elles ? Si non, pourquoi ? Quelles recommandations proposeraient-elles concernant les enseignants, ou tout autre aspect du programme de formation ?

La meilleure façon d'encourager le renouvellement interne serait peut-être de répondre régulièrement aux questions d'autoévaluation, telles celles qui font partie du processus formel d'accréditation. Ces questions ont émergé lorsque d'autres institutions de formation théologique ont identifié des facteurs ou des critères qui doivent exister pour qu'une formation de haute qualité ait lieu. En d'autres termes, notre excellence n'est pas seulement le produit de notre perspective ; elle est aussi reconnue dans les réseaux académiques plus larges.

Des listes semblables de critères existent pour l'accréditation gouvernementale. Il est bon de s'assurer qu'un programme est conforme à ce que le monde laïc considère comme une formation de qualité. Toutefois, les institutions de formation évangéliques ont généralement des objectifs différents de ceux des universités locales. Les instances gouvernementales ne sont pas forcément les mieux placées pour évaluer nos succès dans la formation du caractère ou la préparation des personnes pour un ministère qui porte du fruit.

La meilleure évaluation n'est pas celle à laquelle d'autres nous soumettent, mais celle à laquelle nous nous soumettons nous-mêmes, à partir de critères développés par des collègues œuvrant dans les institutions de formation théologiques dans notre région à un niveau équivalent. C'est à notre avantage d'être méticuleux dans notre évaluation, en documentant à quel point nous sommes à jour dans les domaines qui témoignent de l'excellence dans la formation théologique. Cette autoévaluation génère un rapport qu'on peut partager avec les responsables des réseaux de formation théologique évangélique, tels que les agences membres de l'ICETE (www.icete.info). Une petite équipe vous rendra visite, non seulement pour faire des recherches indépendantes sur la qualité de la formation, mais surtout pour vérifier que votre autoévaluation a été exhaustive. Les personnes impliquées dans la formation théologique sont les mieux placées pour s'engager les unes envers les autres à respecter les normes convenues. Les institutions qui sont reconnues par de telles agences d'accréditation sont honorées mondialement pour la qualité de leur formation, grâce à la reconnaissance de leurs pairs.

Cependant, notons que ce qui contribue à l'excellence n'est pas l'affirmation de la qualité en soi, mais le processus de réflexion qu'elle comporte, associé à un engagement institutionnel à apprendre à faire toujours mieux.

Conclusion

Des diplômés qualifiés et la reconnaissance des pairs témoignent de la qualité dans la formation théologique. Cette excellence est le résultat des facteurs que nous avons détaillés : la clarté de l'objectif, un bon plan stratégique, une équipe solide de direction et d'administration, un programme enraciné dans son contexte, de bons enseignants qui travaillent avec des étudiants bien sélectionnés, la stabilité, des installations adéquates et une participation constructive des parties prenantes. Mais peut-être que le facteur le plus important est le fait que l'institution de formation soit aussi une communauté d'apprentissage, engagée non seulement à bien faire les choses, mais à toujours les faire mieux.

Les facteurs qui contribuent à l'excellence dans la formation théologique

Points pour la réflexion et l'action

1) À votre avis, dans quelle mesure les facteurs énumérés ci-dessous sont-ils déjà présents dans le programme de formation théologique dont vous faites partie ?

Facteurs	Insuffisant	Passable	Excellent
(1) Un objectif clairement énoncé			
(2) Une équipe de direction qui comprend la conduite d'une institution			
(3) Un plan stratégique cohérent et complet			
(4) Une attitude attentive au contexte			
(5) Des étudiants bien sélectionnés			
(6) Des enseignants de haute qualité			
(7) Un soutien administratif solide			
(8) Des installations adéquates			
(9) Une participation structurée des parties prenantes			
(10) La stabilité			
(11) Un engagement à l'égard de la réflexion et le changement			

2) Demandez à trois personnes qui connaissent bien votre institution d'effectuer cette même évaluation. (Si possible, identifiez des personnes qui ont des rôles différents, tels que : étudiants, diplômés, enseignants, ou membres du personnel.)

Facteurs	Insuffisant	Passable	Excellent
(1) Un objectif clairement énoncé			
(2) Une équipe de direction qui comprend la conduite d'une institution			
(3) Un plan stratégique cohérent et complet			
(4) Une attitude attentive au contexte			
(5) Des étudiants bien sélectionnés			
(6) Des enseignants de haute qualité			
(7) Un soutien administratif solide			
(8) Des installations adéquates			
(9) Une participation structurée des parties prenantes			
(10) La stabilité			
(11) Un engagement à l'égard de la réflexion et le changement			

3) Les personnes auxquelles vous avez parlé ont-elles donné des explications par rapport à leurs appréciations « insuffisant » ou « excellent » ? Si oui, faites le résumé de leurs remarques.

4) En considérant deux ou trois des facteurs les plus excellents de votre institution, que pensez-vous faire pour renforcer ce qui est déjà solide ?

5) En identifiant les facteurs que vous (ou vos interlocuteurs) jugez insuffisants, comment expliquez-vous ces évaluations négatives ?

6) **Faites un plan stratégique !** Énumérez et décrivez une stratégie que vous et/ou votre personnel peuvent faire pour améliorer les domaines jugés insuffisants, absents, ou tout juste passables dans votre institution, afin que votre programme de formation théologique puisse grandir en excellence.

   (a) Ce qui est insuffisant, absent ou tout juste passable :

   _____

   _____

   Ce qu'on peut faire pour l'améliorer :

   _____

   _____

   _____

   (b) Ce qui est insuffisant, absent ou tout juste passable :

   _____

   _____

   Ce qu'on peut faire pour l'améliorer :

   _____

   _____

   _____

   (c) Ce qui est insuffisant, absent ou tout juste passable :

   _____

   _____

   Ce qu'on peut faire pour l'améliorer :

   _____

   _____

   _____

   (d) Ce qui est insuffisant, absent ou tout juste passable :

   _____

   _____

   Ce qu'on peut faire pour l'améliorer :

   _____

   _____

   _____

Pour aller plus loin

Ouvrages en français

BROOKING Stuart, sous dir., *Sommes-nous performants ? Étudier notre contexte pour améliorer nos programmes d'études. Ressources pour institutions théologiques*, coll. ICETE, trad. Joelle Giappesi, Carlisle, Cumbria, Langham Global Library, 2018.

DAS Rupen, *Relier les études théologiques et le contexte. Pour des formations plus pertinentes*, coll. ICETE, trad. Celia Evenson, Carlisle, Cumbria, Langham Global Library, 2018.

HARDY Steven A., *Vers l'excellence dans la formation théologique. Pistes pour repenser nos pratiques institutionnelles*, coll. ICETE, trad. Celia Evenson, Carlisle, Cumbria, Langham Global Library, 2017.

Ouvrages et articles en anglais

BANKS Robert, *Reenvisioning Theological Education: Exploring a Missional Alternative to Current Models*, Grand Rapids, MI, Eerdmans, 1999.

BOWERS Paul, « Accreditation as a Catalyst for Renewal in Theological Education », *Africa Journal of Evangelical Theology* 1, no. 1, 1982, p. 11-21.

FERRIS Robert W., *Renewal in Theological Education: Strategies for Change*, Wheaton, IL, Billy Graham Center, Wheaton College, 1990.

KOHL, Manfred Waldemar, SENANAYAKE A. N. Lal, *Educating for Tomorrow: Theological Leadership for the Asian Context*, Bangalore, SAIACS Press, 2002.

Sites web

Les normes pour l'accréditation des associations membres de l'ICETE, telles que l'ACTEA https://www.acteaweb.org/index.php/2014-05-24-01-24-56/sample-reviews

Le manifeste pour le renouveau de l'enseignement théologique évangélique de l'ICETE http://www.icete-edu.org/manifesto/Manifesto_ICETE_FR.pdf

Annexe au présent chapitre
Quelques remarques sur la planification stratégique

Comment faire une planification stratégique pour les programmes de formation théologique. (Adapté du chapitre 3 de Steve Hardy, *Vers l'excellence dans la formation théologique*, coll. ICETE, trad. Celia Evenson, Carlisle, Cumbria, Langham Global Library, 2017.)

1. Pour commencer, faire le point sur la situation actuelle de votre établissement :
   - Célébrer ce que vous faites bien.
   - Déterminer ce que vous devez perpétuer et, le cas échéant, comment le faire désormais.
   - Établir une liste des éléments à améliorer.
   - Déterminer s'il y a des choses plus importantes à inclure, auquel cas quelque chose de moins important doit probablement être supprimé.

2. Identifier tous ceux qui pourraient avoir besoin des services de votre institution, notamment en écoutant l'avis de vos anciens étudiants :
   - Vos étudiants futurs, actuels et anciens.
   - Leurs églises et d'autres églises.
   - Des organisations chrétiennes.
   - La communauté civile.

3. Évaluer les ressources dont vous disposez (ou pensez pouvoir obtenir).
   - Établir une liste quantitative des personnes, installations, livres, fonds, etc., que Dieu vous a donnés.
   - Avant de prendre de nouvelles initiatives, célébrer ces atouts, renforcer votre équipe et prendre bien soin de vos ressources humaines et matérielles.

- Reconnaître les limites de vos ressources, qui font que vous ne pouvez « être tout à tous ». Identifier clairement les engagements que vous ne prendrez pas.

4. Rédiger (ou réviser) votre plan stratégique actuel, en examinant bien chacun des domaines suivants :
    - Le programme académique, y compris le domaine du développement du caractère des étudiants.
    - Le travail sur le terrain – dans quelle mesure les étudiants savent bien mettre en pratique leur apprentissage.
    - Le nombre et la compétence de vos enseignants et des membres du personnel.
    - La qualité de vos étudiants et leurs capacités par rapport aux programmes d'études offerts.
    - La pertinence des structures, des règlements et de l'organisation administrative pour soutenir les programmes éducatifs offerts.
    - La qualité de la bibliothèque, des salles de classe, des bureaux et du matériel pédagogique.
    - La santé financière de l'institution.
    - Les rapports de l'institution avec les églises et avec la communauté civile.

5. Organiser votre plan en établissant des priorités, notamment :
    - Les résultats. Que voulez-vous accomplir dans un domaine donné ?
    - Le processus. Comment envisagez-vous d'obtenir les résultats escomptés ? Que faut-il faire pour progresser de votre état actuel vers ce que vous prévoyez ?
    - Les ressources. Quels sont les coûts associés au processus, en termes de temps, de personnes, d'espace ou de finances, pour accomplir ce que vous envisagez ?

Deuxième partie

La direction académique
Caractéristiques et responsabilités

5

Doyen et directeur académique
Partenaires dans la formation théologique

Fritz Deininger

Étienne œuvre dans l'institution depuis huit ans. Il se souvient encore de sa première journée à son nouveau poste de directeur académique. Peu après son arrivée au bureau, il avait reçu un appel téléphonique du doyen, qui voulait faire sa connaissance. À sa grande surprise, le doyen a invité Étienne à déjeuner à la cafétéria de l'institution. Étienne s'attendait à ce que le doyen l'entretienne à propos de ses nouvelles fonctions, de questions administratives ou de la planification des réunions. Mais l'essentiel de leur conversation fut un partage autour de leurs intérêts personnels, familles, expériences dans le ministère et de leurs opinions sur les questions d'actualité dans la formation théologique. Pour terminer, le doyen a dit qu'Étienne devait se sentir libre de le contacter à tout moment pour discuter de toute question en rapport avec son nouveau poste.

Avec le recul, quand Étienne repense à cette première rencontre avec le doyen, il se rend compte que c'était le point de départ d'une relation de confiance. Dans les semaines et les mois qui ont suivi, ils ont abordé des questions telles que leurs rôles et responsabilités respectives dans les différents aspects administratifs de l'institution. Au fil des années, ils ont développé une estime l'un pour l'autre en tant que collègues, qui est devenue la base d'une relation de travail assez novatrice pour le développement de l'institution. Même en repensant aux quelques questions difficiles qu'ils ont dû résoudre et aux situations où ils ont connu des désaccords, Étienne se rend compte que leur engagement mutuel l'un envers l'autre et leur engagement commun envers le succès de l'institution les a empêchés de s'éloigner l'un de l'autre. En fait, leur relation s'est renforcée suite aux défis qu'ils ont relevés ensemble, dans le cadre de leurs rôles et responsabilités respectifs. Étienne s'est senti satisfait de la manière dont lui-même avait pu contribuer à la vision et la mission de l'institution.

L'expérience d'Étienne dans son rôle de directeur académique est-elle unique ? Cette étude de cas constitue-t-elle la description d'une situation idéale ? Le développement de leur relation est-il exceptionnel ou normal ? L'exemple démontre sans nul doute que bâtir une relation solide pour le bien de l'institution exige un effort et une volonté de créer de l'espace pour des échanges significatifs, aussi bien sur le plan professionnel que personnel. Les rapports se développent au fil du temps. Il faut les nourrir et les cultiver pour maintenir leur dynamisme. Le doyen et le directeur académique ont tous deux un rôle déterminant pour le succès ou l'échec dans le développement de leur relation.

Ce chapitre affirme qu'une relation réussie, basée sur la confiance, au sein de la direction académique est essentielle au développement d'une formation théologique de qualité. La capacité des responsables académiques à collaborer crée des possibilités qui se reflètent dans l'ambiance de la communauté d'apprentissage. Le doyen et le directeur académique apportent avec eux aux postes de direction leur arrière-plan familial, social, éducatif et culturel. Ils doivent être conscients des facteurs qui ont forgé leur compréhension et leur pratique de la direction académique. Les expériences de vie et de travail peuvent être des atouts complémentaires pour construire leur relation. Cependant, les facteurs qui ont forgé la vie de chacun peuvent également devenir des domaines éventuels de tension qui risquent de surgir dans le cadre de la collaboration. Ce chapitre va examiner quelques domaines de tension possibles.

Ceux qui exercent un rôle de direction académique savent démontrer aux professeurs, au personnel et aux étudiants qu'ils sont capables de résoudre les tensions, surmonter les problèmes et rester solidaires les uns avec les autres. Ils sont convaincus qu'établir une bonne relation exige un effort des deux côtés et ne se réalise pas de façon automatique. Certains éléments favorisent l'acceptation mutuelle et le tissage de liens qui permettent de poser les fondations pour une solide équipe de responsables. Ce chapitre traitera de certains de ces éléments, tels la nécessité de définir clairement les rôles et responsabilités, la communication et la prise de décisions. La conviction qui sous-tend ce chapitre est la suivante : l'engagement mutuel en vue d'une relation solide entre doyen et directeur académique contribue à former des hommes et des femmes qui pourront exercer efficacement leur ministère pour édifier l'Église, atteindre le monde, et en définitive rendre gloire à Dieu.

Clarifions les termes

De nombreux termes sont employés de par le monde pour désigner les postes de responsabilité académique, comme : doyen, directeur, chef d'établissement, recteur d'une part ; et d'autre part, responsable académique, directeur des études, directeur académique. L'usage local et les influences culturelles ou historiques ont laissé leur marque sur la manière de désigner un poste. Aujourd'hui, il est fréquent d'appeler celui qui occupe le poste de chef d'établissement « doyen », et la personne à qui sont confiées les affaires académiques « directeur académique », « directeur des études » ou« vice-doyen ». Quel que soit le titre qu'on octroie à un poste au sein de l'institution, le défi reste le même. Ces postes sont confiés à des responsables pour permettre de diriger et de développer l'institution et de créer des programmes d'études. Leur finalité est de contribuer à former des hommes et des femmes pour un ministère fécond. Les postes de responsabilité ne sont pas un but en soi mais sont institués afin d'améliorer la qualité de la formation théologique. C'est pourquoi une bonne relation de travail entre le doyen et le directeur académique est essentielle.

Dans ce chapitre nous adoptons les termes « doyen » et « directeur académique » en parlant des postes de direction. Bien entendu, dans de grandes facultés de théologie, l'équipe de direction académique peut compter aussi les chefs de département, directeurs d'écoles doctorales et d'autres postes liés aux affaires académiques. C'est certainement un défi de composer une équipe de responsables qui inclut tous ceux qui sont impliqués de près ou de loin dans la direction académique, mais ces questions dépassent largement le cadre de ce chapitre.

Une affirmation à considérer

L'affirmation que je propose pour votre considération constitue un défi aux responsables académiques :

> *La relation de travail entre le doyen et le directeur académique peut être un outil puissant pour le développement de l'institution. La contribution de chacun d'eux au succès de l'autre et au succès de l'institution, est la clé pour réussir à développer une communauté d'apprentissage. Si leur relation est caractérisée par les soupçons et la tension, cela crée une ambiance nocive à tous les niveaux de l'institution, et empêche aussi l'efficacité de l'enseignement et de l'apprentissage. Ainsi, établir et maintenir une relation de confiance entre ceux qui exercent*

un rôle de direction académique doit constituer une priorité dans le programme du doyen et du directeur académique. En même temps, tous les deux doivent garder en vue la réalisation de la vision et de la mission de l'institution, et s'engager à tout faire pour le bien de l'institution et la formation des étudiants pour le ministère. Le doyen et le directeur académique doivent comprendre que leurs relations sur les plans personnel, professionnel et institutionnel contribuent à l'efficacité de la formation théologique réalisée au sein de l'institution.

Un bref aperçu sur l'historique de cette relation

Connaître le développement du poste de doyen nous permet de mieux comprendre le rapport interdépendant entre les postes du doyen et du directeur académique. Jusqu'au XIXe siècle, les doyens géraient toutes les questions académiques, administratives ou ayant trait au corps enseignant ou estudiantin. Ils étaient au cœur de l'administration et des opérations de l'institution. Avec l'accroissement des effectifs inscrits, les doyens étaient obligés de consacrer plus d'attention aux relations publiques et à la levée de fonds. Souvent, ils étaient obligés de s'absenter de l'institution et ainsi de déléguer certaines responsabilités et fonctions à d'autres pendant leur absence. Il est devenu évident que le doyen à lui seul ne pouvait plus répondre convenablement à toutes les exigences qui s'imposaient. Le besoin s'est fait sentir d'une personne qui puisse décharger le doyen de certaines tâches administratives. Comme le précise McLean, « dès le début, le poste de directeur académique découlait de celui du doyen, et ses responsabilités se définissaient par rapport à ce dernier... La direction académique a été créée pour prendre en charge l'excès de tâches qui incombaient au doyen[1] ». Avec la croissance de l'institution et l'ajout de responsabilités au carnet du doyen, le poste de directeur académique fut donc créé comme une sorte d'assistant administratif. Notons que le poste de directeur académique a été créé par nécessité et non par choix ou dans le cadre d'une planification stratégique.

Au fil du temps, alors que la structure organisationnelle des institutions devenait de plus en plus complexe, le poste de directeur académique est passé de celui d'adjoint au doyen à un poste de responsabilité significative, tant en

---

1. Jeanne P. McLean, *Leading from the Center: The Emerging Role of the Chief Academic Officer in Theological Schools*, Scholars Press Studies in Theological Education, Atlanta, GA, Scholars Press, 1999, p. 17.

matière de direction que d'administration². Aujourd'hui, le poste de directeur académique est pleinement intégré dans la structure administrative dans un grand nombre d'institutions laïques et théologiques de par le monde. Ce poste a subi un changement important par rapport à la portée du travail, au rôle au sein de l'institution et aux responsabilités qui l'accompagnent. On le considère souvent comme le rôle le plus important après celui du doyen. Dans beaucoup d'institutions, le doyen supplée le directeur académique lorsque ce dernier est absent. Cet aperçu historique démontre les raisons de l'interdépendance des postes du doyen et du directeur académique. Leur compréhension mutuelle et l'effort qu'ils déploient pour établir et maintenir une bonne relation doivent servir de terrain commun pour servir dans l'institution. Il est essentiel que ces deux collaborent bien.

Les facteurs qui influencent la relation

Dans leur recherche exhaustive sur le *leadership* exemplaire sur divers continents, Kouzes et Posner tirent la conclusion qu'il y a « un message clair tissé dans chaque situation et chaque action : *le leadership est une relation*³ ». Mon expérience personnelle de postes de direction tels que chef d'équipe, doyen et coordonnateur de programmes confirme que les relations sont critiques pour l'accomplissement des objectifs dans le ministère chrétien et dans la formation théologique. Depuis que je m'implique dans des séminaires pour responsables académiques dans diverses parties du monde, j'ai acquis la conviction que les programmes de formation et institutions théologiques qui réussissent sont ceux qui accordent une grande valeur aux compétences relationnelles et aux interactions entre les responsables, le corps enseignant et le personnel à tous les niveaux. Les séminaires de l'ICETE Programme for Academic Leadership (IPAL) sont parrainés par des institutions dans divers pays. Ces institutions pourvoient souvent aux besoins en logistique pour les séminaires. En plus de mettre leurs locaux à la disposition des organisateurs, elles nous donnent aussi l'occasion de faire l'expérience de la relation de travail entre la direction et le personnel. Je me souviens d'une institution où les membres du personnel nous aidaient pour toutes les questions administratives et techniques avec une joie et un empressement qui allaient bien au-delà de ce qui s'impose dans le cadre de leurs responsabilités

---

2. *Ibid.*, p. 19.
3. James M. Kouzes et Barry Z. Posner, *The Jossey-Bass Academic Administrator's Guide to Exemplary Leadership*, 1ʳᵉ éd., San Francisco, CA, Jossey-Bass, 2003, p. 2-3.

habituelles. Leur engagement vis-à-vis de l'excellence reflétaient les compétences relationnelles exercées par la direction académique.

Dans la conduite des institutions théologiques, il est question de relations qui s'expriment à deux niveaux. D'abord, il s'agit d'une relation entre les responsables et ceux qui les suivent. Les doyens et directeurs académiques occupent des postes de direction au sein de la structure administrative de l'institution. Ils exercent un rôle de direction par rapport au corps enseignant et au personnel. Leur acceptation en tant que responsables se démontre par le dévouement et la performance de ceux et celles qui œuvrent dans l'institution. Selon Kouzes et Posner, la crédibilité est la clé pour se faire accepter en tant que responsable[4]. Le deuxième niveau de relation est la relation entre ceux qui occupent divers postes et rôles de direction au sein de l'institution, tels que le doyen, le directeur académique, les chefs de département, les directeurs de programmes et les responsables administratifs. Développer une équipe de direction intégrant tous les membres du personnel qui occupent des postes administratifs est un défi important à relever, parce que les relations entre eux ont une grande influence sur l'ambiance de l'institution.

Les facteurs bibliques comme base pour la relation

La Bible est un livre qui parle de relations interpersonnelles. Paul exhorte les chrétiens de Rome : « Par amour fraternel soyez pleins d'affection les uns pour les autres et rivalisez d'estime réciproque » (Rm 12.10 ; de même dans Ep 4.1-3 ; Ph 2.2-4). Cette exhortation s'adresse à tous les chrétiens, mais les paroles de Paul peuvent être appliquées directement aux responsables chrétiens. Il ne devrait pas y avoir de concurrence entre eux. Au contraire, dans leur relation de travail ils cherchent à s'honorer mutuellement, à témoigner du respect l'un pour l'autre devant les autres et à reconnaître les accomplissements de l'un et de l'autre. Les responsables académiques doivent être résolus à assurer le succès de l'un et de l'autre. Leur désir vise à accomplir quelque chose ensemble. Le second défi que lance l'apôtre Paul, c'est l'importance de s'accepter mutuellement comme valeur de base pour toute relation de travail dans les postes de direction. Les doyens et les directeurs académiques doivent faire preuve d'une franchise sans réserve et d'une capacité à reconnaître leurs points forts et leurs faiblesses en toute vulnérabilité. Ce genre de relations exemplaires sert à démontrer constamment

---

4. *Ibid.*, p. 14.

au corps enseignant, au personnel et aux étudiants que les principes bibliques s'appliquent bien dans le cadre de leurs rapports.

Le troisième défi est lié au fait que la conduite d'une institution découle de l'être même. À mesure que le doyen et le directeur académique cheminent tous deux avec Dieu, ils avancent aussi dans leurs relations l'un avec l'autre. Comme le dit l'apôtre Jean, « si nous marchons dans la lumière, tout comme Dieu lui-même est dans la lumière, nous sommes en communion les uns avec les autres et le sang de Jésus-Christ son Fils nous purifie de tout péché » (1 Jn 1.7). Au cœur de leur relation est leur intimité spirituelle personnelle avec Dieu. Les responsables doivent protéger leur relation personnelle avec Dieu et expérimenter la transformation personnelle ; cela est aussi essentiel pour la qualité de leur rapport l'un envers l'autre.

Le quatrième défi souligne l'importance de nous encourager et de nous habiliter mutuellement. « C'est pourquoi, encouragez-vous les uns les autres et édifiez-vous mutuellement, comme vous le faites déjà » (1 Th 5.11). Le doyen et le directeur académique d'une institution doivent se côtoyer pour se raffermir mutuellement dans leur rôle de responsables. Ils doivent aussi chercher des moyens pour « s'édifier mutuellement » sur les plans personnel, professionnel et académique. Dans ce chapitre nous abordons certains de ces moyens.

Les facteurs personnels dans le développement de la relation

Les postes de direction sont façonnés par les personnes qui les occupent. Les expériences de vie influencent la formation des personnes avant qu'elles n'accèdent au poste de direction. Par exemple, si une personne a vécu pendant plusieurs années hors de son pays d'origine et ensuite y revient, elle apportera de nouvelles perspectives au rôle de responsable.

Il faut tenir compte des facteurs personnels lors du choix d'un doyen ou d'un directeur académique. De quel type de personne a-t-on besoin pour le développement de l'institution ? Le profil du candidat doit clairement préciser le type de personne dont l'institution a besoin au stade où elle en est actuellement dans son développement ou sa consolidation, en plus d'indiquer les qualifications administratives et académiques requises.

Le doyen et le directeur académique doivent être conscients que leur rôle de direction est fonction de leur identité. Chaque responsable est doté d'une personnalité unique. L'arrière-plan de vie et la personnalité peuvent être des atouts ou des obstacles au développement d'une bonne relation de travail. Ainsi, chacun doit évaluer et accepter son propre arrière-plan et son caractère. Existe-t-il des éléments qui les empêchent de faire confiance à une autre personne ? Chacun doit aussi avoir confiance dans ses propres capacités à diriger. Un test des capacités à diriger peut aider à renforcer cette confiance dans la mesure où il révèle des points forts, des faiblesses et des domaines qu'on doit développer dans le rôle de responsable. Les responsables doivent développer leur dépendance vis-à-vis de la puissance transformatrice du Saint-Esprit et de la parole de Dieu. En tant que responsables chrétiens, nous croyons que Jésus peut enlever les obstacles qui s'opposent à une relation de confiance (1 Jn 1.6-9).

Établir une bonne relation entre le doyen et le directeur académique implique d'être prêts à partager des expériences personnelles de vie. À mesure qu'ils se connaissent au niveau personnel, leur appréciation l'un pour l'autre grandit. Toutefois, il faut noter qu'un tel partage sur des questions personnelles entre ceux qui occupent des postes de direction n'est pas habituel dans certains contextes culturels. Il faut en tenir compte et respecter cette réserve. C'est un réel défi de discerner comment transformer les normes culturelles à la lumière de la Parole de Dieu.

Les facteurs culturels comme arrière-plan de la relation

Il n'existe pas de modèle standard pour le développement d'une relation réussie entre doyen et directeur académique qui serait valable dans toutes les cultures du monde. Chaque cadre culturel a sa propre conception de la façon dont les responsables occupant divers postes se comportent les uns envers les autres. Cette relation reflète souvent les normes de la société. L'accent peut être mis sur une structure hiérarchique ou sur un style plutôt démocratique. Les doyens et les directeurs académiques sont appelés toutefois à aller au-delà des normes qui dominent une société pour appliquer des principes bibliques de direction. Comment doit être la relation entre le doyen et le directeur académique pour qu'ils dirigent bien l'institution ? Comment doivent-ils interagir par rapport à leurs rôle et poste ? Quelle est l'influence du contexte culturel sur leur relation ?

La structure de la société détermine souvent la compréhension des postes de direction dans les institutions théologiques. Si les postes de pouvoir dans une société sont associés à la distance relationnelle, le doyen aura souvent une relation de supériorité par rapport au directeur académique. Dans de tels cas, il faut une cordialité chaleureuse mais aussi une distance respectueuse dans la relation de travail. L'âge est un autre facteur dans certaines cultures et il crée soit une distance, soit une proximité dans les rapports.

Le doyen porte la grande responsabilité d'initier et de développer la relation avec le directeur académique. Bouchard, Thistlethwaite et Weber, dans leur chapitre sur « le rôle du doyen comme responsable académique », soulignent que « la responsabilité du doyen de créer une relation harmonieuse avec le directeur académique est la plus critique et la plus délicate de ses responsabilités de responsable académique[5] ».

Il faut aussi tenir compte des différences culturelles lorsque le doyen et le directeur académique viennent de pays différents ou même d'arrière-plans culturels différents au sein d'un même pays. Tous deux gagneraient à s'informer pour mieux comprendre l'autre, son arrière-plan culturel, sa perception de son rôle de responsable dans le contexte de cette culture et le fonctionnement des relations dans ce même contexte.

Les facteurs institutionnels qui structurent la relation

Les doyens et les directeurs académiques exercent leur rôle de direction à partir d'une certaine position dans la structure administrative de l'institution. Chacun occupe une place particulière d'autorité et de responsabilité. Au doyen est confiée la tâche de conduire la réalisation et la mise en œuvre de la vision et la mission institutionnelles. Il doit mettre en exécution la politique du conseil d'administration. Le doyen rend compte de son travail au conseil d'administration et aux autres parties prenantes.

Par contre, le poste de directeur académique est lié à toutes les questions académiques. Il suscite la prise en charge commune de la vision et la mission académiques de l'institution parmi les membres du corps enseignant et du personnel. Le directeur académique promeut des rapports mutuels qui équipent et encouragent tous les employés de l'institution. Il rend compte de son travail au doyen.

Cette brève description démontre que les deux responsables doivent accepter leurs places et fonctions respectives dans la structure de l'institution. Leur rapport de travail efficace dépend de leur acceptation des opportunités et des limites de leurs rôles respectifs dans la direction.

---

5. Charles E. Bouchard, Susan Thistlethwaite et Timothy Weber, « The President's Role as Academic Leader », dans *A Handbook for Seminary Presidents*, sous dir. G. D. Lewis et Lovett H. Weems, Grand Rapids, MI, Eerdmans, 2006, p. 73.

Des questions-clés pour bâtir une relation harmonieuse

Le doyen et le directeur académique ont tous deux à cœur de servir Dieu dans l'institution, mais cela ne veut pas forcément dire que leur relation fonctionne toujours bien. La nomination à un certain poste ne garantit pas l'harmonie dans la collaboration des responsables. Établir une bonne relation de travail exige un effort intentionnel. Ainsi, le doyen et le directeur académique doivent créer des occasions pour l'interaction. Combien de temps les doyens et les directeurs académiques investissent-ils dans le développement de leur relation ?

Kouzes et Posner précisent bien l'importance d'investir le temps nécessaire pour développer une bonne relation de travail, en mettant l'accent sur le résultat à atteindre :

> Le succès dans le leadership et dans la vie ont toujours été, sont actuellement et seront toujours fonction de la qualité de la collaboration et de l'interaction entre les personnes. Le succès du responsable dépendra entièrement de sa capacité de développer et de maintenir des relations humaines qui permettent aux gens d'accomplir des choses extraordinaires régulièrement[6].

La sélection et l'appel : l'acceptation personnelle

Une relation de travail commence par une sélection et un appel à un poste de direction. Il n'y a pas de formule standard en ce qui concerne le processus de sélection du doyen et du directeur académique. Les doyens sont généralement choisis et nommés par le conseil d'administration, avec ou sans la contribution de ceux qui servent dans l'institution. Il est important qu'ils entrent en fonction avec une conviction profonde que c'est une œuvre de Dieu. « Ce n'est pas une « vocation » à laquelle on aspire ; c'est une vocation que l'on vit dans le contexte d'un appel à ce travail issu d'un conseil ou d'un supérieur religieux[7]. »

Les directeurs académiques font souvent partie du corps enseignant ou ont occupé divers postes à responsabilités avant d'entrer dans cette fonction administrative. Reconnaître l'appel de Dieu à la direction académique donne de la force et de la persévérance dans les temps difficiles. Cela contribue aussi à l'efficacité et la satisfaction dans le travail, comme Smith l'indique à partir de

---

6. Kouzes et Posner, *The Jossey-Bass Academic Administrator's Guide*, p. 3.
7. Daniel Aleshire, Cynthia Campbell et Kevin Mannoia, « The President's Vocation and Leadership », dans *A Handbook for Seminary Presidents*, sous dir. G. D. Lewis et Lovett H. Weems, Grand Rapids, MI, Eerdmans, 2006, p. 3.

son expérience personnelle : « On imagine difficilement qu'un administrateur de haut niveau qui ne voit pas son travail dans l'institution comme une vocation soit très heureux ou très efficace dans son poste. Évidemment, au sens technique, une vocation signifie un appel[8] ».

Le rôle crucial du doyen dans le choix d'un directeur académique est la base de leur relation harmonieuse et du développement professionnel du doyen. Le doyen fonctionne comme un mentor à mesure que leur engagement l'un envers l'autre évolue. McLean souligne le rôle important du doyen dans le développement des capacités du directeur académique :

> La plupart des doyens jouent un rôle décisif dans l'embauche des directeurs académiques ; ils définissent les charges précises du poste ; et ils déterminent, par le biais de la différentiation des rôles, les paramètres administratifs et de direction du travail du directeur académique. Le doyen établit généralement les conditions de la nomination du directeur académique et, de par son rôle d'encadrement, s'occupe de son évaluation et de son développement professionnel[9].

Considérer la nomination à un poste de direction comme une nomination voulue par Dieu la situe à juste titre comme un privilège et non un fardeau (1 Tm 1.12). Cette perspective peut mener à un sens accru de responsabilité devant Dieu de la part du responsable et de l'ensemble de l'institution.

La direction et le responsable : l'engagement personnel

Les doyens et les directeurs académiques apportent chacun son propre style de direction à son poste. Ce sont des qualités que chacun doit évaluer chez l'autre. Dans quels domaines leurs qualités se complètent-elles ? Dans quels domaines ont-ils besoin de se développer davantage ? Leur souci principal à tous deux doit être la manière dont leur style de direction contribue à la réalisation de la vision et la mission de l'institution. Tous deux peuvent soutenir et habiliter d'autres personnes dans leurs rôles de responsables. Il est de leur devoir de fortifier ceux qui ont un rôle de direction. Cette responsabilité s'étend à tous ceux qui font partie de l'institution, afin que tous les membres s'approprient la vision et la mission.

---

8. Jane I. SMITH, « Academic Leadership: Roles, Issues, and Challenges » *Theological Education* 33, 1996, p. 11.
9. McLEAN, *Leading from the Center*, p. 83.

Se soutenir et s'encourager l'un l'autre dans leurs postes de direction est un élément critique dans la relation entre le doyen et le directeur académique. L'exemple des responsables bibliques nous appelle à une approche holistique dans nos relations. Moïse a joué un rôle important dans la vie de Josué et son développement comme responsable. Ils passent du temps l'un avec l'autre et ensemble avec Dieu (Ex 24.13 ; 32.17 ; 33.11). Josué reçoit des tâches à accomplir pour développer ses compétences de dirigeant (Ex 17.8-16 ; Nb 13–14). Moïse a commissionné Josué pour conduire Israël selon les directives de Dieu (Dt 31.7-8). Dieu lui-même encourage Josué (Jos 1.5-6) mais ordonne aussi à Moïse de « l'encourager et le fortifier », chose qu'il a faite (Dt 3.28). Paul est un autre responsable exemplaire qui s'engageait à soutenir et à habiliter ses collaborateurs. Son apport le plus significatif était dans la vie de Timothée qui le suivait de près (2 Tm 3.10). Il assignait des tâches et déléguait des responsabilités aux collaborateurs (1 Tm 1.3 ; Tt 1.5). Paul reconnaît le service fidèle et les réalisations (Col 1.7-8). Son style de direction démontre ce qu'observent Kouzes et Posner :

> Les responsables exemplaires donnent aux autres le sentiment d'être forts. Ils les rendent capables de s'approprier la responsabilité vis-à-vis du succès en rehaussant leur compétence et leur confiance en leurs capacités propres, en écoutant leurs idées et les mettant en œuvre, en les impliquant dans les décisions importantes, en reconnaissant leurs contributions et en leur accordant le crédit qui leur est dû[10].

De quelles manières le doyen et le directeur académique peuvent-ils se soutenir, s'encourager et s'édifier l'un l'autre ? Tous deux ont besoin d'imagination créative pour découvrir des occasions d'aller au-delà de leur relation sur le plan opérationnel. L'acceptation personnelle de l'autre est un élément important du soutien mutuel en tant que responsables. Voici quelques idées pour stimuler la créativité de chacun.

La part du doyen

1) Favoriser une relation de confiance et de compréhension encouragera le directeur académique à s'ouvrir à propos de ses soucis personnels ou professionnels. Les situations de stress deviennent des fardeaux communs. On réduit les risques d'épuisement ou de burnout en portant les fardeaux à deux. La franchise encourage le directeur

---

10. Kouzes et Posner, *The Jossey-Bass Academic Administrator's Guide*, p. 72.

académique à chercher conseil auprès du doyen qui, lui aussi, bénéficie des expériences de vie et de travail du directeur académique.

2) Renforcer le soutien du corps enseignant et du personnel dans leur relation avec le directeur académique.

3) Protéger le directeur académique quand les tensions ou les malentendus créent des situations problématiques.

4) Exprimer son appréciation pour les réalisations du directeur académique en temps opportun.

5) Affirmer le directeur académique dans ses compétences professionnelles en établissant un plan pour son développement professionnel.

6) Encourager le directeur académique à continuer ses contributions dans le cadre académique de la recherche, la rédaction et la publication.

La part du directeur académique

1) Affirmer le doyen comme responsable et lui témoigner son soutien en présence du corps enseignant, du personnel et des étudiants.

2) Manifester son estime et son souci pour le doyen sur le plan personnel comme étant un élément important de son ministère. Prier avec le doyen peut créer des moments d'encouragement spirituel mutuel.

3) Proposer des réponses constructives aux idées, visions et suggestions, qui démontrent son soutien pour le doyen dans son rôle de directeur de l'institution.

4) Accepter l'autorité du doyen dans son soutien de la vision et de la mission de l'institution.

5) Être franc et sincère dans les conversations avec le doyen, d'une manière qui contribue à développer une relation de confiance.

Même si le doyen et le directeur académique ont des styles de direction différents ou des perceptions différentes de la manière de diriger l'institution, ils peuvent néanmoins fonctionner comme une équipe s'ils sont prêts à développer une bonne entente sur le plan opérationnel en collaborant à la direction de l'institution.

Concevoir et construire : les contributions de chacun

Définir les tâches et les rôles du doyen et du directeur académique, c'est la base d'une relation de travail saine. Tous deux contribuent à la formation théologique, mais de manières différentes. D'une part, le doyen doit clairement énoncer ce qu'on attend du directeur académique. Tous deux doivent clarifier les domaines de responsabilité ensemble dans un document écrit. D'autre part, le directeur académique doit accepter son rôle dans le cadre de l'administration de l'institution. Le doyen n'est pas censé fonctionner comme un directeur académique et le directeur académique ne doit pas agir comme un doyen. McLean précise que, « si les rôles sont mal compris par l'un ou l'autre, il peut en résulter des faux pas et de la confusion[11] ».

L'attribution des rôles et des responsabilités dépend de divers facteurs. Tout d'abord, cela dépend de la taille de l'institution. Par exemple, dans une institution plus petite, le doyen peut être très impliqué dans les questions qui concernent le corps enseignant. Ensuite, si le doyen est le fondateur de l'institution, il peut jouer un rôle important dans tous les aspects de l'administration. Dans ce cas, le directeur académique est souvent considéré comme un adjoint au doyen. De plus, le développement de l'institution ou des changements majeurs dans le programme d'études ou la restructuration de l'administration peut rendre nécessaire une nouvelle attribution des rôles et des responsabilités. Enfin, le cadre culturel de l'institution influe sur l'attribution des rôles et responsabilités.

On emploie parfois l'image d'un « architecte » et d'un « constructeur » pour décrire les rôles et responsabilités respectifs du doyen et du directeur académique :

> Si l'on considère le doyen comme l'architecte de la direction d'une institution, alors le directeur académique en est le constructeur. Si le doyen doit avoir une vision large, le directeur académique doit avoir une capacité d'invention ciblée. C'est le directeur académique qui, en collaboration avec le corps enseignant, donne forme et substance à la vision du doyen, et c'est le doyen qui, en collaboration avec le directeur académique, veille sur les ressources et les rassemble pour réaliser les desseins particuliers du corps enseignant[12].

Au niveau institutionnel, le doyen et le directeur académique doivent s'accorder sur leurs rôles et responsabilités. Ils doivent préciser pour leur relation

---

11. McLean, *Leading from the Center*, p. 86.
12. Elizabeth C. Nordbeck, « The Once and Future Dean: Reflections on Being a Chief Academic Officer », *Theological Education* 33, supplement, 1996, p. 32.

de travail un plan opérationnel qui tient compte de leurs dons respectifs et de leur personnalité. Cela peut avoir un impact sur l'attribution des rôles et responsabilités. À mesure qu'ils se partagent la direction de l'institution, un nouveau paradigme peut émerger pour leurs descriptions de postes, parce que les rôles et responsabilités se chevauchent ou sont liés aux deux postes.

Les rôles et responsabilités typiques du doyen

1) Porter la responsabilité de la direction générale de l'institution et la mise en œuvre de la politique du conseil d'administration.
2) Créer un pont entre le conseil d'administration d'une part, et le corps enseignant et le personnel d'autre part.
3) Maintenir l'accent sur la vision et la mission de l'institution.
4) Acquérir et gérer les ressources nécessaires pour réaliser la mission de l'institution.
5) Développer un plan stratégique global pour le développement de l'institution.
6) Lever les fonds et gérer les relations publiques.
7) Développer des relations avec les parties prenantes, les donateurs et la communauté.
8) Déléguer les aspects opérationnels au doyen et à d'autres dans l'équipe de direction.
9) Enseigner, dans une certaine mesure, dans son domaine d'expertise.

Aleshire donne une description ambitieuse du travail du doyen :

> Construire, motiver et soutenir les équipes dirigeantes ; créer des projets de développement et les faire correspondre aux intérêts et engagements des donateurs ; et donner une direction institutionnelle dans le contexte de collègues hautement qualifiés et souvent très indépendants dans leur réflexion : tout cela exige un grand effort intellectuel. Un travail décanal bien fait est peut-être le travail le plus intellectuellement exigeant dans une institution de théologie, et les doyens doivent porter leur attention intellectuelle sur la diversité et la complexité de leurs tâches[13].

---

13. ALESHIRE, CAMPBELL et MANNOIA, « The President's Vocation », p. 9.

Les rôles et responsabilités typiques du directeur académique

1) Gérer les affaires quotidiennes liées aux questions académiques et administratives.

2) Exercer la responsabilité générale des programmes académiques, des affaires étudiantes, de la bibliothèque et du personnel.

3) Être responsable de la conception et du développement des programmes académiques.

4) Assurer la qualité de la formation et traiter des questions d'accréditation.

5) Créer des méthodes d'évaluation efficaces du corps enseignant, du personnel et de l'apprentissage.

6) Interagir avec le corps enseignant pour tout ce qui concerne l'instruction et l'apprentissage.

7) Enseigner, dans une certaine mesure, dans son domaine d'expertise.

On pourrait ajouter d'autres rôles et tâches. Le doyen et le directeur académique doivent créer leur propre liste en tenant compte des circonstances particulières de leur institution. À partir de cette liste, ils peuvent définir leurs rôles et responsabilités. Plus la liste est détaillée, plus les descriptions de postes seront claires. C'est dans une discussion franche et ouverte que les rôles et responsabilités respectifs du doyen et du directeur académique sont définis et clarifiés. Le résultat escompté, c'est une équipe de direction compétente et efficace pour l'institution.

La communication et la relation : la transparence de part et d'autre

La communication est la clé d'une relation harmonieuse. C'est vrai non seulement en ce qui concerne le doyen et le directeur académique, mais aussi à tous les niveaux de l'administration dans l'institution. Le doyen informe le directeur académique de toute décision du conseil ayant trait aux affaires académiques ou à l'institution en général. Le directeur académique avise le doyen de toute situation sur le campus dont ce dernier devra prendre connaissance ou dont il devra être informé. Des communications franches entre eux et avec le corps enseignant et le personnel constituent la base nécessaire d'un climat de confiance dans l'institution. Des responsables qui sont confiants dans leurs décisions peuvent communiquer librement au sujet des changements nécessaires avec tous les concernés. Le doyen et le directeur académique donneront le ton en démontrant ces compétences relationnelles au vu et au su de la communauté entière.

Le doyen et le directeur académique organiseront des réunions régulières. En plus des conversations imprévues qui peuvent se produire à tout moment, ils devront aussi prévoir, au sein de leurs tâches quotidiennes, du temps pour interagir. Des conversations informelles et des rencontres formelles à divers niveaux sont nécessaires pour établir des voies de communication solides. Des réunions personnelles pour discuter des questions liées au travail, régulièrement tenues, sont au cœur de leur rôle en tant que responsables.

La communication avec les parties prenantes ou avec les donateurs relève généralement de la responsabilité du doyen. Cependant, le directeur académique devrait aussi jouer un rôle dans la diffusion des nouvelles concernant l'institution et les activités institutionnelles. À mesure qu'ils communiquent tous deux à partir de leur expérience et point de vue personnels et aussi de leur optique administrative propre, ils enrichissent la communication et suscitent de l'intérêt pour les programmes de formation de l'institution.

Déléguer et déterminer : La confiance personnelle

La prise des décisions et la délégation des tâches sont des éléments essentiels dans une relation harmonieuse parmi les responsables. Des responsables mûrs délèguent des tâches et de l'autorité en réalisant leur vision et mission pour l'institution. L'existence ou le manque d'une relation de confiance entre le doyen et le directeur académique se voit dans leur manière d'opérer dans le cadre de leur poste de direction ainsi que dans leur performance au jour le jour et leur prise de décisions. Pour le doyen, le défi est de déléguer des tâches et de l'autorité au directeur académique.

> La confiance et le respect mutuel sont essentiels. Il est important que le doyen et le directeur académique délimitent clairement leur ligne d'autorité et déterminent quelles sont les décisions qui doivent être prises par consensus et quelles sont celles qui relèvent de la responsabilité de l'un d'entre eux. S'ils s'accordent dès le départ que le directeur académique sera responsable de certaines décisions, cette autorité doit désormais rester avec le directeur académique, et le doyen doit prendre garde de ne pas saboter ou mettre en doute

les décisions du directeur académique. « De bonnes lignes de démarcation favorisent une bonne administration[14]. »

Déléguer l'autorité dans la prise de décisions démontre la confiance. Le doyen et le directeur académique devront s'accorder sur des paramètres pour les différents niveaux de décisions à prendre. Quels aspects du travail peut-on déterminer sans consultation avec le doyen ? Par exemple, qui prendra la décision ultime dans les questions concernant les étudiants, leur performance, et même leur renvoi ? Le directeur académique peut-il régler ces questions en consultation avec le doyen des étudiants ou le corps enseignant ? Quels sont les domaines pour lesquels une décision ne peut être prise qu'après consultation avec le doyen ? Par exemple, des modifications au programme académique exigent-elles l'accord du doyen ? Pour éviter la confusion et les tensions, il faut que les rapports hiérarchiques soient clairement établis.

Des domaines possibles de tension dans la relation

Les relations entre ceux qui exercent la direction académique sont constamment mises à l'épreuve pour tester la solidité de leurs fondements. Le doyen et le directeur académique sauront admettre que leur relation professionnelle peut être menacée. L'exemple biblique de Paul et Barnabas démontre que, même après avoir œuvré en équipe depuis quelque temps, on peut rencontrer des tensions qui mettent la relation à l'épreuve et créent des problèmes très difficiles à résoudre (Ac 15.36-41). Nous mentionnons ici quelques domaines de tension possibles qui créent des problèmes (consulter aussi le chapitre 11 sur la gestion des conflits).

Une description peu claire des rôles et des responsabilités : souvent, les tensions proviennent d'une conception peu claire des descriptions de postes. Cela mène à des démarcations mal définies en ce qui concerne les rôles et responsabilités respectifs du doyen et du directeur académique. Les chevauchements et les lacunes au niveau des responsabilités administratives créent des tensions si la part de l'un et de l'autre n'est pas clairement définie.

Des visions et des stratégies divergentes : la vision et la mission de l'institution constituent la base pour développer la formation et les programmes théologiques. Le doyen et le directeur académique seront sensibles aux attentes du conseil et des parties prenantes. En même temps, ils font face aux changements dans la manière de faire la théologie, les attentes des églises, les besoins des

---

14. Bouchard, Thistlethwaite et Weber, « The President's Role » p. 74-75.

étudiants et les façons d'étudier la théologie. Comment l'institution répond-elle aux effectifs d'étudiants en déclin dans le programme résidentiel ? L'enseignement à distance doit-il être au cœur des programmes ? La faculté de théologie doit-elle poursuivre un statut universitaire ? De nombreuses questions peuvent émerger et créer des tensions.

Des différences au niveau de la personnalité et de la manière de travailler : des personnalités différentes ont un grand potentiel positif. Les points forts et les faiblesses des responsables peuvent se compléter. Toutefois, les différences au niveau des personnalités peuvent aussi créer des tensions. Certains responsables veulent toujours s'assurer que les décisions se prennent avec l'accord de l'équipe. D'autres préfèrent prendre les devants, planifiant et mettant en œuvre ce qui leur paraît juste. Le défi continuel de l'orientation des uns à priser les personnes et des autres à se concentrer sur les tâches peut aussi devenir un sujet de tension. Le visionnaire élabore constamment de nouveaux projets, à tel point que la personne plus pondérée peut apparaître comme celle qui met les bâtons dans les roues du progrès.

Imaginez un doyen très créatif qui présente au directeur académique de nouvelles idées pour améliorer les programmes et ainsi attirer davantage d'élèves. La personnalité du directeur académique, par contre, l'incline à peser délibérément toutes les propositions, en considérant toutes les implications avant de prendre la décision finale. Les nombreuses propositions du doyen constituent un défi constant au directeur académique et peuvent dépasser sa capacité à y faire face. De telles différences peuvent miner la relation de travail, tout comme elles peuvent être une source d'équilibre et de protection.

Des attentes déçues pour ce qui est des résultats : dans toute relation, il y a des attentes en ce qui concerne les résultats, que ce soit au niveau personnel ou professionnel. Plus les attentes sont élevées, plus la déception sera grande quand elles ne sont pas atteintes. C'est aussi le cas dans les facultés de théologie. Par exemple, un doyen qui attend de grandes choses du directeur académique sera peut-être déçu quand des membres du corps enseignant quittent l'institution ou que l'effectif des étudiants diminue de façon significative. Il faut aborder ces déceptions de façon raisonnable et juste.

Le manque de communication et de confiance : nous avons déjà souligné l'importance de la communication pour forger une relation de confiance. Le manque de communication franche a tendance à miner la confiance. Quand la suspicion s'installe dans une relation, cela crée des tensions.

Résoudre les tensions dans la relation

Le doyen, le directeur académique et tous ceux qui exercent la direction académique dans les institutions théologiques doivent démontrer une capacité à résoudre les tensions et les problèmes. C'est une marque de maturité chrétienne et de direction que de savoir gérer les tensions et trouver des moyens de surmonter les différends. En effet, il faut considérer les tensions comme des occasions pour la croissance plutôt que des échecs dans la relation ou un manque de spiritualité. Cheldelin et Lucas proposent une perspective intéressante sur les résultats de la résolution de conflit. « Le conflit est une situation dans laquelle une personne s'aperçoit qu'une autre personne s'oppose à ses intérêts. Le conflit est inévitable, mais il n'est pas forcément destructeur. Gérer les conflits de manière créative permet d'améliorer la capacité à résoudre les problèmes, à clarifier la prise de décisions et à renforcer l'engagement[15]. »

Les solutions bibliques : les chrétiens ont tendance à surestimer l'aspect spirituel des relations, au risque de négliger les problèmes réels à la base des tensions. Les tensions relationnelles sont débattues dans le for intérieur. Si l'on en croit les apparences lors des réunions, on dirait qu'il n'y a pas de tensions. Les chrétiens en général, et le doyen et le directeur académique en particulier, devraient être capables de résoudre les tensions de manière à ce qu'il n'y ait plus de ressentiments. Il ne doit pas subsister d'amertume après qu'on a résolu les sujets de tension d'une manière spirituelle et culturellement appropriée.

Clarifier les différences : on ne peut résoudre les tensions à moins que les causes n'aient été identifiées et les problèmes clairement nommés. Dans certains contextes culturels, on peut le faire lors d'une conversation directe ou par écrit. Dans d'autres cultures, la distance entre le doyen et le directeur académique ne permet pas la possibilité d'une confrontation directe. On doit tenir compte de ce fait lorsqu'on cherche des solutions.

Affirmer l'engagement : un premier pas pour résoudre les tensions, c'est de réaffirmer l'engagement de chacun vis-à-vis du succès de l'autre. Le doyen et le directeur académique devront recentrer leur attention sur les grands objectifs de leur poste respectif. Un moyen de poursuivre ce but est de suivre les conseils de l'apôtre Paul : « Ne faites rien par esprit de rivalité ou par désir d'une gloire sans valeur, mais avec humilité considérez les autres comme supérieurs à vous-mêmes » (Ph 2.3). C'est sans doute un défi dans beaucoup de contextes culturels où le schéma habituel de direction institutionnelle est hiérarchique. L'engagement envers le bien-être de l'institution, plutôt qu'envers ses propres

---

15. Sandra Cheldelin et Ann F. Lucas, *The Jossey-Bass Academic Administrator's Guide to Conflict Resolution*, 1re éd., San Francisco, CA, Jossey-Bass, 2004, p. 25.

idées et intentions, est aussi important, surtout quand les différends menacent de faire obstacle ou même de détruire le ministère et le développement de l'institution.

Une évaluation réaliste : on peut surmonter les tensions. On peut résoudre les problèmes. C'est sans nul doute la base d'une relation de travail saine. Toutefois, il n'en demeure pas moins que certains différends sont difficiles à résoudre et d'autres pourraient ne pas l'être du tout. Même si le doyen et le directeur académique s'engagent à résoudre les domaines de tension, certains problèmes peuvent subsister et tous deux peuvent être amenés à reconnaître qu'ils ne seront pas résolus. Est-ce un échec ? Personnellement, je ne le crois pas. Comprendre clairement les différends peut solidifier la relation entre le doyen et le directeur académique et promouvoir le respect mutuel qu'ils ont l'un pour l'autre. Cheldelin et Lucas expliquent : « Dans tout conflit interpersonnel, les deux personnes ont besoin de sauver la face, ce qui arrive quand ces personnes perçoivent que leurs opinions sont écoutées et qu'aussi bien le contenu que l'émotion de leur message sont compris, souvent par le biais de paraphrases[16]. »

En conclusion

La relation entre le doyen et le directeur académique est le fondement indispensable pour le développement de l'institution dans tous les domaines. L'expérience d'Étienne citée au début du chapitre est-elle exceptionnelle, ou devrait-elle être typique parmi les responsables académiques ? Le doyen et le directeur académique apprendront à démontrer au corps enseignant, aux membres du personnel et aux étudiants qu'ils ont de bons rapports, tant sur le plan professionnel que personnel. Leur engagement mutuel envers le succès de l'un et de l'autre et envers le développement de l'institution constitue une dynamique importante pour la communauté tout entière. Le défi se pose à tous ceux impliqués dans la direction académique de forger de bonnes relations de travail marquées par la confiance mutuelle.

Points pour la réflexion et l'action

1) Au début du chapitre, dans la section « Une affirmation à considérer », je propose un défi aux responsables académiques. Quelle est votre réponse à cette affirmation ?

---

16. *Ibid.*, p. 47.

2) Dans quelle mesure le besoin de développer la relation de travail parmi les responsables académiques est-il pertinent dans votre contexte ? Décrivez un partenariat idéal entre doyen et directeur académique dans votre contexte.

3) Énumérez quelques mesures pratiques que peuvent prendre un doyen et un directeur académique pour renforcer leur relation.

4) Définissez les rôles et responsabilités du doyen et du directeur académique dans votre institution. Identifiez les domaines qui ont besoin d'être clarifiés.

5) En tant que doyen et directeur académique, comment pouvez-vous vous encourager et vous valoriser mutuellement dans votre institution ?

6) Identifiez les domaines de tension dans l'équipe de direction. Quelles en sont les causes ? Suggérez des moyens pour résoudre les tensions.

7) Quels sont les rêves et les visions des responsables académiques dans votre institution ?

Pour aller plus loin

ALESHIRE Daniel, CAMPBELL Cynthia, MANNOIA Kevin, « The President's Vocation and Leadership », dans *A Handbook for Seminary Presidents*, sous dir. G. D. Lewis et Lovett H. Weems, Grand Rapids, MI, Eerdmans, 2006.

BOUCHARD Charles E., THISTLETHWAITE Susan, WEBER Timothy, « The President's Role as Academic Leader », dans *A Handbook for Seminary Presidents*, sous dir. G. D. Lewis et Lovett H. Weems, Grand Rapids, MI, Eerdmans, 2006.

CHELDELIN Sandra, LUCAS Ann F., *The Jossey-Bass Academic Administrator's Guide to Conflict Resolution*, 1re éd., San Francisco, CA, Jossey-Bass, 2004.

GUIDE-MÉTIERS, « Directeur des Études », https://www.guide-metiers.ma/metier/directeur-des-etudes/.

KOUZES James M., POSNER Barry Z., *The Jossey-Bass Academic Administrator's Guide to Exemplary Leadership*, 1re éd. San Francisco, CA, Jossey-Bass, 2003.

MCLEAN Jeanne P., *Leading from the Center: The Emerging Role of the Chief Academic Officer in Theological Schools*, Scholars Press Studies in Theological Education, Atlanta, GA, Scholars Press, 1999.

NORDBECK Elizabeth C., « The Once and Future Dean: Reflections on Being a Chief Academic Officer », *Theological Education*, 33, Supplement 1996, p. 32.

SMITH Jane I., « Academic Leadership: Roles, Issues, and Challenges », *Theological Education* 33, 1996, p. 11.

6

La direction académique en tant que ministère chrétien
Un poste de direction exigeant

Fritz Deininger

Il y a quelques années, je fus convié à partager mon point de vue sur le rôle de directeur académique en Asie, où je travaillais à l'époque dans une institution théologique. Les participants au colloque venaient de plusieurs pays asiatiques. Ils prirent part avec enthousiasme à la discussion qui suivit. Ils exprimèrent le besoin de créer une plate-forme destinée aux directeurs académiques pour une interaction personnelle et un renforcement des capacités professionnelles. Alors que je cherchais des programmes de formation continue pour la direction académique, je me rendis compte qu'aucune formation n'était proposée dans les pays émergents.

Dans le même temps, je rencontrai le professeur Paul Sanders, qui avait également à cœur de renforcer les capacités professionnelles des directeurs académiques. Nous avons décidé de travailler ensemble, en commençant par des colloques en Asie. Lorsque j'ai approché les dirigeants de l'Asia Theological Association (ATA), ils étaient tout à fait disposés à examiner une proposition visant à organiser un séminaire pour les directeurs académiques. Cela a conduit aux premières sessions de formation continue en 2005 à Bangkok avec des participants de différents pays d'Asie et du Moyen-Orient. Pratiquement tous les directeurs académiques ont convenu que les séances étaient stimulantes en termes de renforcement des capacités et leur apportaient du soutien dans leurs postes de direction académique. De nombreux séminaires ont suivi en Asie. Ce fut le début de ce qui devint finalement l'IPAL (ICETE Programme for Academic Leadership). Depuis lors, bien des colloques sur l'enrichissement des capacités des directeurs académiques ont été organisés en Asie, en Afrique, dans les Caraïbes, en Europe de l'Est et en Amérique latine.

Le travail et le ministère des directeurs académiques varient selon les régions du monde. À cette complexité s'ajoute la diversité des termes utilisés pour décrire les fonctions de ces responsables. Les titres attribués à la personne occupant un poste de direction académique sont liés à la tradition ou à la structure de l'établissement et au système d'éducation adopté. Aujourd'hui, le poste est souvent appelé « directeur académique » ou « directeur des études ». McLean explique que ce titre fait référence à « [...] l'administrateur qui supervise principalement les activités quotidiennes du domaine académique, notamment les cursus, les programmes d'études, les politiques et, dans certains cas, le personnel enseignant et les budgets[1] ». Dans le présent ouvrage, nous utilisons le terme « directeur académique », qui a été adopté dans de nombreuses institutions à travers le monde pour désigner le poste de responsable des affaires académiques dans l'institution théologique.

Ce chapitre porte sur le poste de directeur académique en tant que ministère chrétien. Les directeurs académiques occupent une place importante dans l'institution théologique. Leur rôle de direction sert à accomplir la vision et la mission de l'institution consistant à former des hommes et des femmes pour le ministère. C'est un ministère complexe, car les directeurs académiques occupent un poste de cadre intermédiaire. Ils assument des responsabilités administratives tout en étant très impliqués dans les questions académiques et les relations avec les enseignants. Les directeurs académiques agissent en tant qu'administrateurs, gestionnaires, animateurs, enseignants et experts. Ils remplissent divers rôles tels que : personnes ressources pour l'enseignement et l'apprentissage, pasteurs s'occupant du corps enseignant et du personnel, médiateurs dans la résolution de conflit et représentants du corps professoral, du personnel et des étudiants auprès de la direction de l'établissement. En bref, les directeurs académiques font face à des défis personnels, administratifs, académiques et professionnels. Nous allons aborder ici quelques aspects de leur ministère.

---

1. Jeanne P. McLean, *Leading from the Center: The Emerging Role of the Chief Academic Officer in Theological Schools*, Scholars Press Studies in Theological Education, Atlanta, GA, Scholars Press, 1999, p. 9.

Le parcours personnel du directeur académique

Se porter candidat au poste de directeur académique est une décision importante qui implique une vocation pour un ministère passionnant mais rempli de défis. Le poste comprend nombre d'opportunités pour la croissance personnelle, le développement dans le domaine de la direction académique, la réussite professionnelle grâce à la création d'une communauté d'apprentissage, l'aide aux enseignants et au personnel en vue de leur réussite et la formation des étudiants pour être performants dans le ministère. Mais ces opportunités ne sont pas dépourvues de défis et de frustrations. Il y a de nombreux obstacles à surmonter en cours de route, comme par exemple, faire face à ses limites personnelles en tant que responsable, aux frustrations provenant des enseignants, du personnel et des étudiants, ainsi que des politiques institutionnelles et des modèles de direction qui semblent inadaptés à la réalité du terrain. Tenir compte à la fois des opportunités et des frustrations fournit une base de réflexion réaliste avant d'accepter le poste.

Le profil du directeur académique

Les directeurs académiques dans les institutions théologiques occupent un poste de direction clé. Leurs responsabilités varient et dépendent de la structure administrative de l'institution. Le contexte culturel influence également leur rôle. Par conséquent, il n'est pas possible de créer un profil de directeur académique qui soit valable dans le monde entier. Smith nous rappelle ce que son expérience lui a appris : « La fonction ne me définit pas, c'est moi qui la définis par la profondeur ou la richesse que j'y apporte et que je puise dans ma propre vie et mon propre parcours[2]. » Tout poste de direction est façonné par la personnalité, le caractère et les expériences de la personne qui en assume la responsabilité, ainsi que par ses compétences et ses accomplissements académiques. Le caractère unique de la personne renforce son efficacité et sa contribution particulière en tant que directeur académique. Cette remarque est importante.

---

2. Gordon T. SMITH, « Academic Administration as an Inner Journey », *Theological Education* 33, Supplément 1996, p. 61.

Profil personnel

Lors des colloques sur la direction académique, nous avons rassemblé certains des traits qui pourraient caractériser une personne occupant un poste de direction académique.

Personnalité et caractère

Les bons directeurs académiques sont des personnes intègres et fiables, de telle sorte que le corps enseignant, le personnel et les étudiants puissent être convaincus que les décisions et les politiques adoptées sont au bénéfice de tous. De plus, ils apportent à leur ministère un enthousiasme qui crée une atmosphère de travail motivante. Ils sont créatifs et novateurs dans l'organisation de l'enseignement et de l'apprentissage. Leur vie reflète leur foi personnelle et leur confiance en Dieu. Les bons directeurs académiques sont capables de gérer et d'organiser leur vie personnelle. Ils sont organisés et prêts à apprendre, suffisamment ouverts d'esprit pour accepter le point de vue des autres et recevoir de nouvelles idées. Il est également important qu'ils soient faciles à aborder, flexibles et qu'ils aient de bonnes relations interpersonnelles. Les bons directeurs académiques sont avant tout être des responsables attentifs et dévoués, marqués par leur humilité. Avoir une personnalité charismatique est l'une des nombreuses qualités considérées comme utiles pour remplir ce rôle efficacement.

Professionnalisme et formation

Dans les institutions théologiques, les directeurs académiques n'ont pas nécessairement un diplôme en théologie, mais ils sont à même de comprendre les problèmes théologiques. Ils auront dans l'idéal reçu une formation en administration éducative et en gestion d'organisations à but non lucratif. La gestion du temps et des responsabilités professionnelles, les compétences en matière de conduite de réunions et la compréhension des processus de communication sont également pertinents pour le rôle. Les directeurs académiques devraient également être formés à la gestion des conflits, au développement des ressources humaines et aux compétences en matière de direction. Ils auront des connaissances sur l'élaboration d'un programme, l'évaluation de l'enseignement et de l'apprentissage et la manière de créer une communauté d'apprentissage. Cette liste n'est nullement exhaustive, mais elle montre bien que le poste de directeur académique comporte de multiples facettes et requiert de la formation et des compétences dans de nombreux domaines.

Réflexion et évaluation

Quelqu'un qui aspire à devenir directeur académique sera certainement conscient des exigences du poste liées à sa personnalité et à son caractère, mais il doit aussi prendre en compte les défis professionnels et académiques liés à sa charge. La question cruciale à laquelle il faut répondre en acceptant le poste de directeur académique est de savoir si l'on y est vraiment préparé. Ce rôle peut être rempli avec succès de plusieurs manières. Un bilan personnel serait utile pour évaluer ce que la personne pourrait contribuer au poste. Buller explique :

> Savoir quel genre de directeur académique vous êtes ne signifie pas qu'il n'y a qu'un seul genre de directeur académique qui puisse réussir dans toutes les institutions et dans toutes les situations. Certains directeurs académiques sont plus aptes à créer des programmes, tandis que d'autres arrivent mieux à développer ce qui a déjà été établi. Certains directeurs académiques travaillent plus efficacement avec les étudiants et les membres du corps enseignant, tandis que d'autres réussissent mieux en se concentrant sur les donateurs externes et en réalisant les objectifs de la haute administration. Néanmoins, lorsque vous aurez compris quel type de directeur académique vous êtes, vous serez plus à même de miser sur vos points forts, de gérer vos points faibles ainsi que les nombreux besoins contradictoires de l'institution que vous servez[3].

L'évaluation personnelle devrait également inclure une réflexion sur sa propre disposition à accepter le changement de poste. Un certain nombre d'ajustements pourraient être difficiles à accepter. Par exemple, si quelqu'un qui aime enseigner se voit obligé de travailler dans l'administration, cette personne pourrait ne pas être très satisfaite du poste. Ce que recommande Nordbeck est utile :

> Il y a au moins quatre types de personnes qui ne devraient pas devenir directeur académique : ceux qui trouvent leur bonheur près des piles de livres et des pupitres de classe ; ceux qui savourent le sentiment du travail achevé ; ceux qui recherchent le calme et la prévisibilité dans leur routine quotidienne ; ceux qui éprouvent beaucoup d'angoisse lors des conflits et en recevant des critiques[4].

---

3. Jeffrey L. BULLER, *The Essential Academic Dean: A Practical Guide to College Leadership*, 1re éd., San Francisco, CA, Jossey-Bass, 2007, p. 23.
4. Elizabeth C. NORDBECK, « The Once and Future Dean: Reflections on Being a Chief Academic Officer », *Theological Education* 33, Supplément 1996, p. 23.

Cependant, pour ceux qui conviennent au poste, le rôle de directeur académique a un grand potentiel de développement personnel et professionnel. Ceux qui accepteront le poste verront combien il est important d'être disposés à apprendre en cours de route. Peu de personnes qui entrent en fonction correspondent au profil idéal et beaucoup ne répondent pas aux attentes, surtout à leurs débuts. La plupart de ceux qui relèvent le défi doivent s'adapter au poste à un certain niveau.

Profil institutionnel

Dans bien des cas, les directeurs académiques sont choisis et nommés parce qu'il y a un poste vacant à pourvoir. La disponibilité prend le pas sur l'aptitude lorsqu'il s'agit d'approcher une personne pour le poste. Créer un profil institutionnel est l'une des méthodes préconisées pour définir le profil de la personne qui pourra remplir le rôle de directeur académique. Identifier quelle doit être la priorité de l'organisation (par ex. développer les programmes d'études ou promouvoir l'avancement de l'institution) est une étape importante du processus. Un profil institutionnel amènera à se poser des questions telles que : quels sont, à ce stade, les besoins de l'école en matière de direction des programmes d'études ? Quel genre de personne peut développer le côté académique de l'institution ? Cette personne devrait-elle avoir à son actif quelques années d'expérience en direction académique ? Quelles sont les compétences en matière de direction et de gestion requises à ce stade ? Un profil doit également prendre en compte la personnalité, le caractère et les qualifications du type de personne souhaitée pour traiter ces problèmes. Plus le profil est clair et détaillé, plus il a de chances d'identifier la bonne personne pour le poste.

L'accession au poste

De nombreux directeurs académiques ne visent pas activement ce poste. Ils ont l'impression qu'ils ne sont pas faits pour ce rôle. Il y a cependant de l'espoir pour les directeurs académiques qui acceptent ce poste à contrecœur. Les recherches menées par McLean ont révélé que « des personnes compétentes, dont beaucoup n'ont jamais aspiré à l'administration, peuvent développer les compétences et les ressources personnelles nécessaires pour remplir efficacement ce rôle[5] ». Ce résultat devrait encourager les candidats car ils découvrent

---

5. McLean, *Leading from the Center*, p. 3-4.

qu'ils n'ont pas besoin d'être parfaits pour devenir directeurs académiques. La croissance et le succès dans la direction académique prennent du temps à se développer. L'ouverture à l'apprentissage et à la formation garantit un ministère fructueux dans la direction académique.

La nomination : l'aspect institutionnel

Il existe diverses procédures pour sélectionner un directeur académique :
- Sélection et nomination par le doyen et le conseil d'administration, avec ou sans la participation du corps enseignant.
- Sélection par le corps enseignant et confirmation par le doyen.
- Suggestions émises par le corps enseignant et le personnel et nomination par le doyen.
- Candidature personnelle au poste et nomination par le conseil ou par le doyen.

Quelle que soit la méthode utilisée pour amener quelqu'un au poste de directeur académique, il est essentiel que les enseignants et le personnel acceptent cette personne comme dirigeant. Il est donc conseillé de les inclure dans le processus de sélection. Le doyen joue également un rôle important en préparant la voie pour un nouveau directeur académique.

L'acceptation : l'aspect personnel

Tout d'abord, l'acceptation par ceux que le directeur académique servira est essentielle pour la personne qui entre en fonction. De nombreux directeurs académiques ont été membres du corps enseignant avant d'assumer des responsabilités administratives. Cela rend leur direction digne de confiance parce qu'ils comprennent le monde académique de par leur propre expérience. Leur rôle en tant que membre du corps enseignant contribue aussi à développer un sens aigu de leur mission personnelle. Selon Abdul-Rahman, les recherches confirment que : « Les principales raisons pour lesquelles les directeurs académiques choisissent de servir dans l'administration académique sont les encouragements reçus de leurs collègues, leur confiance de posséder les compétences requises et leur volonté d'influencer davantage les décisions académiques et institutionnelles[6]. »

---

6. Mary ABDUL-RAHMAN, sous dir., *Career Paths and Hiring Practices of Chief Academic Officers in Theological Schools*, coll. Monographs on Academic Leadership, vol. 3, St Paul, MN, St Paul Seminary School of Divinity, 1996, p. 4.

Un deuxième facteur important est l'acceptation du poste par la personne sélectionnée. Est-elle disposée à s'adapter à ses nouvelles fonctions ? Une perception claire de l'appel de Dieu au poste de directeur académique fournit une base solide pour le ministère académique. L'acceptation personnelle favorise son développement et sa conduite dans le poste. L'un des meilleurs exemples de ceci est peut-être le personnage de Joseph dans la Bible. Le cours de sa vie changea quand il fut amené en Égypte. Bien qu'il fût vendu comme esclave, il se vit constamment confier des responsabilités importantes. Une famille égyptienne reçut bénédiction et prospérité grâce au travail de responsable compétent et digne de confiance de Joseph (Gn 39.3-6). Finalement, il fut nommé à un poste de direction national (Gn 41.39-40). Il se révéla être un administrateur compétent (Gn 41.41-57). Joseph a développé ses compétences de gestionnaire tout au long de son parcours de vie. Il a accepté de nouveaux postes et de nouveaux défis. Plus important encore, il savait que Dieu était avec lui (Gn 39.2, 21) et confirmait à ses frères que c'était Dieu qui l'avait amené dans ces différents lieux et positions (Gn 45.8). À l'identique, les directeurs académiques ont besoin de cette même conviction qu'ils sont au bon endroit, acceptant la tâche de tout leur cœur et servant de toute leur force, sachant que Dieu est avec eux.

L'évaluation : l'aspect administratif

La durée de la nomination varie d'un établissement à l'autre. Dans certains cas, les directeurs académiques sont nommés sans limite de temps. Certains seront directeurs académiques à vie. Il arrive souvent que leur performance ne soit pas évaluée. Dans certains contextes, il s'agit d'une question culturelle car il n'est pas courant d'évaluer le travail d'une personne occupant un poste de direction. Il peut aussi être impossible ou du moins très difficile de retirer à quelqu'un son poste de direction. Dans ces circonstances, il serait utile pour les deux parties qu'il y ait un contrat à durée déterminée. Tout comme il est important que la personne soit sélectionnée avec soin. Dans certains établissements, la performance du directeur académique est évaluée annuellement ou au terme du semestre. Comme le directeur académique rend compte de son travail au doyen, l'évaluation peut être effectuée par ce dernier.

L'énoncé de mission personnel

L'énoncé de la mission de l'institution fournit la motivation, la clarté des objectifs, l'identité et les conseils servant l'orientation générale de l'institution.

Les responsables académiques travaillent dans le cadre de la mission de l'institution pour atteindre les objectifs des programmes de formation afin de préparer des hommes et des femmes au ministère. Pourquoi, dans ce cas, le directeur académique devrait-il produire un énoncé de mission personnel ? Tout d'abord, cet énoncé relie la mission institutionnelle à l'engagement personnel et aux objectifs de la direction académique. En second lieu, il permet de s'approprier la vocation de responsable académique, en fournissant clarté et perspective sur la contribution personnelle que l'on souhaite apporter au développement de la formation théologique. Troisièmement, il favorise la créativité dans le renforcement des capacités personnelles et professionnelles pour être efficace au poste. Quatrièmement, il pousse à réfléchir au-delà de la routine, à sortir des sentiers battus quant aux tâches prescrites par la description de poste. Cinquièmement, il fournit le cadre pour une prise de décision quotidienne et institutionnelle basée sur des valeurs et des principes. Sixièmement, il dynamise le responsable académique et lui apporte la force nécessaire pour réaliser la vision et la mission de l'institution au sein du tourbillon des exigences et des changements.

Il est recommandé que le directeur académique commence à réfléchir de manière créative dès sa nomination au poste. Pourquoi ? C'est une occasion en or de clarifier les fondements personnels de la direction académique. C'est aussi un temps à part pour découvrir la direction que Dieu souhaite pour ce service. Bien des directeurs académiques m'ont confié que les contraintes quotidiennes qui leur incombent consument toute leur énergie et ne laissent pas beaucoup de place à la créativité. L'expérience nous prouve qu'après avoir été en fonction pour une certaine période, il est bien plus difficile de trouver le temps de réfléchir de manière créative. Il est bon de prendre du temps pour rédiger un énoncé de mission personnel dès les premières étapes de l'entrée en fonction, car cela permet de remplir efficacement dès le départ le rôle de responsable académique.

Les éléments de l'énoncé de mission personnel
Développement personnel

La nature du poste de directeur académique offre des opportunités naturelles de croissance personnelle en raison de la portée du poste, y compris des responsabilités académiques, managériales, de direction et pastorales. Dans le même temps, la planification intentionnelle du développement personnel entraîne des progrès encore plus importants. Smith nous raconte sa propre expérience : « Mon propre parcours m'a convaincu que le développement personnel est un enjeu professionnel⁷. » Se poser quelques questions peut aider à déterminer les domaines du développement personnel : Quel genre de personne aimerais-je être en tant que directeur académique ? Quel type d'expert académique voudrais-je être ? Quel genre de responsable voudrais-je être ?

Réalisations professionnelles

Il est essentiel d'identifier les domaines professionnels à développer pour se préparer au poste de directeur académique. Il peut s'agir de compétences administratives comme il peut s'agir de tous les aspects liés au rôle de responsable pédagogique. Qu'est-ce que je souhaite accomplir ? Quelles sont les contributions à apporter à la formation théologique en général ou en particulier ? Quelle sera ma contribution au développement de l'institution ?

Valeurs et principes

Les valeurs sont la source dont découlent nos attitudes. Elles influencent notre comportement. Valeurs et principes étant basés sur l'enseignement de la Parole de Dieu, ils offrent au directeur académique une certaine perspective du ministère. Ils déterminent les convictions et orientent la prise de décision. Quelles sont les valeurs et les principes qui offrent à la fois une orientation personnelle et une direction dans le ministère académique ? Les valeurs et les principes sont liés à l'éthique du travail (« je ne ramène pas du travail à faire à la maison »), aux priorités relationnelles (« les personnes sont plus importantes que les programmes »), aux attentes (« je ne sais pas dire "non" »), au poste (principes de direction).

L'héritage que nous laissons

Ce que le Nouveau Testament nous dit à propos des responsables en général s'applique également aux dirigeants académiques : « Souvenez-vous de vos conducteurs qui vous ont annoncé la parole de Dieu. Considérez quel est le bilan de leur vie et imitez leur foi » (Hé 13.7). Les directeurs académiques devraient se demander quel héritage ils veulent laisser. Que devraient retenir d'eux le corps enseignant, le personnel et les étudiants ? Quelle est la contribution spécifique qu'ils souhaitent apporter à l'institution et qui sera appréciée par le doyen, le conseil d'administration et la communauté ?

Un énoncé de mission personnel prend du temps à écrire et doit être révisé et mis à jour tout au long du parcours académique. La valeur d'un énoncé de mission

---

7. Smith, « Academic Administration », p. 66.

personnel peut être mesurée par sa capacité à motiver une direction académique plus efficace. Smith conclut qu'il ne peut être un directeur académique efficace que s'il « se préoccupe du cheminement intérieur de l'administration académique[8] ». Un énoncé de mission donne la force de traverser les changements et les temps difficiles. Il renforce la fiabilité et le sérieux de la direction académique car il aide à ancrer les décisions sur la base de valeurs et de principes.

La direction académique, une opportunité

La position de responsable du directeur académique offre des opportunités uniques pour l'élaboration et le développement des programmes d'enseignement, du cursus, des politiques éducatives et pour la mise en place d'un environnement d'enseignement et d'apprentissage de qualité dans l'institution. McLean résume les principales responsabilités d'un directeur académique :

> Au sein des écoles, les directeurs académiques ont la responsabilité administrative principale des programmes d'études et du personnel sur lesquels reposent ces objectifs pédagogiques. Dans leur rôle de direction, ils favorisent la compréhension et l'engagement vis-à-vis de la mission et collaborent avec les administrateurs, les professeurs et autres groupes de l'institution pour élaborer le cursus, renforcer le corps professoral, renforcer l'enseignement, l'apprentissage et l'érudition et nourrir la vie communautaire[9].

Le poste de directeur académique est une opportunité passionnante pour concevoir des programmes d'études qui préparent les étudiants à un ministère efficace dans une société en mutation. C'est un rôle qui appelle à la créativité dans le développement d'une communauté d'apprentissage.

Le directeur académique en tant qu'érudit

Nombre de directeurs académiques apportent leur expérience d'enseignant dans leur nouvelle fonction de responsables. Ils n'ont pas forcément besoin de renoncer à leur rôle d'enseignant. McLean observe que « la majorité des directeurs académiques proviennent du corps enseignant et restent actifs en tant qu'enseignants et/ou chercheurs universitaires pendant leur service

---

8. *Ibid.*, p. 65.
9. McLean, *Leading from the Center*, p. 4-5.

administratif[10] ». La description de poste du directeur académique devrait comporter des opportunités d'études, de recherche et d'écriture dans le cadre du ministère. Le poste de directeur académique pourrait être octroyé pour une durée déterminée, d'où l'importance pour le directeur académique de rester à jour dans son domaine d'expertise. Un équilibre sain entre le travail administratif et l'implication académique a également une influence sur la satisfaction au travail. McLean explique : « Bien que les directeurs académiques diffèrent dans l'équilibre personnel qu'ils maintiennent entre l'enseignement, la recherche et les exigences de l'administration académique, leur capacité à trouver cet équilibre peut influer sur la qualité de leur mandat[11]. » Réussir à maintenir un bon équilibre peut être une question de planification minutieuse et de recherche d'opportunités. Par exemple, réserver du temps pour la recherche ou pour assister à des conférences durant les périodes de pause entre deux semestres peut déjà offrir une certaine familiarisation aux travaux académiques.

Enseigner régulièrement devrait faire partie intégrante de la fonction de directeur académique. Smith suggère : « Il est essentiel que le directeur académique enseigne régulièrement [...] une telle implication en salle de classe lui permet de participer à la vie académique de l'école tout en la gérant, de connaître les étudiants et d'en être connu, de rester activement à jour dans sa propre discipline[12]. » Il faut éviter que le directeur académique se sente coupé de toute implication dans la recherche et l'enseignement en raison des exigences administratives. Être impliqué dans l'enseignement et l'érudition est essentiel pour renforcer sa crédibilité et son efficacité en tant qu'administrateur. Si les directeurs académiques étaient auparavant des enseignants, ils doivent démontrer que malgré leur nouvelle fonction, ils font toujours partie du corps enseignant. Bien entendu, la charge d'enseignement dépendra de la taille de l'institution et, par conséquent, des exigences administratives.

---

10. *Ibid.*, p. 25
11. *Ibid.*, p. 27
12. Jane I. SMITH, « Academic Leadership: Roles, Issues, and Challenges », *Theological Education* 33, Supplément 1996, p. 2.

La relation entre le directeur académique et le corps enseignant

Il est communément admis que « les directeurs académiques occupent un poste de cadre intermédiaire[13] ». Leurs responsabilités les placent au centre des activités quotidiennes de l'institution. Les directeurs académiques rendent compte au doyen, souvent au conseil d'administration, et font partie de la haute direction. Dans le même temps, ils font partie du corps enseignant et le représentent. Ils défendent et servent donc les deux groupes. Leur position leur permet de faciliter le travail du doyen, des professeurs et du personnel. Les directeurs académiques aident les autres afin qu'ils puissent réussir et travailler au mieux. Ainsi que Smith l'explique, « un bon directeur académique a pour but de permettre aux autres de réaliser leur potentiel, afin qu'ils s'épanouissent au sein de la communauté académique à la fois dans leur enseignement et dans leur recherche[14] ». Il n'est certes pas facile, dans le ministère académique, de soutenir les autres dans leur développement personnel et professionnel. Pour résumer : « On peut estimer que les directeurs académiques jouent leur rôle le plus crucial dans la sélection, le développement, l'évaluation et le départ à la retraite des enseignants[15]. » Par conséquent, les directeurs académiques doivent accorder une grande priorité à l'établissement, au développement et au maintien d'une relation authentique avec le corps enseignant. Cela inclut le mentorat des enseignants en tant que groupe et en tant que personnes. Le développement personnel, spirituel, professionnel et académique des enseignants devrait être l'un des objectifs majeurs de la direction académique.

Établir une relation de confiance

Pour établir une bonne relation de travail, il est essentiel de construire une relation de confiance entre le directeur académique et le corps enseignant. Passer d'un poste d'enseignant à un poste d'administration pédagogique fournit une bonne base pour la confiance.

> Les directeurs académiques qui ont enseigné et conseillé les étudiants, qui ont expérimenté la difficulté à trouver un équilibre entre leur contribution au savoir, l'enseignement, le travail en comité et d'autres engagements professionnels et religieux, ont plus de

---

13. BULLER, *Essential* p. 1
14. SMITH, « Academic Administration », p. 62.
15. Russell E. RICHEY, « To a Candidate for Academic Leadership: A Letter », *Theological Education* 33, Supplément 1996, p. 42.

chances d'inspirer la confiance quant à leur capacité de comprendre les questions importantes pour les professeurs que les directeurs académiques ne disposant pas d'expérience dans l'enseignement[16].

La confiance des enseignants se développe à mesure que le directeur académique manifeste un intérêt personnel pour la vie personnelle des membres du corps professoral et dépasse le niveau des relations administratives et formelles. La clé d'une relation de confiance consiste en une communication ouverte et fiable.

L'une des difficultés liées au travail avec les professeurs est la diversité de leurs personnalités et de leurs antécédents :

> Cette responsabilité simultanée envers des personnes particulières et envers le corps enseignant dans son ensemble, impose aux directeurs académiques de grandes exigences : ils doivent connaître les particularités des personnalités individuelles, leurs comportements, leurs motivations, leurs besoins et leurs préoccupations, tout comme ils doivent comprendre la dynamique de leurs interactions les uns avec les autres et la personnalité du groupe dans son ensemble[17].

Le directeur académique gagnerait à se tenir informé de la situation personnelle des membres du corps enseignant, telles que les maladies survenant dans la famille, la mort de proches, les situations de crise ainsi que les faits encourageants et les événements heureux. Les occasions d'exprimer son souci pour les autres et de montrer du soutien par le biais de visites et d'interactions personnelles favorisent le lien relationnel.

Impliquer les enseignants

Les membres du corps enseignant doivent être impliqués dans la prise de décision sur les questions liées à la communauté. Cela comprend des discussions sur les changements institutionnels, le développement du programme d'études, les problèmes liés aux étudiants et tout ce qui concerne l'enseignement et l'apprentissage. Déléguer des tâches est un facteur important dans le programme de développement du corps enseignant. Lorsque le directeur académique délègue des tâches et des responsabilités aux enseignants, il fait preuve de confiance dans les capacités de la personne. Les professeurs devraient être encouragés à

---

16. Jeanne P. McLean, sous dir., *Dean-Faculty Relationships: Meeting the Challenge*, coll. Monographs on Academic Leadership, vol. 5, St Paul, MN, St Paul Seminary School of Divinity, 1998, p. 3.
17. *Ibid.*, p. 1.

poursuivre leurs recherches et publications en dehors de leur ministère d'enseignement. Les directeurs académiques doivent veiller à la charge de travail des enseignants.

Constituer une équipe d'enseignants

Constituer une équipe d'enseignants est un réel défi. Les enseignants doivent être choisis pour former un groupe de formateurs unis dans leur engagement, afin d'atteindre l'excellence dans la formation pour le ministère. Les membres du corps professoral sont mis au défi de réaliser leur vocation dans la solidarité et le partenariat les uns avec les autres. Les directeurs académiques jouent un rôle important en aidant les membres du corps professoral à comprendre leur engagement personnel dans le cadre de la mission institutionnelle et de leur contribution à la réalisation des objectifs de formation. Constituer une équipe d'enseignants ne se fait pas tout seul, cela requiert du temps et des efforts de la part du directeur académique.

Instaurer une communauté d'apprentissage

La création d'un environnement propice à un enseignement et à un apprentissage efficaces fait partie du ministère académique. S'assurer que le cursus et les programmes d'études sont alignés sur la vision et la mission institutionnelles et répondent également aux exigences du ministère est un réel défi. Les directeurs académiques ne se contentent pas de maintenir le statu quo. Ils participent à la révision des programmes d'études, à la conception de nouveaux programmes et à l'introduction de la technologie. Ils veillent à l'excellence dans l'enseignement et l'apprentissage ainsi qu'au développement du corps professoral.

La direction académique, un défi administratif

La responsabilité administrative est au cœur du travail des directeurs académiques. Leur « responsabilité principale est la supervision des programmes d'études, des politiques, du personnel et de la planification : le directeur académique travaille avec le doyen, avec d'autres administrateurs, avec les professeurs, le personnel et les étudiants pour mener à bien la mission éducative de l'institution[18] ». Les multiples tâches, fonctions et attentes peuvent être accablantes pour un nouveau directeur académique. Avoir un directeur académique expérimenté comme mentor peut aider au développement personnel dans le poste.

---

18. McLean, *Leading from the Center*, p. 27-28.

Les directeurs académiques devraient également envisager de créer un groupe de confrères pour se soutenir mutuellement. Rencontrer des collègues, partager des expériences et s'entraider au sein du ministère apportent l'encouragement nécessaire. Les colloques de l'ICETE Programme for Academic Leadership (IPAL) fonctionnent également comme plateformes permettant aux responsables de se rencontrer. Elles permettent de répondre au besoin d'interaction personnelle ainsi qu'à celui du renforcement des capacités.

La perception personnelle

Les directeurs académiques peuvent développer une attitude positive à l'égard de leurs tâches administratives, car elles font partie de leur ministère. Accepter le poste comme vocation offre certainement une perspective différente sur les questions administratives. Certains directeurs académiques ont témoigné que le travail administratif avait également un effet positif sur leur santé spirituelle[19]. Smith a reconnu la nécessité d'un développement holistique dans la direction académique :

> J'ai besoin de développer les compétences uniques qui vont avec le poste – compétences en planification stratégique, en consolidation d'équipe, en gestion du personnel, en finances et budget, en développement de programmes d'études et toutes les différentes dimensions de la gestion académique. Il y a cependant le cheminement intérieur qui peut être beaucoup plus crucial pour mon efficacité à long terme. Cela implique mon développement émotionnel, mon cheminement en tant que personne de prière, l'intégrité de mes relations de travail et la qualité de mes relations personnelles[20].

Gérer la charge de travail

Le poste de directeur académique n'est pas statique mais dynamique ce qui signifie qu'il y a des possibilités de développement. Il ne s'agit pas d'un simple cadre pour remplir certaines tâches et fonctions selon un plan prescrit. Il y a de réelles occasions de développer le poste et d'explorer de nouveaux domaines

---

19. *Ibid.*, p. 244.
20. SMITH, « Academic Administration », p. 66.

dans lesquels la mission institutionnelle peut apporter son soutien à la croissance personnelle. Il existe plusieurs façons d'encourager cette évolution.

1) Le doyen et le directeur académique doivent travailler de concert pour développer la position conformément à la vision et à la mission de l'institution.
2) Il faut développer un profil personnalisé du poste en tenant compte de la personne, du caractère et des capacités du directeur académique.
3) Il faut être proactif en allant au-delà du paradigme traditionnel.

La charge de travail du poste de directeur académique a augmenté. Les directeurs académiques sont responsables de nombreux aspects de la vie de l'institution. Ils ont la tâche difficile de gérer le travail dans les limites du temps dont ils disposent. Ils doivent trouver le moyen de gérer l'aspect administratif du poste et de réduire certaines de leurs tâches. Par conséquent, la délégation des tâches et des responsabilités est essentielle pour une direction performante. Déléguer montre que le/la responsable académique fait confiance aux autres pour accomplir des tâches et le/la libérer de quelques-unes de ses responsabilités. Certains responsables hésitent à déléguer parce qu'ils craignent la concurrence ou la perte de contrôle. Parfois, c'est le manque de confiance en les autres, ou encore l'effort requis pour former quelqu'un à la tâche qui empêchent de déléguer. Le responsable académique doit répondre à certaines questions : suis-je prêt à déléguer ? Quelles tâches dois-je effectuer moi-même ? Quel type de tâches puis-je confier à d'autres ?

Prendre soin de l'autre fait partie du ministère académique. Lorsque les enseignants et le personnel sont confrontés à des problèmes professionnels ou personnels, ils ont souvent besoin d'encouragement. Cela peut nécessiter la présence de quelqu'un pour les encourager. Les responsables académiques doivent être sensibles aux besoins des enseignants et du personnel. L'apôtre Paul en était un excellent exemple. Il a manifesté son inquiétude pour les membres de son équipe à travers son souci pour leur bien-être physique (Ph 2.25-30 ; 1 Tm 5.23), leur condition spirituelle (1 Tm 6.11-16) et leur développement professionnel (1 Tm 4.11-16). Le soin pastoral inhérent au poste de directeur académique est un aspect important de son ministère et ne doit pas être négligé en raison de contraintes de temps. Alors que j'étais membre du corps professoral, j'ai eu un problème de santé et j'ai dû être hospitalisé. Le directeur académique m'a rendu visite le jour même après de nombreuses heures de réunions et ceci fut pour moi un moment phare.

Préparer le terrain pour la succession

Nombre de directeurs académiques appelés au bureau administratif ne vont pas y rester à vie. Ils peuvent considérer que l'administration académique fait partie de leur développement personnel et professionnel pendant une certaine période. Il est important de garder à l'esprit que la durée de la fonction ne doit pas être trop courte, car acquérir de l'expérience au poste prend du temps. Les doyens et les directeurs académiques reconnaissent qu'« il faut deux à trois ans pour s'habituer au travail et au moins cinq ans pour apprendre la culture, gagner en crédibilité et faire avancer les choses[21] ».

Plusieurs facteurs peuvent contribuer à déterminer la durée optimale du mandat de directeur académique. Réaliser certains objectifs et tâches visant au développement du cursus de l'institution peut permettre d'avancer dans la carrière. Des changements dans la direction de l'institution ou dans la structure administrative pourraient cependant nécessiter de quitter le poste. Quand le doyen et le directeur académique ne partagent pas la même vision, il est possible que le directeur académique quitte son poste. De même, les raisons personnelles et familiales peuvent requérir de changer de direction de vie. Enfin, le désir de retourner à la recherche, l'écriture et l'enseignement peut être une raison impérieuse pour quitter un poste administratif. Quels que soient les facteurs intervenant dans la décision de changement, il ne faut pas quitter la fonction en raison de frustrations et de problèmes non résolus. Le directeur académique devrait quitter le doyen en bons termes et se préparer à coopérer avec lui pour assurer la continuité dans le ministère académique de l'institution.

Bien que le doyen et le conseil d'administration soient responsables du choix du successeur, le directeur académique en fonction joue aussi un rôle important en préparant le changement. Tout d'abord, il doit laisser une structure administrative en ordre sur laquelle le successeur peut s'appuyer. Cela comprend les politiques et programmes d'études, une équipe d'enseignants fonctionnelle, un personnel administratif bien formé, une direction pour les affaires estudiantines. Ensuite, si la succession est bien planifiée et un candidat trouvé, le directeur académique en fonction a un rôle vital dans la préparation du candidat au poste. Sa contribution va du partage d'expériences personnelles dans les aspects administratifs et institutionnels à l'établissement de liens pour le successeur dans la communauté de l'institution.

Les changements à la direction administrative entraînent souvent un sentiment de perte chez ceux qui continuent à servir dans l'institution. Par conséquent,

---

21. McLean, *Leading from the Center*, p. 256.

les changements doivent être bien gérés. Les enseignants, le personnel et les étudiants doivent être informés dès que la situation permet une communication ouverte. C'est le doyen qui doit cultiver une atmosphère positive d'attente. Il peut exprimer la perspective selon laquelle les changements produiront des résultats positifs dans l'institution.

Conclusion

Accéder à un poste de direction académique est à la fois un défi et un privilège. C'est un ministère qui mène à la croissance personnelle aussi bien dans le domaine professionnel qu'académique. Le directeur académique joue un rôle déterminant dans la réalisation de la vision et de la mission de l'établissement, dans l'élaboration de programmes d'études et dans la satisfaction des besoins académiques des étudiants. La tâche de créer une communauté ayant un sens clair de la mission et de l'objectif est son défi constant. Constituer une équipe de professeurs de haute qualité pour l'enseignement et l'apprentissage est une autre tâche majeure. Dans chacune de ces tâches, le travail revêt un aspect sacré. « Tout ce que vous faites, faites-le de tout votre cœur, comme pour le Seigneur et non pour des hommes » (Col 3.23).

Points pour la réflexion et l'action

1) Dans votre institution, quel est le profil du directeur académique ? Ce profil a-t-il été bien défini ? Doit-il être revu ? Créez vous-mêmes ce profil, si votre institution n'en a pas.

2) Un énoncé de mission personnel fournit une orientation pour le développement personnel et pour l'avancement dans le ministère. Quel est votre énoncé de mission personnel ? Écrivez-le, si vous n'en avez pas.

3) Comment vous développez-vous dans le domaine de l'érudition ?

4) La relation avec le corps professoral est essentielle pour créer un environnement d'enseignement et d'apprentissage efficace. Comment construisez-vous, développez-vous et entretenez-vous une relation personnelle et professionnelle avec vos enseignants ?

5) Quels sont vos défis administratifs ? Comment les accomplissez-vous ? Comment gérez-vous votre charge de travail ?

Pour aller plus loin

BULLER Jeffrey L. *The Essential Academic Dean: A Practical Guide to College Leadership*, 1re éd., San Francisco, Jossey-Bass, 2007.

HUDNUT-BEUMLER James, « A New Dean Meets a New Day in Theological Education », *Theological Education*, 33, supplement 1996, p. 13-20.

KOUZES James M., POSNER Barry Z., *The Jossey-Bass Academic Administrator's Guide to Exemplary Leadership*, 1re éd., San Francisco, CA, Jossey-Bass, 2003.

KRAHENBUHL Gary S., *Building the Academic Deanship: Strategies for Success*, ABCCLIO, Westport, CT, Praeger, 2004.

MARTIN James, SAMELS James E., *First among Equals: The Role of the Chief Academic Officer*, Baltimore, MD, The Johns Hopkins University Press, 2000.

MCLEAN Jeanne P., sous dir., *Dean-Faculty Relationships: Meeting the Challenge*, coll. Monographs on Academic Leadership, vol. 5, St Paul, MN, St Paul Seminary School of Divinity, 1998.

MCLEAN Jeanne P., *Leading from the Center: The Emerging Role of The Chief Academic Officer in Theological Schools*, coll. Scholars Press Studies in Theological Education, Atlanta, GA, Scholars Press, 1999.

MCLEAN Jeanne P., sous dir., *Leading from the Center: The Role of the Chief Academic Officer*, coll. Monographs on Academic Leadership, vol. 1, St Paul, MN, St Paul Seminary School of Divinity, 1996.

MCLEAN Jeanne P., sous dir., *Professional Development for Chief Academic Officers: A Call to Action*, coll. Monographs on Academic Leadership, vol. 4, St Paul, MN, St Paul Seminary School of Divinity, 1996.

RICHEY Russell E., « To a Candidate for Academic Leadership: A Letter », *Theological Education* 33, supplement, 1996, p. 35-45.

SMITH Gordon T., « Academic Administration as an Inner Journey », *Theological Education* 33, supplement, 1996, p. 61-70.

SMITH Jane I., « Academic Leadership: Roles, Issues, and Challenges », *Theological Education* 33, supplement, 1996, p. 3-12.

TOULOUSE Mark G., « A Dozen Qualities of the Good Dean », *Theological Education* 42, no. 2, 2007, p. 109-126.

Autres ressources

BRIGHT David F., RICHARDS Mary P., *Academic Deanship: Individual Careers and Institutional Roles*, 1re éd., coll. The Jossey-Bass Higher and Adult Education Series, San Francisco, Jossey-Bass, 2001.

Bush Tony, Bell Les, sous dir., *The Principles and Practice of Educational Management*, réimpression, coll. Educational Management, Londres, SAGE, 2007.

Fullan Michael, *The Jossey-Bass Reader on Educational Leadership*, 1re éd., San Francisco, Jossey-Bass, 2000.

Lucas Ann F., *Leading Academic Change: Essential Roles for Department Chairs*, 1re éd., San Francisco, CA, Jossey-Bass, 2000.

Ristau Karen M., *Challenges of Academic Administration: Rewards and Stresses in the Role of the Chief Academic Officer*, coll. Monographs on Academic Leadership, vol. 2, St Paul, MN, University of St Thomas, 1996.

Tucker Allan, Bryan Robert A., *Academic Dean: Dove, Dragon, and Diplomat*, 2e éd., New York, American Council on Education/Macmillan, 1991.

Wolverton Mimi, Gmelch Walter H., Montez Joni, Nies Charles T., sous dir., *The Changing Nature of the Academic Deanship*, ASHE-ERIC Higher Education Report, vol. 28, no. 1, San Francisco, CA, Jossey-Bass, 2001.

Troisième partie

La direction académique
Les pratiques administratives

7

La planification stratégique dans la formation théologique

Manfred Waldemar Kohl

La « planification stratégique » (dans certaines cultures appelée « plan directeur » ou « plan de programme global ») est essentielle pour toute institution théologique et tout ministère chrétien. Travailler sans plan stratégique, c'est comme faire une course sans piste – être sans direction, n'avoir ni ligne d'arrivée ni moyen de mesurer les progrès. « Sans plan stratégique bien défini, tout le monde a le sentiment de faire partie du même groupe de musique, mais jouant des morceaux différents[1]. »

Permettez-moi de partager ici une expérience personnelle. Alors que j'étais assis dans mon bureau à Abidjan, en Côte d'Ivoire, j'ai entendu un bruit de voix à l'extérieur de mon bureau. J'ai rejoint le groupe et demandé quel était l'objet de la discussion. On m'a dit qu'un plan directeur avait été élaboré pour un nouveau stade de football juste en face de l'immeuble où se trouvait mon bureau. Sur la propriété qu'ils indiquaient, j'ai vu un petit parc, des bâtiments délabrés et des magasins de fortune, alors qu'eux voyaient déjà un stade de football nouvellement construit.

Le chef du groupe m'a montré les plans, non seulement les plans architecturaux, mais le calendrier, les plannings quotidiens détaillés et le budget. Lui et

---

1. Bobb BIEHL et Ted W. ENGSTROM, *Increasing Your Boardroom Confidence*, Sisters, OR, Questar, 1988, p. 179. Ted Engstrom, qui était doyen de World Vision, a écrit de nombreux livres sur la gestion chrétienne, publié pendant des années un bulletin mensuel, *Management*, en mettant un accent particulier sur la planification stratégique.

son groupe ont décrit l'impact que ce projet aurait sur la ville et ses habitants. Ils ont expliqué qu'ils avaient fait des études sur le projet pendant deux ans, puis travaillé sur un plan stratégique pendant près de dix-huit mois, examinant tous les résultats potentiels – des changements nécessaires dans les schémas de circulation à l'impact sur les jeunes (y compris les enfants des rues), sur le revenu des propriétaires des magasins – et au moins une douzaine d'autres aspects spécifiques. J'étais sidéré par la portée de leur vision et par les détails de leur planification. Pour finir, ils me dirent que sur la base de leur étude, de leur plan stratégique et du plan d'action qu'ils avaient élaborés, ils étaient convaincus qu'exactement deux ans à partir de ce jour, le 24 mars, à 19h30, 58 500 personnes seraient assises dans le stade terminé. Le président de la Côte d'Ivoire actionnerait un interrupteur pour activer les projecteurs et un match de football entre la Côte d'Ivoire et le Sénégal commencerait. J'étais tellement impressionné que je suis retourné dans mon bureau pour aller chercher du papier et un stylo et j'ai demandé au chef du groupe de répéter ce qu'il venait de me dire afin que je puisse en prendre note.

Plus tard, j'ai reçu une copie du rapport de recherche et du plan stratégique, et il m'apparut clairement que sans l'étude de fond et les efforts de planification stratégique de cette équipe, aucun plan d'action n'aurait pu être élaboré et le projet n'aurait jamais été couronné de succès. Pendant les vingt-quatre mois qui ont découlé, j'ai suivi avec un vif intérêt par la fenêtre ce qui se passait devant de mon bureau. Tout s'est mis en place exactement comme prévu. Cette expérience a changé ma vision du ministère en me montrant clairement que sans concept précis, sans l'examen de tous les aspects d'un projet proposé, sans plan stratégique aboutissant à un plan d'action, je ne peux en aucun cas être sûr que mon projet réussisse ; mais grâce à ce genre de planification, il peut réussir[2].

J'ai découvert que même dans les Écritures, il y a de nombreuses références à la planification stratégique. La planification n'est pas en conflit avec la foi. Bien au contraire, la planification doit faire partie intégrante de la foi. Il suffit d'observer, par exemple, la manière de diriger de Moïse, la construction du temple et la reconstruction des murs autour de Jérusalem, ou l'expansion de l'Évangile à travers l'apôtre Paul.

---

2. J'ai servi pendant près de trois ans comme directeur régional de World Vision en Afrique de l'Ouest, où j'étais responsable de plus de 100 projets impliquant un ministère chrétien/théologique. À la suite de cette expérience, j'ai demandé que l'équipe chargée des grands projets (leadership et conseil d'administration) soit impliquée dans l'élaboration d'un plan stratégique clairement rédigé sur l'impact à long terme du projet proposé. Sur la base de ce plan stratégique, il devenait relativement simple pour la direction de rédiger un meilleur plan d'action.

Comment commencer

Steve Hardy commence son chapitre sur la planification stratégique avec une description claire de « ce que la planification stratégique n'est pas » :

1) La planification stratégique ne signifie pas essayer de faire tout ce dont quelqu'un quelque part pourrait avoir besoin.
2) La planification stratégique n'est pas le simple perfectionnement de ce qui a été hérité de votre passé institutionnel.
3) La planification stratégique n'est pas seulement la simple réparation de ce qui est « cassé ».
4) La planification stratégique n'est pas seulement la création de nouvelles filières d'études.
5) La planification stratégique n'est pas seulement la préparation de plans de nouveaux bâtiments.
6) La planification stratégique n'est pas seulement un document rédigé en tout petit comité[3].

Pour Michael Allison et Jude Kaye, « ce que la planification stratégique n'est pas ou ne fait pas » comprend les éléments suivants : (1) elle ne prédit pas l'avenir ; (2) elle ne remplace pas le discernement de l'équipe de direction ; (3) elle consiste rarement en un processus aisé, prévisible et linéaire[4].

La planification stratégique signifie « changer les mentalités » – être d'accord pour remettre en question le statu quo et abandonner les éléments intouchables, avoir un esprit complètement « ouvert » afin de découvrir ce qui est « le mieux » pour l'institution.

Un plan stratégique est très différent d'un plan opérationnel ou d'action. Le plan stratégique est fondamental, tourné vers l'avenir, soucieux de son impact à long terme (cinq à dix ans). Il met l'accent sur les progrès, est orienté vers les objectifs ou les résultats. Il donne une direction et des repères – y compris

---

3. Steven A. Hardy, *Vers l'excellence dans la formation théologique. Pistes pour repenser nos pratiques institutionnelles*, coll. ICETE, trad. Celia Evenson, Carlisle, Cumbria, Langham Global Library, 2017, p. 38-41. Ce livre est un outil très utile pour les dirigeants et le personnel d'une institution théologique. Il a été rédigé à la suite des « Instituts for Excellence in Global Theological Education » de l'Overseas Council, des programmes de formation annuels d'une semaine pour les dirigeants d'institutions théologiques dans les pays émergents.
4. Michael Allison et Jude Kay, *Strategic Planning for Nonprofit Organizations: A Practical Guide and Workbook*, 2ᵉ éd., Hoboken, NJ, John Wiley & Sons, 2005, p. 4-5.

des prévisions quant aux ressources humaines et financières. En revanche, le plan opérationnel/d'action est fonctionnel, concerne l'impact à court terme (jusqu'à un an), se concentre sur la mise en œuvre – avec des budgets financiers annuels clairs, des activités/programmes spécifiques ayant des implications pour le personnel.

La Harvard Business School répertorie quatre éléments dans le cadre de tout plan stratégique : l'énoncé d'orientation stratégique, les objectifs stratégiques, les enjeux prioritaires, le plan d'action[5].

Kay Sprinkel Grace du National Center for Nonprofit Boards énumère les cinq éléments de base suivants d'un plan stratégique : vision, mission, buts, objectifs, plans d'action[6].

Sur la base des énoncés de vision et de mission, il convient d'établir les valeurs fondamentales. Avant de rédiger des buts et des objectifs, une autoévaluation approfondie est nécessaire, ainsi qu'une compréhension des besoins et de l'environnement.

Les sept éléments d'un plan stratégique

Examinons les différentes étapes essentielles à l'élaboration d'un plan stratégique.

L'énoncé de vision

L'équipe de direction d'une institution théologique, y compris l'ensemble du conseil d'administration, doit formuler les espoirs et les rêves de l'organisation et envisager l'impact qu'elle pourrait avoir à l'avenir. L'énoncé de vision est une description de ce à quoi ressemblera le succès, un modèle mental d'un état futur qui résulte d'un processus de développement. Une vision est basée sur des hypothèses raisonnables qui peuvent être réalisées grâce à l'engagement et à l'action. Les rêves de l'institution pourraient également faire partie de la construction de la vision. La vision inspire et dirige les différents aspects de l'avenir institutionnel. La vision est la force qui développe des résultats à long terme. « Pensez

---

5. Harvard Business School Press, *Executing Strategy: Expert Solutions to Everyday Challenges*, Boston, MA, Harvard Business Press, 2009, p. 8-12.
6. Kay Sprinkel GRACE, *Beyond Fund-Raising: Strategies for Innovation and Investment in the Nonprofit Sector*, New York, John Wiley & Sons, 1997, p. 238.

l'impensable, vous pouvez en faire une réalité[7]. » Un énoncé de vision doit être rédigé sous une forme concise, en quelques phrases, pas plus d'un paragraphe.

L'énoncé de mission

La plupart des institutions théologiques ont un énoncé de mission qui a été écrit il y a des années, voire des décennies, ou qui a été adapté ou encore copié d'une autre institution théologique. Un nouvel énoncé de mission (parfois appelé énoncé d'objectif) devrait être rédigé tous les trois ans ou alors l'ancien énoncé devrait être réexaminé au moins tous les trois ans, reflétant ce à quoi l'institution se consacre actuellement – son objectif et la direction qu'elle prend. L'énoncé de mission ne devrait pas faire plus de quelques phrases ou plus d'un paragraphe.

La plupart des publications sur ce sujet indique qu'un énoncé de mission devrait clairement répondre à sept questions :

1) Qui êtes-vous ?
2) Quelle est la raison de votre existence ?
3) Pour qui existez-vous ?
4) Comment comptez-vous faire ce que vous projetez de faire ?
5) Où allez-vous le faire ?
6) Pendant combien de temps prévoyez-vous de le faire ?
7) Quel est le rapport entre vos actions et votre déclaration de foi ?

Étant donné que les réponses à toutes ces questions changent continuellement, selon les réalités du contexte, l'énoncé de mission doit être revisité régulièrement. À chaque réévaluation, les points suivants doivent être traités : les activités en cours qui vont au-delà de l'énoncé de mission, les activités qui ont cessé d'exister ou celles qu'il faudrait rajouter.

Les valeurs fondamentales

Les valeurs fondamentales sont établies sur la base de l'énoncé de vision et de l'énoncé de mission. Ce sont des principes ou des convictions qui guident une institution théologique dans toutes ses activités. Les valeurs fondamentales sont des principes généraux qui s'appliquent à tous au sein de l'institution. Elles

---

7. Andy BRUCE et Ken LANGDON, *Strategic Thinking: Essential Managers*, New York, Dorling Kindersley, 2000, p. 17.

peuvent varier en fonction de la spécificité culturelle. Elles doivent aborder les questions *essentielles*. Il est recommandé de limiter le nombre des valeurs fondamentales à quelques principes de base et de veiller à ce que les valeurs répertoriées ne soient pas contradictoires. Il serait utile de noter toutes les valeurs et règles que nous élaborons, puis de déterminer lesquelles sont vraiment importantes et représentent les valeurs fondamentales, en fonction de la nature de l'institution. Les valeurs fondamentales doivent être clairement énoncées par écrit avec un commentaire sur leur sens et leur objectif.

L'énoncé de vision, l'énoncé de mission et les valeurs fondamentales actuels devraient être facilement accessibles à toute personne dans l'institution théologique. Ils pourraient être publiés sur le tableau d'affichage de l'institution. Pour des exemples d'énoncés de vision, de mission et de valeurs fondamentales, voir le chapitre 3 du présent ouvrage.

Autoévaluation, besoins et environnement

Avant de formuler des buts et des objectifs, il faut tenir compte des « forces » et des « faiblesses » internes de l'institution ainsi que des « opportunités » et des « menaces » externes (l'analyse FFOM, plus connue sous l'acronyme anglais SWOT : Strengths, Weaknesses, Opportunities, Threats). L'institution entière pourrait être incluse dans cette analyse FFOM. Par exemple, de bonnes installations et un conseil d'administration qui fonctionne bien pourraient être considérés comme des forces internes, des fonds insuffisants ou des professeurs inadéquats comme des faiblesses internes qui influeront sur la planification stratégique. Les opportunités externes pourraient être de nouvelles activités ou un bon pourcentage d'inscription d'étudiants, à contrebalancer par les menaces externes telles que des réglementations gouvernementales strictes, de la corruption, des conflits religieux ou des problèmes de santé.

La santé de l'institution va de pair avec la santé de l'Église[8]. Une institution de formation théologique existe pour former des responsables pour l'Église et pour les associations chrétiennes ainsi que pour être une voix prophétique et un agent du changement dans la société. Il faudra prendre son temps pour décider des besoins prioritaires. En fonction de ces derniers, une évaluation sera faite concernant ce qui est à conserver, ce qui doit être changé, ce qui doit être

---

8. Une déclaration de Charlie SPICER, l'un des quatre hommes d'affaires qui ont fondé l'Overseas Council International. Cette déclaration est encore fondamentale pour l'organisation.

supprimé ou ce qui doit être ajouté au ministère de l'institution. Les situations et les environnements changent constamment. Les ressources fluctuent. Le financement est l'un des plus grands problèmes de la formation théologique[9].

Les buts

Au sein de ces circonstances évolutives, il est essentiel pour une organisation d'avoir une compréhension claire des buts qu'elle cherche à atteindre. Concernant l'importance des buts, Grace remarque :

> Les buts résument le programme principal, le développement, l'administration ou les autres réalisations majeures que l'organisation espère accomplir afin de réaliser sa vision et de remplir sa mission. Ils découlent de la vision et sont validés par elle. Ils sont généraux et non quantifiables, peuvent être à court ou à long terme et sont évalués[10].

L'établissement de buts nécessite un accord sur des priorités spécifiques, comme le déclare Walker :

> Le choix de priorités spécifiques – la prise de décisions sur les fins (le conseil d'administration) et les moyens (le personnel), à la fois à long et à court terme, sont nécessaires. Un consensus sur les priorités doit être atteint à plusieurs niveaux, du philosophique à l'opérationnel [...] Il ne peut être qualifié de plan stratégique s'il n'exprime pas les principaux buts et les méthodes prioritaires adoptés par une organisation[11].

Les ressources en personnel et en financement influencent les décisions concernant les buts pouvant être atteints ou qui seront considérés prioritaires et

---

9. Manfred W. KOHL, « International Partnership and Funding Principles in Theological Education in Evangelical Perspective », dans *Handbook of Theological Education in World Christianity: Theological Perspectives, Ecumenical Trends, Regional Surveys*, sous dir. Dietrich Werner, David Esterline, Namsoon Kang et Joshua Raj, Oxford, Regnum, 2010, p. 325-328, et Manfred KOHL, « Biblical Stewardship: Fundraising for Christian Ministry », dans *The Earth Is the Lord's: Reflections on Stewardship in the Asian Context*, sous dir. Timoteo D. Gener et Adonis Abelard Gorospe, Manila, OMF Literature, 2009, p. 131-144.
10. Kay Sprinkel GRACE, *The Board's Role in Strategic Planning*, Governance Series 6, 5ᵉ éd., Washington, DC, National Center for Nonprofit Boards, 2000, p. 15.
11. Phillip R. WALKER, « Governance », article présenté à l'Institute of Excellence in Global Theological Education, Budapest, avril 2000 (en possession de Manfred W. Kohl), p.37.

ceux qui devront être reportés. Formuler une vision et des buts est un processus. Normalement, les buts ne sont partagés qu'avec le conseil d'administration et l'équipe de direction.

Les objectifs

Les objectifs soutiennent les buts et fournissent plus de détails – ils répondent à la question « Qui va le faire, et quand ? » Lors de l'élaboration d'objectifs, n'oubliez pas que ces derniers peuvent suivre l'acronyme « SMART » :

1) **S**pécifiques – se rapportant à une certaine tâche ou à un certain programme ;
2) **M**esurables – quantifiables par date, résultats, responsabilités ;
3) **A**tteignables – réalisables dans le délai imposé et dans le cadre des contraintes existantes ;
4) **R**éalistes – axés sur les activités à court terme pour atteindre les buts à plus long terme ; et
5) **T**emporellement définis : un délai de réalisation est déterminé[12].

Le travail sur les buts, en particulier sur les objectifs, est une tâche qui concerne l'équipe de direction et peut prendre beaucoup de temps. Objectifs et résultats peuvent être établis par inspiration personnelle, discussions au sein de l'équipe de gestion ou processus formels de prise de décision utilisant les directives SMART. Il est important que les dirigeants de l'institution conviennent de la liste des priorités. La liste des objectifs, basée uniquement sur la liste des buts, est un outil pour l'équipe de direction et n'a pas besoin d'être partagée très largement.

Lignes directrices d'action

La qualité d'un plan dépend de sa mise en œuvre. Étant donné que l'équipe de gestion travaillera sur le plan opérationnel/d'action annuel, le plan stratégique devrait fournir des lignes directrices quant aux actions nécessaires et attendues dans un délai clairement défini. Supposons, par exemple, qu'une institution théologique décide qu'à l'avenir, elle accueillera des étudiants multiconfessionnels, ou ajoutera un département Internet, ou limitera, voire supprimera certaines

---

12. GRACE, *Board's Role*, p. 15.

matières de son programme d'études, ou établira un département pour la collecte de fonds, etc. Toutes ces décisions nécessitent un calendrier pour que la direction puisse planifier en conséquence son plan opérationnel/d'action annuel. Il convient de rappeler que l'établissement de directives d'action est un processus en constante évolution.

Avant de terminer la rédaction du plan stratégique d'une institution théologique, il convient de vérifier que tous les aspects de l'institution soient couverts. Encore une fois, on trouve à cet égard de nombreux exemples dans les études publiées. Steve Hardy fournit une liste utile des divers aspects qui doivent être pris en compte dans l'élaboration d'un plan stratégique complet :

1) Offre de formation.
2) Développement des qualités morales et des compétences.
3) Développement professionnel de votre équipe enseignante et dirigeante.
4) Direction organisationnelle et administrative de votre organisation, et les assistants.
5) Structures administratives et questions de gouvernance.
6) Développement de votre conseil d'administration.
7) Développement des installations et des infrastructures, y compris un plan à long terme pour le site.
8) Développement de la bibliothèque et de vos ressources informatiques.
9) Étudiants.
10) Relations avec les Églises et la société, carnet d'adresses.
11) Procédures de financement et levée de fonds[13].

Le comité de planification stratégique

Normalement, chaque institution théologique a un conseil d'administration (administrateurs ou directeurs), un chef d'établissement (doyen, principal, président d'université), plusieurs enseignants, plusieurs membres du personnel administratif, de nombreux étudiants, de nombreux anciens et un grand nombre de partisans, de donateurs et d'amis.

---

13. HARDY, *Vers l'excellence dans la formation théologique*, p. 50-52.

La planification stratégique est la responsabilité du conseil d'administration, avec la contribution directe du doyen et de l'équipe de gestion (des représentants du personnel enseignant et administratif). Le conseil décide si le moment est venu d'entamer une planification stratégique. Certains événements, tels qu'un changement parmi les membres de l'équipe de direction, une restructuration du conseil d'administration ou de l'équipe de direction, ou des circonstances externes peuvent amener le conseil à retarder brièvement le début de la planification stratégique. Cependant, le comité de planification stratégique pourrait déjà être nommé.

Dans l'idéal, le conseil d'administration nomme certains de ses membres pour siéger au comité de planification stratégique. Un des membres du conseil d'administration est élu président du comité. Le doyen de l'institution et des membres de l'équipe de direction font également partie de ce comité, ainsi que des représentants du corps enseignant et du personnel administratif. Le président du comité aura la capacité de penser de manière stratégique, de bien travailler avec les autres, d'être un bâtisseur d'équipe, de s'engager à donner le temps nécessaire à l'ensemble de la tâche, d'être ouvert à de nouvelles idées, d'être concentré et responsable. Les membres du comité devraient également être dévoués à la tâche.

Les principales responsabilités du comité de planification stratégique comprennent les étapes suivantes :

1) Concevoir le processus et établir un calendrier.

2) Diriger l'organisation dans l'élaboration et l'affinement de ses énoncés de mission et de vision.

3) Guider l'organisation lors d'une analyse de situation qui examine les forces et les faiblesses internes ainsi que les opportunités et menaces externes.

4) Définir les buts, les objectifs et les stratégies.

5) Élaborer un plan financier à long terme.

6) Présenter un plan final au conseil d'administration pour approbation.

7) Élaborer un processus de mise en œuvre et de réévaluation régulière du plan stratégique[14].

---

14. Judith O'Connor, *The Planning Committee: Shaping Your Organization's Future*, Board Committee Series, Washington DC, National Center for Nonprofit Boards, 1997, p. 7.

Pour simplifier le travail du comité de planification stratégique, il serait judicieux de le diviser en sept étapes.

Étape 1

Tâches :

1) Présenter chacun des membres du comité.
2) Décrire la tâche du président du comité et du vice-président.
3) Identifier les principales raisons justifiant la tâche et la date d'achèvement visée.
4) Déterminer quand, où et à quelle fréquence le comité se réunira.
5) Décider qui s'occupera de rédiger les comptes rendus des réunions et ce qui doit être signalé à l'ensemble du conseil d'administration.
6) Se familiariser avec l'historique et la situation actuelle de l'institution.
7) Identifier les informations nécessaires, comment et quand celles-ci seront distribuées.

Résultat : établir un programme pour la planification.

Étape 2

Tâches :

1) Écrire ou réécrire les énoncés de vision et de mission.
2) Demander à tous les membres du conseil d'organiser une retraite pour se concentrer sur ces deux documents.
3) Assurer la liaison avec l'équipe de direction pour obtenir les retours des professeurs et du personnel.
4) Faire circuler ces énoncés auprès des étudiants actuels et des anciens étudiants pour obtenir leurs retours.
5) Comparer ces énoncés avec ceux d'institutions théologiques similaires.
6) Nommer un petit comité pour peaufiner la formulation des versions finales.

Tous les ouvrages de la collection Board Committee Series sont utiles pour tout membre d'un conseil d'administration.

7) Distribuer les versions finales des énoncés de vision et de mission à tous les membres de l'institution.

Résultat : un énoncé de vision et un énoncé de mission à jour.

Étape 3

Tâches :

1) Énumérer toutes les valeurs déjà établies et connues de l'institution.
2) Se renseigner sur les autres valeurs qui ont été mentionnées.
3) Demander au corps étudiant (par le biais du conseil des étudiants) d'énumérer ses valeurs pour l'institution.
4) Demander au corps enseignant et au personnel administratif d'énumérer leurs valeurs pour l'institution.
5) Sélectionner dans la liste les valeurs les plus importantes de manière à la réduire aux « valeurs fondamentales ».
6) Discuter de la liste finale, en la commentant, avec tous les membres du conseil d'administration.
7) Distribuer la liste des valeurs fondamentales à tous les membres de l'institution.

Résultat : une liste de valeurs fondamentales, avec un commentaire pour chacune de ces valeurs.

Étape 4

Tâches :

1) Se familiariser avec l'exercice de l'analyse FFOM.
2) Nommer des sous-comités, composé chacun par exemple de deux membres du comité et jusqu'à trois autres membres de l'institution.
3) Demander à chaque sous-comité de rassembler de nombreuses idées dans chacun des quatre domaines de l'analyse FFOM, avec des explications.
4) Discuter et résumer les résultats des conclusions des sous-comités.

5) Rassembler les questions cruciales sur les besoins de l'Église et de la société.

6) Rassembler les questions cruciales, positives et négatives, sur l'impact de l'environnement local.

7) Nommer un petit comité pour rédiger la déclaration finale.

Résultat : une déclaration d'autoévaluation et une réponse aux besoins de l'Église et de la société.

Étape 5

Tâches :

1) Se familiariser avec l'exercice SMART.

2) Énumérer tous les buts et objectifs exprimés par les membres du comité.

3) Établir les priorités, soit par vote soit par d'autres moyens.

4) Rédiger la liste finale des buts et objectifs, avec un calendrier de réalisation.

5) Consulter l'équipe de direction afin de déterminer si les buts et objectifs sont réalisables.

6) Examiner et réorganiser les buts et objectifs en fonction de l'évaluation de l'équipe de direction.

7) Présenter la liste finale des buts et objectifs au conseil d'administration en vue de ses commentaires.

Résultat : une bonne relation de travail avec l'équipe de direction sur les buts et objectifs.

Étape 6

Tâches :

1) Passer en revue les divers documents assortis des commentaires de l'équipe de direction et du conseil d'administration.

2) Nommer un petit comité pour rédiger la première ébauche du plan stratégique.

3) Discuter du plan stratégique avec l'ensemble du conseil d'administration pour recevoir leurs commentaires et faire des ajustements si besoin.

4) Discuter du plan stratégique avec l'équipe de direction pour recevoir leurs commentaires et faire des ajustements si besoin.

5) Apporter les modifications et ajustements et rédiger/peaufiner la version finale.

6) Présenter le plan stratégique final au conseil d'administration et à l'équipe de direction.

7) Demander à l'équipe de direction de commencer son plan opérationnel/d'action annuel.

Résultat : un plan stratégique complet et finalisé.

Étape 7

Tâches :

1) Rédiger une liste de tous les grands projets pour les cinq à dix prochaines années.

2) Établir une prévision financière pour chaque année pour les cinq à dix prochaines années.

3) Aider l'équipe de direction à évaluer son plan d'action annuel.

4) Conserver les comptes rendus de l'ensemble de la tâche pour les futurs comités de planification stratégique.

5) Convenir de quand, où, par qui et comment le plan stratégique devra être réexaminé.

6) Présenter les recommandations/le plan pour examen à l'ensemble du conseil d'administration.

7) Célébrer la réalisation du plan stratégique avec le conseil d'administration et l'équipe de direction !

Résultat : un résumé des actions prévues, des fonds nécessaires et des procédures de révision du plan.

De nombreuses questions et commentaires émergeront lors du processus d'élaboration, de rédaction et de finalisation de votre plan stratégique. Cependant, au final, le plan stratégique se révélera un des outils des plus utiles pour conduire l'institution vers l'avenir. Comme l'écrit Steve Hardy :

> L'existence d'un plan stratégique ne signifie pas que nous refusons de mettre notre confiance en la souveraineté de Dieu. Comme l'a dit le Dr John Bennett, feu président de l'Overseas Council, lors d'un atelier qu'il a animé en 1999 : « Chaque plan stratégique est une profession de foi, c'est-à-dire la verbalisation d'un futur non réalisé. » Nous faisons des plans, comme Néhémie, afin d'être fidèles et fructueux dans l'achèvement les tâches qui nous ont été confiées. Notre plan devient une feuille de route pour l'avenir. Regarder en arrière, passer en revue ce qui a été accompli nous donnera une base pour valoriser ce que nous avons fait. Ceci devrait, nous l'espérons, nous fournir une justification pour organiser une belle fête, à la gloire de Dieu[15].

Ce qui vient après la rédaction du plan stratégique

La partie la plus importante de l'ensemble de l'exercice de rédaction d'un plan stratégique est sa mise en œuvre. Si le plan stratégique reste dans le tiroir du bureau du doyen de l'institution ou du conseil d'administration, il ne sert à rien – c'est une réelle perte de temps et de ressources. Souvenez-nous que nous sommes appelés à faire de notre mieux et tout notre possible pour notre Seigneur et son royaume.

Le comité de planification et/ou le comité d'évaluation devraient se réunir régulièrement, par exemple tous les trimestres, pour examiner l'avancement du plan opérationnel/d'action annuel de l'équipe de direction. Chaque année, le comité de planification et/ou le comité d'évaluation, ou si possible l'ensemble du conseil d'administration, devraient planifier une retraite d'au moins une journée pour traiter des questions suivantes :

1) Le plan stratégique est-il toujours conforme aux objectifs ? Qu'est-ce qui a été accompli et qu'est-ce qui ne l'a pas été ?

2) Les analyses relatives à l'environnement interne et externe sont-elles toujours valables ?

---

15. Hardy, *Vers l'excellence dans la formation théologique*, p. 54.

3) Quels sont les problèmes auxquels l'organisation est confrontée actuellement et, après discussion de ces problèmes, faut-il apporter des changements ou de nouvelles priorités au plan stratégique ?

4) Y a-t-il de nouveaux objectifs et/ou des points intermédiaires modifiés dans la liste de contrôle à examiner[16] ?

À la suite de cette retraite, l'équipe de direction peut ensuite élaborer le plan opérationnel/d'action pour l'année suivante (de plus amples détails sont fournis dans la section « Points pour la réflexion et l'action » à la fin de ce chapitre).

Structure institutionnelle et développement liés à la planification stratégique[17]

La structure de la plupart des institutions théologiques est très compliquée[18]. Bien souvent, ces institutions se sont développées au départ avec un personnel et un corps enseignant réduits au minimum, et diverses entités ont été rajoutées quand le besoin s'en est fait ressentir. Il est relativement rare qu'une institution théologique ait pris le temps de redéfinir et de réaligner toute sa structure afin de la simplifier ; de définir une hiérarchie claire ; ou d'élaborer des descriptions de poste complètes, y compris des procédures d'évaluation annuelle pour chaque personne impliquée dans l'établissement, enseignants inclus.

Les institutions théologiques pourraient s'inspirer des structures établies dans le monde des affaires, où les responsabilités sont généralement réparties en trois départements tout aussi importants les uns que les autres, c'est-à-dire la production, l'administration et le marketing. L'institution théologique progressiste a également ses trois départements – domaine académique et ministère ; administration et finances ; communication et collecte de fonds – tous trois à niveau égal d'importance. Le troisième d'entre eux, le département de la communication et de la collecte de fonds, devient un besoin particulièrement urgent pour les écoles dans le monde non occidental (dans le monde occidental, les écoles ont généralement un département bien établi dans ce domaine).

---

16. Allison et Kay, *Strategic Planning*, p. 303.
17. Il est important que nous abordions ces problèmes. Sinon, la planification stratégique en sera affectée ou demeurera en vase clos.
18. Mon expérience d'une quarantaine d'années de visite de centaines d'institutions théologiques, principalement dans le monde non occidental a confirmé cette observation à maintes reprises. Voir Manfred W. Kohl, « Current Trends in Theological Education », *International Congregational Journal* 1, n° 1, février 2001, p. 26-40.

L'équipe de direction dans les institutions théologiques

Le doyen d'une institution théologique pourrait diriger une équipe de trois vice-doyens : un pour le domaine académique et le ministère, un autre pour l'administration et les finances et un troisième pour la communication et la collecte de fonds. Ces quatre personnes sont conjointement responsables des affaires de l'institution. Elles constituent l'équipe de direction. Malheureusement, de nombreuses institutions théologiques sont dirigées exclusivement par une seule personne : le doyen. Cette personne se sent responsable de tout et décide de prendre toutes les décisions importantes. Une équipe de direction (le doyen et les trois vice-doyens au niveau hiérarchique égal) est un bien meilleur concept. Les responsabilités et le processus décisionnel peuvent être plus facilement partagés.

Bien des débats, des discussions et des écrits ont eu lieu sur le rôle du doyen d'une institution théologique[19]. Le doyen est responsable de tous les aspects de l'institution. Il s'agit clairement d'un rôle de direction. Pourtant, très peu de doyens sont préparés à ce rôle. Dans la plupart des cas, le doyen est choisi dans le milieu académique. Il est reconnu comme un bon enseignant, ou un professeur renommé et sur cette base, promu au poste de doyen. Une telle personne possède souvent peu ou pas d'expérience dans la sélection et le développement du personnel, dans l'élaboration de la vision, dans les activités de relations publiques, dans la collecte de fonds, dans la gestion des ressources et du temps, dans la budgétisation financière, dans la gestion de trésorerie, dans la supervision des installations, etc. Son temps pour apprendre, suivre des cours, assister à des séminaires ou lire les manuels appropriés est très limité. Le doyen ne devrait pas continuer à dispenser ses cours comme auparavant. Les doyens sont responsables de l'institution dans son ensemble, avec tous ses enseignants, son personnel et ses activités – pas seulement d'une seule promotion. Tels des chefs d'orchestre, ils devraient essayer de faire ressortir le meilleur de chaque membre.

Le rôle d'enseignant d'un doyen est d'inspirer le colloque périodique des professeurs et les réunions mensuelles du personnel. Chaque membre du corps professoral et du personnel devrait assister aux sessions animées par le doyen, au

---

19. Louis C. VACCARO, « The President and Planning: Management and Vision », dans *Courage in Mission: Presidential Leadership in the Church-Related College*, sous dir. Duane H. Dagley, Washington DC, Council for Advancements and Support of Education, 1988 ; G. Blair DOWDEN, « Presidents: Effective Fundraising Leadership », dans *Advancing Christian Higher Education: A Guide to Effective Resource Development*, sous dir. Wesley K. Willmer, Washington DC, Coalition for Christian Colleges and Universities, 1996 ; Linda CANNELL, *Theological Education Matters: Leadership Education for the Church*, Newburgh, IN, EDCOT, 2006. Cet ouvrage comporte une excellente bibliographie sur le sujet (p. 327-363).

cours desquelles ce dernier tentera de transmettre l'énoncé de vision et l'énoncé de mission dans le régime quotidien d'enseignement et de travail de son corps professoral et de son personnel, et de montrer comment défendre les valeurs fondamentales et la déclaration de foi. Le doyen joue un rôle essentiel dans la direction spirituelle de l'institution.

Le conseil d'administration de l'institution théologique

Le conseil d'administration, autorité suprême de toute institution théologique, est crucial pour le développement de l'institution. Les membres du conseil d'administration ne sont pas seulement un groupe de responsables d'églises qui voient l'appartenance au conseil d'administration comme une position de prestige ou une affectation qui peut être prise à la légère. De nombreuses institutions théologiques devraient revoir la composition de leur conseil d'administration et remplacer certains dirigeants religieux (qui siègent souvent dans de nombreux autres conseils par ailleurs) par des personnes chrétiennes engagées sur lesquelles on peut compter pour faire de leur adhésion au conseil d'administration une priorité. Différentes professions (et peut-être d'autres dénominations chrétiennes) devraient être représentées au sein d'un conseil d'administration, et il devrait y avoir un bon équilibre entre le nombre d'hommes et de femmes membres et un accent sur la sélection de membres « plus jeunes ».

Chaque membre du conseil d'administration devrait recevoir une description de ses fonctions. Les dates de toutes les réunions du conseil seront communiquées par écrit vingt-quatre mois à l'avance, et il faudra exprimer clairement que la présence à chaque réunion et retraite du conseil est requise. Il y a généralement au moins deux grandes réunions du conseil d'administration par an, l'une portant sur les rapports d'examen annuel, les audits, le budget, etc., et l'autre sur l'adoption ou l'évaluation des divers aspects du plan stratégique. Chaque membre du conseil devrait également être prêt à siéger à l'un des divers comités du conseil ou au comité exécutif du conseil, qui se réunit en général une fois par trimestre. Il est recommandé de prévoir un consultant pour fournir de temps en temps des sessions de formation pour les membres du conseil d'administration. Le doyen ou toute autre personne employée par l'institution ne peut agir qu'en tant que membre invité de droit, pour éviter tout conflit d'intérêts. On attend impatiemment un manuel complet traitant spécifiquement de la gouvernance des institutions théologiques[20].

---

20. L'ouvrage de Jason FERENCZI, *Serving Communities: Governance and the Potential of Theological Schools*, ICETE Series, Carlisle, Cumbria, Langham Global Library, 2015,

Le corps enseignant et le personnel de l'institution théologique

Dans le monde des affaires, le département de la production n'est pas hiérarchiquement supérieur au département de l'administration ou celui du marketing. Cependant, dans le monde académique, le corps enseignant est historiquement considéré comme central et ce sont les enseignants qui prennent la plupart des décisions pour l'institution. Les membres du personnel, même les directeurs et les coordinateurs des autres départements, sont parfois considérés comme des employés de deuxième ou de troisième zone. Au fil du temps, cette distinction de zone crée une frustration sous-jacente, provoquant souvent des réactions négatives et une colère inutile, d'autant que cette hiérarchie s'intègre dans la culture de l'institution et ne peut guère être changée. Chacun devrait avoir le sentiment que son rôle est important. Dans un orchestre symphonique, le violoniste, le pianiste et le trompettiste pourraient être les principaux musiciens. Si toutefois la petite cymbale ou la grosse caisse manque, l'orchestre n'est pas complet. Le personnel que nous considérons comme « moins important » devrait être davantage reconnu, entendu et soutenu.

Dans la plupart des institutions théologiques, les enseignants sont considérés comme plus importants pour l'institution que les membres des autres départements, et ont donc droit à des privilèges non accordés aux membres des autres départements. Cependant, les membres du département administratif et financier et du département de la communication et de la collecte de fonds ne devraient pas être traités différemment. Ils devraient recevoir les mêmes privilèges que les enseignants – une formation supplémentaire, par exemple, ainsi que des congés, la possibilité d'assister à des conférences dans leurs domaines respectifs, ou la possibilité de participer à des réunions de prise de décision. Les responsables de collecte de fonds, les responsables des relations publiques, les comptables, les administrateurs ou les bibliothécaires, sont tous aussi importants pour l'institution qu'un professeur d'histoire ou d'Ancien Testament, même si ce dernier a un diplôme universitaire.

---

traite précisément du sujet de la gouvernance des institutions théologiques. Deux autres excellents livres actuellement disponibles ne traitent que du concept général de gouvernance : Thomas P. HOLLAND et David C. HESTER, sous dir., *Building Effective Boards for Religious Organizations: A Handbook for Trustees, Presidents, and Church Leaders*, San Francisco, CA, Jossey-Bass, 2000 ; et Richard P. CHAIT, William P. RYAN et Barbara E. TAYLOR, *Governance as Leadership: Reframing the Work of Nonprofit Boards*, Hoboken, NJ, John Wiley & Sons, 2005.

Les ressources financières et la pérennité : des éléments essentiels du plan stratégique

Presque toutes les institutions théologiques du monde sont confrontées à cinq défis et difficultés majeurs :

1) Dans le domaine de la gouvernance : le conseil d'administration et sa relation avec la direction.

2) Dans le domaine de la structure institutionnelle : le doyen et sa relation avec les différents départements.

3) Dans le domaine de la planification stratégique (à long terme) et de la planification opérationnelle/d'action (à court terme/annuellement).

4) Dans le domaine du programme d'études, avec ses divers aspects[21].

5) Dans le domaine des finances, en particulier des revenus et de la pérennité[22].

Certaines institutions théologiques établies en Occident bénéficient de ressources financières énormes, principalement grâce à des legs désignés et à des fonds de dotation. La plupart des écoles de théologie et des centres de formation du monde entier ont cependant des difficultés financières. Les coûts augmentent plus vite que la capacité des étudiants à se procurer l'argent nécessaire aux frais de scolarité. Les bourses sont limitées et, dans de nombreux cas, en nombre décroissant. Les organismes de financement, les fondations et la communauté des donateurs dans son ensemble posent des questions pertinentes avant d'offrir un financement. Les QG des différentes dénominations, les groupes de financement chrétiens, les agences de mission, etc., ont plus de difficultés à générer des fonds aujourd'hui que par le passé. Les institutions théologiques se doivent de commencer à développer leurs propres ressources financières.

Bien que la « richesse » et le « partage » soient deux des principaux problèmes abordés dans l'Ancien et le Nouveau Testament, et bien que Jésus ait beaucoup parlé de la libéralité financière, la plupart des écoles de théologie ne traitent pas de ce sujet et n'ont pas de cours qui s'y rapportent dans leur programme d'études. En conséquence, les dons financiers pour le ministère chrétien en général et

---

21. L'ICETE, dans sa série sur la direction académique, traitera de l'élaboration des programmes d'études dans le deuxième volume (à paraître). Voir également Miroslav VOLF, Carmen KRIEG et Thomas KUCHARZ, sous dir., *The Future of Theology: Essays in Honor of Jürgen Moltmann*, Grand Rapids, MI, Eerdmans, 1996.

22. Manfred W. KOHL et A. N. Lal SENANAYAKE, sous dir., *Educating for Tomorrow: Theological Leadership for the Asian Context*, 2ᵉ éd., Bangalore, SAIACS Press, 2007.

pour la formation théologique en particulier sont encore minimes dans la plupart des églises. Des colloques de formation, des cours et des conférences sur des sujets tels que « l'intendance biblique », « la richesse et le partage » et « la collecte de fonds chrétienne » auraient leur place dans toute école de théologie. C'est seulement lorsque l'école de théologie et l'église locale commenceront à enseigner et à prêcher avec conviction que tout appartient à Dieu et non aux êtres humains – tout ce que nous sommes et tout ce que nous avons – que les ressources et les finances seront suffisantes pour le futur ministère chrétien, y compris la formation théologique.

> Dieu est le créateur et le soutien de tous, et les Écritures indiquent clairement que tout ce que nous avons appartient à Dieu et nous a été confié pour une gestion responsable. Elles nous disent que là où se trouvent nos trésors, là aussi sont nos cœurs (Mt 6.21). Il faut se souvenir de ces vérités en abordant des personnes qui pourraient donner au ministère chrétien. Puisque Dieu a créé toutes choses et que nous sommes ses intendants, nous ne devons pas considérer nos ressources comme une propriété personnelle mais comme quelque chose qu'il nous confie pour le partager avec les autres. Nous ne sommes nommés que pour être gérants, dépositaires pour un temps[23].

Il existe de nombreuses possibilités créatives de collecte de fonds pour les institutions théologiques. La dernière décennie a donné jour à une énorme quantité de documents sur le sujet. Le Foundation Center de New York publie deux fois par an un catalogue listant plus de cent répertoires et guides contenant des informations pour le financement dans des domaines allant de l'art, la culture et l'enseignement supérieur aux activités religieuses[24]. La direction et le personnel

---

23. Manfred W. KOHL, « Fund-Raising Principles for Maintaining Continuous Giving to Christian Humanitarian Ministries », Doctor of Ministry dissertation, 1994 (en possession de l'auteur), p. 1. Voir aussi Manfred W. KOHL, « Motivation – Designation: Historic Glimpses into Donations and Fund-Raising for Christian Ministry », dans *The Contentious Triangle: Church, State and University. A Festschrift in Honor of Professor George Huntston Williams*, sous dir. Rodney L. Petersen et Calvin Augustine Pater, Kirksville, MO, Thomas Jefferson University Press, Truman State University, 1999, p. 319-337.
24. À titre d'exemple, le *National Guide to Funding in Religion* est un volume de 865 pages. Il est décrit comme suit : « La nouvelle quatrième édition fournit des informations détaillées sur la collecte de fonds sur plus de 6 700 fondations et programmes de dons directs aux entreprises [...] fournissant toutes les informations dont vous avez besoin sur les bailleurs de fonds potentiels : adresses des subventionnaires et noms

du département de la communication et de la collecte de fonds dans une institution théologique bénéficierait grandement d'une formation spécialisée et de l'expérience dans la rédaction des demandes de subventions, des propositions de projet et des demandes de collecte de fonds généraux et spécifiques.

Il existe des milliers d'organisations et de fondations, dont beaucoup financeront des projets de formation théologique. Il ne faut donc pas compter uniquement sur les quelques fondations bien connues qui sont spécifiquement chrétiennes. La bonne rencontre, le bon projet et le bon timing sont importants. Les musées, les programmes culturels, les activités sportives, les groupes environnementaux, la recherche médicale et des milliers d'autres reçoivent des fondations un soutien financier substantiel. À notre avis, il est temps, en effet, que les initiatives en faveur du développement des cadres chrétiens, en particulier les projets de formation théologique, commencent à demander un financement pour des projets tels que les bibliothèques, les livres et les revues, les laboratoires informatiques, les projets de recherche et de publication, l'aide au personnel, les bourses d'études, les conférences, les installations et bien d'autres besoins.

La question des ressources financières est un élément essentiel de la planification stratégique. Lorsqu'un solide département de communication et de collecte de fonds est en place, les idées d'un plan stratégique peuvent se concrétiser dans un plan opérationnel/d'action annuel. Bien souvent, les grandes idées ne peuvent pas devenir réalité parce que nous n'avons pas prévu de collecter des fonds pour les financer.

Conclusion

En conclusion, je voudrais attirer l'attention sur quelques éléments supplémentaires essentiels à la planification stratégique – des éléments simples mais importants – en me servant à nouveau d'une expérience personnelle en guise d'illustration. Ma formation professionnelle a commencé comme apprenti en menuiserie/ébénisterie. Pendant plusieurs années, j'ai appris auprès de plusieurs maîtres ébénistes comment devenir moi-même maître. Je me souviens que pendant les premières heures de mon apprentissage, j'ai reçu quelques leçons très importantes. On m'avait demandé de préparer un morceau de bois de manière à ce qu'il s'intègre parfaitement entre deux autres morceaux de bois. Pour gagner du temps et n'ayant pas accordé suffisamment d'attention à la tâche, je n'ai pas

---

des contacts, données financières, lignes directrices pour les demandes et noms des principaux responsables. Le volume contient plus de 8 000 exemples de subventions. »

bien mesuré le morceau de bois et je l'ai coupé trop court – et il ne rentrait pas correctement entre les deux autres morceaux de bois. Voyant mon dilemme, l'un des maîtres m'a fait la leçon :

> Jeune homme, vous devez être plus attentif… Vous devez vous concentrer davantage sur ce que vous faites… Vous devez mesurer avec plus de précision avant de commencer la coupe… Vous devez utiliser votre bon sens pour visualiser l'ensemble du projet et non seulement une partie. À présent, puisque vous avez fait une erreur, vous devez tout recommencer. Si une pièce ne s'emboîte pas bien, eh bien, elle ne s'emboîte pas bien. Aucune hésitation, aucun débat, aucune lamentation, aucun pleur ou aucune prière ne la fera s'emboîter.

Cela ne me prit que quelques minutes pour mesurer et couper un nouveau morceau de bois, et pour rectifier mon erreur.

J'aurais aimé avoir été plus appliqué depuis à pratiquer ces règles simples dans d'autres domaines de ma vie : plus d'attention, plus de concentration, plus de précision et de clarté dans la description de la situation, plus de bon sens, plus de volonté de voir la situation dans son ensemble, une plus grande disposition à abandonner ce qui ne convient pas et à recommencer.

Points pour la réflexion et l'action

Ce chapitre comprend des conseils pratiques, mais voici quelques étapes simples pour vous aider davantage dans l'élaboration d'un plan stratégique pour votre institution (cette section pourrait être copiée et remise à chaque membre du conseil d'administration et à chaque membre du comité de planification stratégique).

1) **Tout commence par le conseil d'administration.**
   Lors de l'une de vos prochaines réunions du conseil d'administration, le sujet de la planification stratégique devrait être mis à l'ordre du jour. Une résolution doit être adoptée, exprimant qu'un « plan stratégique à jour » est important pour votre institution. Si vous en avez déjà un, il faudrait décider de réévaluer et reformuler ce plan afin qu'il soit à jour. Le conseil d'administration devrait discuter le sujet en profondeur et souligner l'importance d'une telle tâche. Le conseil pourrait ensuite nommer un comité composé de représentants du conseil, du

personnel et du corps professoral. Ce comité pourrait être appelé le « comité de planification stratégique ».

2) **Le comité de planification stratégique.**
Les membres de ce comité devraient nommer/élire un président, une personne qui a du temps, de l'intérêt et de l'expérience pour cette tâche. Ils pourraient également nommer un secrétaire compétent, une personne qui n'est pas membre du comité. Il faudrait fixer des dates précises pour les réunions pour les six à douze mois à venir, au moins (par exemple : le premier mercredi de chaque mois de 18 heures à 21h30 dans la salle de conférence des bureaux de l'institution.

3) **Discutez des procédures.**
Convenez ensemble de la valeur de la tâche et parvenez à un accord commun sur le fait que ce travail est absolument essentiel pour l'avenir de l'institution. Si, après une discussion approfondie, un membre du comité estime que la tâche n'est pas prioritaire ou de grande importance, cette personne aurait probablement besoin d'être remplacée. Chaque membre du comité doit être convaincu que ce qu'il s'apprête à faire façonnera l'avenir de l'institution.

4) **Le comité doit préparer le « plan stratégique ».**
Nous avons clairement décrit dans ce chapitre une procédure en sept étapes. Désignez une personne spécifique pour chaque étape. Utilisez les dons, les talents et l'expérience de chaque membre. Désignez une personne qui fournira un accès ou aura accès aux documents de référence et aux informations institutionnelles. Nommez également une personne pour rédiger les comptes rendus.

5) **L'importance d'avoir un temps de révision.**
Chaque session du comité devrait commencer par une courte période de révision. Qu'avons-nous accompli jusqu'à présent ? De quoi avons-nous convenu ? Qu'est-ce qui doit être changé, amélioré, réécrit ? Chaque membre du comité devrait jusqu'ici avoir eu l'occasion de partager ses réflexions sur le processus. Tous les membres du comité doivent être solidaires de ces décisions. Ne consacrez pas plus d'une demi-heure à cette session de révision.

6) **Préparez-vous à la tâche de la prochaine réunion.**
À la fin de chaque réunion du comité, des tâches spécifiques devraient être assignées (si possible, par écrit) afin que chaque membre du

comité sache exactement ce qu'il a à faire. Soyez aussi spécifique que possible. L'intervalle entre les réunions peut être utilisé pour approfondir la réflexion et la préparation. Les réunions sont davantage destinées à partager, assimiler et finaliser ce qui a été préparé. Cependant, l'ensemble du comité veillera à se mettre d'accord/voter sur chaque point avant que ce point ne soit intégré dans le plan stratégique officiel.

7) **Concentrez-vous sur la mise en œuvre.**
   Le comité n'est pas responsable de la mise en œuvre du plan stratégique. Cette responsabilité incombe au conseil d'administration et, par son intermédiaire, à la direction. Néanmoins, le comité devrait insister pour que le conseil d'administration agisse. Aucun plan n'a de valeur s'il n'est pas mis en œuvre. Au cours de la phase de mise en œuvre, le comité pourrait être appelé à effectuer certains ajustements ou révisions du plan stratégique.

Pour aller plus loin

Tous ces documents, en particulier ceux énumérés dans la première catégorie, devraient se trouver sur les rayons de toutes les bibliothèques d'institution théologique.

Ressource en français

HARDY Steven A., *Vers l'excellence dans la formation théologique. Pistes pour repenser nos pratiques institutionnelles*, coll. ICETE, trad. Celia Evenson, Carlisle, Cumbria, Langham Global Library, 2017.

Ressources en anglais

ALLISON Michael, KAYE Jude, *Strategic Planning for Nonprofit Organizations: A Practical Guide and Workbook*. 2ᵉ éd., Hoboken, NJ, John Wiley & Sons, 2005. Inclut CD-ROM.

BAER Michael R., « Strategic Planning Made Simple », *Leadership* 10, no. 2, printemps 1989, p. 32-33.

CANNELL Linda, *Theological Education Matters: Leadership Education for the Church*, Newburgh, IN, EDCOT Press, 2006.

FERENCZI Jason, *Serving Communities: Governance and the Potential of Theological Schools*, ICETE Series, Carlisle, Cumbria, Langham Global Library, 2015.
KOHL Manfred Waldemar, SENANAYAKE A. N. Lal, sous dir., *Educating for Tomorrow: Theological Leadership for the Asian Context*, 2ᵉ éd., Bangalore, SAIACS Press, 2007.
VOLF Miroslav, KRIEG Carmen, KUCHARZ Thomas, sous dir., *The Future of Theology: Essays in Honor of Jürgen Moltmann*, Grand Rapids, MI, Eerdmans, 1996.

Autres ressources

BRUCE Andy, LANGDON Ken, *Strategic Thinking: Essential Managers*, New York, Dorling Kindersley, 2000.
EADIE Douglas C., *Beyond Strategic Planning: How to Involve Nonprofit Boards in Growth and Change*, Washington DC, National Center for Nonprofit Boards, 1993.
GRACE Kay Sprinkel, *The Board's Role in Strategic Planning*, Governance Series 6, 5ᵉ éd., Washington DC, National Center for Nonprofit Boards, 2000.
Harvard Business Press, *Executing Strategy: Expert Solutions to Everyday Challenges*, Boston, MA, Harvard Business Press, 2009.
HOLLAND Thomas P., HESTER David C., sous dir., *Building Effective Boards for Religious Organizations: A Handbook for Trustees, Presidents, and Church Leaders*, San Francisco, CA, Jossey-Bass, 2000.
O'CONNOR Judith, *The Planning Committee: Shaping Your Organization's Future*, Washington, DC, National Center for Nonprofit Boards, 1997.
ROWLEY Daniel J., SHERMAN Herbert, *From Strategy to Change: Implementing the Plan in Higher Education*, San Francisco, CA, Jossey-Bass, 2001.
SANAGHAN Patrick, *Collaborative Strategic Planning in Higher Education*, Washington, DC, National Association of College and University Business Officers, 2009.

Ressources complémentaires

ANDERSON Terry D., *Transforming Leadership: Equipping Yourself and Coaching Others to Build the Leadership Organization*, 2ᵉ éd., Boca Raton, FL, St Lucie Press, 1998.
BARRY Bryan, *Strategic Planning Workbook for Nonprofit Organizations*, St Paul, MN, Amherst H. Wilder Foundation, 1997.

BEAN William C., *Strategic Planning That Makes Things Happen*, Amherst, MA, Human Resource Development Press, 1993.
BIEHL Bobb, ENGSTROM Ted W., *Increasing Your Boardroom Confidence*, Sisters, OR, Questar, 1988.
BOSE Ruma, FAUST Lou, *Mother Teresa, CEO*, San Francisco, CA, Berrett-Koekler, 2011.
BRYSON, John M., *Strategic Planning for Public and Nonprofit Organizations: A Guide to Strengthening and Sustaining Organizational Achievement*, édition révisée, San Francisco, CA, Jossey-Bass, 1993.
CHAIT Richard P., RYAN William P., TAYLOR Barbara E., *Governance as Leadership: Reframing the Work of Nonprofit Boards*, Hoboken, NJ, John Wiley & Sons, 2005.
DOLENCE Michael G., ROWLEY Daniel James, LUJAN Herman D., *Working toward Strategic Change: A Step-by-Step Guide to the Planning Process*, San Francisco, CA, Jossey-Bass, 1997.
FINZEL Hans, *The Top Ten Mistakes Leaders Make*, Colorado Springs, CO, David C. Cook, 2007.
GRACE Kay Sprinkel, *Beyond Fund-Raising: Strategies for Innovation and Investment in the Nonprofit Sector*, New York, John Wiley & Sons, 1997.
GRACE Kay Sprinkel, *The Nonprofit Board's Role in Strategic Planning*, Washington, DC, National Center for Nonprofit Boards, 1996.
HAMEL Gary, ORAHALAD C. K., *Strategic Intent*, Boston, MA, Harvard Business Press, 2010.
Harvard Business Review, *The State of Strategy*, Boston, MA, Harvard University, 1991.
HOWE Fisher, *The Board Member's Guide to Strategic Planning*, Washington, DC, National Center for Nonprofit Boards, 1997.
JACKSON K. T., *Building Reputational Capital-Strategies for Integrity and Fair Play that Improve the Bottom Line*, Oxford, Oxford University Press, 2004.
KOHL Manfred Waldemar, « Biblical Stewardship: Fundraising for Christian Stewardship », dans *The Earth Is the Lord's: Reflections on Stewardship in the Asian Context*, sous dir. Timoteo D. Gener et Adonis Abelard Gorospe, p. 131-144, Manila, OMF Literature, 2009.
KOHL Manfred Waldemar, « International Partnership and Funding Principles in Theological Education in Evangelical Perspective », dans *Handbook of Theological Education in World Christianity: Theological Perspectives, Ecumenical Trends, Regional Surveys*, sous dir. Dietrich Werner, David Esterline, Namsoon Kang et Joshua Raja, Oxford, Regnum, 2010.

KOTLER Philip, ANDREASEN Alan, *Strategic Marketing for Nonprofit Organizations*, 4ᵉ éd., Englewood Cliffs, NJ, Prentice Hall, 1991.

MCNUTT Paul, BACKOFF Robert W., *Strategic Management of Public and Third Sector Organizations*, San Francisco, CA, Jossey-Bass, 1992.

MINTZBERG Henry, *The Rise and Fall of Strategic Planning*, New York, Free Press, 1994.

NANUS B., *Visionary Leadership: Creating a Compelling Sense of Direction for Your Organization*, San Francisco, CA, Jossey-Bass, 1992.

NAPIER R., SIDLE C., SANAGHAN P., *High Impact Tools and Activities for Strategic Planning*, New York, McGraw-Hill, 1997.

National Club Association, *Decision-Maker's Guide to Strategic Planning*, Washington, DC, National Club Association, 1996.

National Center for Nonprofit Boards, *Blueprint for Success: A Guide to Strategic Planning for Nonprofit Board Members*, Washington, DC, National Center for Nonprofit Boards, 1997.

OLIVER Caroline., sous dir., *The Policy Governance Fieldbook: Practical Lessons, Tips, and Tools from the Experience of Real-World Boards*, San Francisco, CA, Jossey-Bass, 1999.

PORTER Michael E., « What Is Strategy? », OnPoint Enhanced ed., *Harvard Business Review* 74, no. 6, Nov-Dec 1996, p. 61-78.

Annexe à ce chapitre
Le conseil d'administration d'une institution théologique

L'élément le plus stratégique d'une institution théologique est le conseil d'administration. Voici quelques directives pour un conseil fonctionnant stratégiquement.

Responsabilité – Transparence

Le conseil d'administration – et non le doyen, PDG, directeur exécutif ou principal (rémunéré ou non rémunéré) – est l'autorité suprême de l'institution théologique. Selon la loi, reflétée dans la constitution/les statuts et la compréhension commune, le conseil d'administration est responsable, et rend généralement compte, de ce qui se passe dans l'institution. Par conséquent, l'appartenance à un conseil d'administration d'une institution théologique comme l'institution théologique _____ en / à _____ ne devrait pas être associée à du « prestige », à « l'avancement professionnel », à « une meilleure image dans la société », à « des contacts dans le monde des affaires », etc. Les membres s'engagent plutôt à faire preuve d'un *leadership* au service des autres. Les organisations fécondes ont toujours un conseil d'administration composé de membres dévoués qui n'ont à cœur qu'un seul objectif : servir. Un bon conseil d'administration n'a pas de membres inactifs ou d'observateurs passifs.

Afin de protéger les membres du conseil d'administration contre toute réclamation qui pourrait être faite contre eux pour « un acte fautif » (réclamation contre le conseil d'administration ou la direction), toute institution théologique devrait demander conseil au sujet de l'assurance de responsabilité civile des administrateurs et des dirigeants, disponible dans la plupart des compagnies d'assurance.

Taille et composition

Une institution théologique de taille moyenne devrait normalement avoir un conseil d'administration composé de sept à douze membres. Si l'institution compte plus de dix employés à temps plein ou de revenus/dépenses supérieurs à 3 millions de dollars, le conseil d'administration devrait être porté à quinze membres au maximum. Cependant, la taille du conseil n'est pas aussi importante qu'une bonne représentation. Une initiative de collecte de fonds a besoin de membres ayant des connaissances et une expérience dans le marketing, les affaires, les médias, les relations publiques et la finance. Une organisation de garde d'enfants a besoin de membres du conseil d'administration représentant la famille, la pédagogie, la santé et la nutrition. Une institution théologique devrait avoir dans son conseil des membres représentants le monde académique, d'autres œuvres chrétiennes, des dirigeants religieux et un échantillon représentatif d'églises. Tout conseil devrait avoir une représentation couvrant les questions juridiques et gouvernementales, les ressources humaines, les finances, les médias, le monde des affaires et le grand public. Il est important que les hommes et les femmes, les jeunes et les moins jeunes, ainsi que les différents arrière-plans confessionnels soient représentés. Pour être membre d'un conseil d'administration, une personne dont le nom est bien connu n'est utile que si elle s'engage à fournir un soutien et des services inconditionnels. Les membres du personnel, y compris le doyen, ne doivent pas être membres ou dirigeants du conseil, mais peuvent être membres invités de droit. Il est utile qu'un conseil d'administration fixe et respecte strictement un âge de retraite prédéterminé pour ses membres. L'âge de soixante-dix ans pourrait être une bonne ligne directrice. Sur demande, un membre du conseil d'administration pourrait servir après sa retraite en tant que membre d'un conseil consultatif.

Déclarations d'engagement

Si une personne est désignée pour être membre du conseil d'administration, une invitation à assister à une réunion en tant qu'invité pourrait être lancée. Pour répondre à la question : « Qu'attend-on de moi ? », que tout membre nommé pourrait poser, les deux documents suivants, que j'ai appelé « les règles des sept » (et qui seraient fournis par écrit), pourraient servir de réponse.

Nous avons l'habitude de demander aux membres du conseil d'administration l'engagement suivant envers notre institution théologique :

1) Dédier au moins 7 secondes par jour – à :
   - inclure dans sa prière quotidienne l'institution entière ;
   - prier pour le personnel et ses nombreuses tâches, pour l'équipe de direction, pour les étudiants ;

- demander une direction claire et un engagement dans la construction du royaume de Dieu.
2) Dédier au moins 7 minutes par semaine – à :
    - lire la correspondance, les bulletins d'information, les rapports, etc. ;
    - téléphoner au doyen ou chef d'établissement ;
    - faire connaître à d'autres la nature de l'institution théologique et ses objectifs.
3) Dédier au moins 7 heures par mois – à :
    - assister à des réunions, siéger à un comité ;
    - participer à des séances de méditation avec les étudiants, le personnel et les directeurs ;
    - déjeuner ou prendre un café avec le doyen ou chef d'établissement.
4) Dédier au moins 7 jours par an – à :
    - assister aux deux réunions régulières du conseil ou à des réunions spéciales ;
    - consacrer un ou deux jours à des séances de prière et de planification avec le conseil ;
    - participer à des retraites de fin de semaine avec les étudiants, le personnel, les membres du conseil.
5) Faire partie du conseil d'administration pendant 7 ans – pour :
    - assurer une continuité et un service de qualité ;
    - se retirer afin de laisser place à de nouvelles personnes et de nouvelles idées ;
    - être libre de siéger au conseil d'administration d'autres organisations.
6) Passer les 7 dernières semaines de son mandat à former son successeur – pour :
    - effectuer une transition en douceur et sans complication ;
    - expliquer les problèmes difficiles ou importants du passé ;
    - confier les éléments inachevés – agir en tant que coach pendant une courte période.
7) Contribuer (ainsi que les autres membres) pour 1/7 du budget de fonctionnement – en :
    - s'engageant à apporter personnellement un soutien financier ;
    - trouvant des amis et des donateurs intéressés par le ministère ;

- aidant à ouvrir les portes/assurer le suivi des contacts.

Un membre nommé au conseil d'administration devrait disposer de suffisamment de temps pour réfléchir dans la prière à une telle déclaration d'engagement avant de la signer et de la renvoyer au président du conseil d'administration.

Une deuxième déclaration écrite est à remettre aux membres élus au conseil. Cette déclaration sera signée par le président du conseil d'administration et le doyen/chef d'établissement et doit contenir les sept points suivants :

1) Nous fournirons un aperçu clair et honnête de tous les aspects de l'institution théologique sans aucune condition ni secret. Tout sera mis à disposition de la manière la plus transparente.

2) Nous fournirons régulièrement des informations provenant de la direction de l'institution théologique. Nous établirons un contact mensuel avec le président du conseil d'administration et le doyen ou chef d'établissement et, si nécessaire ou sur demande, des réunions ou visites personnelles.

3) Nous fournirons aux membres du conseil d'administration et aux membres du comité tous les documents de base nécessaires avant les réunions afin qu'ils soient bien informés et puissent prendre les bonnes décisions. Pour chaque réunion, des invitations seront envoyées, précisant l'ordre du jour pour chacune, quatre semaines à l'avance.

4) Nous fournirons tous les rapports, documents et états financiers deux semaines avant toute réunion afin que chacun puisse être bien préparé et qu'il n'y ait pas de temps perdu à lire ou présenter ces documents durant la réunion. Tous les documents seront rédigés de manière à ce que les différentes options et décisions à prendre soient claires.

5) Nous accorderons une attention et une considération sérieuses à toute nouvelle idée, recommandation ou demande spéciale faite par les membres du conseil d'administration.

6) Nous rembourserons les frais de voyage, si requis. Nous encourageons également la participation du conseil d'administration à toutes les fonctions sociales relatives à l'institution, et la direction fera tout son possible pour être disponible pour des contacts réguliers ou occasionnels.

7) Nous prendrons les dispositions nécessaires pour que tout membre du conseil d'administration puisse être inscrit sur une liste d'inactivité pendant une période maximale de douze mois pour raisons personnelles (maladie, déplacements importants, famille, etc.).

L'expérience démontre que ces deux déclarations d'engagement écrites n'ont jamais détourné aucun membre potentiel du conseil d'administration. En fait, l'inverse s'avère vrai. Le sérieux en affaires est hautement apprécié. Chaque année, lors de l'une des réunions annuelles du conseil, il faudrait allouer du temps pour réfléchir aux deux volets de la déclaration d'engagement.

Réunions – structure

En temps normal, un conseil d'administration devrait se réunir au moins deux fois par an. La première réunion est la réunion annuelle, qui se tient généralement dans les deux mois suivant la clôture de l'exercice budgétaire. Le but de cette réunion est d'approuver les rapports financiers des auditeurs, d'examiner l'énoncé de mission et les principes fondamentaux, de prendre des mesures en réponse aux rapports d'activité des dirigeants, de mener des élections et de traiter toutes les autres affaires en cours conformément aux exigences légales d'une réunion annuelle.

La deuxième réunion du conseil d'administration aura lieu au cours de la deuxième partie de l'exercice budgétaire pour discuter et déterminer la stratégie, les problèmes de planification, les budgets, les préoccupations du personnel, les activités du projet, etc.

Pour toute question extraordinaire, une réunion spéciale peut être organisée. Il faut cependant être sûr qu'une telle réunion extraordinaire ne peut attendre la prochaine réunion normalement prévue. La même exigence que pour une réunion ordinaire s'applique (une invitation appropriée avec un ordre du jour détaillé, des rapports et des documents clairs, etc.), sauf que le délai peut être réduit de vingt-huit jours à dix jours. L'ordre du jour et l'invitation peuvent être envoyés par fax ou par e-mail, suivis d'un appel téléphonique.

Un conseil élit son président, son vice-président et son secrétaire-trésorier. Le président organise et dirige toutes les réunions du conseil d'administration. En son absence, le vice-président assume ces fonctions. Le secrétaire-trésorier a la charge de veiller à ce que les comptes rendus soient correctement rédigés (si possible par quelqu'un qui n'est pas membre du conseil), conservés et distribués, et à ce que toutes les questions financières soient correctement présentées, auditées et suivies d'actions.

Le conseil peut élire/réélire un comité exécutif de trois à cinq membres, dont l'un est président du conseil, pour une période de trois ans. Le comité exécutif se réunit normalement quatre fois par an avec le doyen de l'institution et ses cadres supérieurs pour les conseiller et les soutenir. Le comité exécutif est responsable de l'évaluation annuelle du doyen de l'institution et présente son rapport au conseil d'administration.

À mesure que l'institution théologique se développe, le conseil d'administration pourrait nommer des comités de trois à cinq membres (membres du conseil d'administration et cadres supérieurs) pour conseiller dans les domaines des finances, des ressources humaines (y compris les salaires, les assurances, les pensions, etc.), du marketing et/ou des relations publiques ou toute autre tâche particulière nécessaire à l'institution.

8

L'accréditation
Importance et avantages pour l'institution

Bernhard Ott

Patricia souhaite faire des études en théologie. En comparant les différents programmes de nombreuses institutions théologiques, elle a une préoccupation majeure : comment savoir si je vais recevoir la qualité de formation que je recherche ? Qu'est-ce qui se cache derrière les déclarations prometteuses sur les sites Internet des institutions ? Qui vérifie que l'école tient ses promesses ? Patricia, ses parents, l'église et de nombreux amis investiront beaucoup d'argent dans sa formation théologique. Ils veulent être sûrs que c'est une bonne formation qui ouvrira des portes pour le ministère et un emploi futurs. Ils peuvent se demander si les églises, les associations missionnaires et autres organisations chrétiennes reconnaîtront le diplôme obtenu dans cette institution. Cette qualification professionnelle favorisera-t-elle l'insertion professionnelle et l'accès à l'emploi ? Et si Patricia voulait poursuivre ses études universitaires ? Les autres universités valoriseront-elles la formation que Patricia a reçue dans telle ou telle institution ? Patricia a une perspective internationale. Elle se voit même poursuivre ses études à l'étranger et servir dans d'autres endroits du monde. Son diplôme sera-t-il reconnu au-delà de son pays d'origine ?

Le mot magique « accréditation[1] » fait partie de la réponse à ces questions. L'accréditation est l'instrument par lequel un organisme externe évalue et certifie la qualité de l'enseignement dispensé par une école donnée. Aux États-Unis,

---

1. N.D.E. : Parfois appelée « homologation » dans certains pays francophones.

le Council for Higher Education Accreditation [Conseil pour l'accréditation de l'enseignement supérieur] déclare :

> « L'accréditation » est un examen de la qualité des établissements et de leurs programmes d'enseignement supérieurs. Aux États-Unis, l'accréditation est, pour les étudiants, les familles, les représentants du gouvernement et la presse, un moyen important de savoir qu'un établissement ou un programme offre une éducation de qualité[2].

L'accréditation d'une institution de formation, d'une université ou d'une école est importante pour les raisons suivantes :

1) Les étudiants qui veulent obtenir des bourses et des prêts du gouvernement (ou de l'État) doivent fréquenter une école, une université ou une institution accréditée.

2) Les employeurs demandent si une école, une université ou une institution est accréditée avant de décider de fournir une aide aux frais de scolarité aux employés actuels, d'évaluer les qualifications des nouveaux employés ou de faire un don de bienfaisance.

3) Le gouvernement fédéral exige qu'une école, une université ou une institution soit accréditée afin d'avoir droit à des subventions et prêts fédéraux ou à d'autres fonds fédéraux.

4) Les gouvernements des États exigent qu'une école, une université ou une institution soit accréditée lorsqu'ils mettent des fonds publics à la disposition des étudiants ou des établissements et lorsqu'ils permettent aux étudiants de se présenter à des examens d'État dans certains domaines professionnels.

Selon l'Association of Theological Schools (ATS), « l'accréditation est un moyen principal d'assurance qualité dans l'enseignement supérieur nord-américain[3] ». Partout dans le monde, l'accréditation est devenue le moyen majeur pour assurer la qualité et la comparabilité de l'éducation. Cependant, le terme « accrédité » ne veut pas dire grand-chose à moins que l'on ne réponde à deux questions clés : (1) l'organisme qui accrédite l'école est-il qualifié et habilité à

---

2. CHEA, « About Accreditation », https://www.chea.org/about-accreditation (consulté le 30 juin 2020).
3. Association of Theological Schools, https://ats.edu/accrediting/overview-accrediting (consulté le 30 juin 2020).

accorder une accréditation reconnue[4] ? (2) Quelles sont les normes d'accréditation ? Qui les a définies et validées ?

Ces réflexions introductives montrent clairement que la préoccupation ultime n'est ni l'accréditation elle-même, ni même les avantages pour l'institution, mais la qualité de la formation qu'une personne reçoit en vue de ses futurs devoirs et responsabilités ministériels et professionnels dans l'Église, la mission et la société. C'est d'après ce point de vue que certaines dimensions clés de l'accréditation seront introduites et discutées dans ce chapitre.

L'accréditation est un phénomène culturel et contextuel

Le caractère de l'accréditation est déterminé par les pratiques sociales contextuelles et la tradition. Cela est vrai non seulement au niveau technique, mais encore plus au niveau des connotations, des sentiments et des attentes (parfois irrationnels). Bien que l'accréditation fasse partie intégrante de la culture nord-américaine depuis plus d'un siècle[5], il s'agit, en Europe d'un phénomène récent – introduit seulement après 1997 dans le cadre du processus de Bologne[6]. Et à partir de là, la compréhension de la qualité et de l'assurance qualité s'est étendue aux autres continents.

D'une manière générale, on peut associer la notion d'accréditation à diverses idées et attentes :

1) Dans la plupart des contextes, l'accréditation est liée de manière très générale à la notion d'assurance qualité externe.

---

4. Voir CHEA, « Important questions about "Diploma Mills" and "Accreditation Mills" » (consulté le 30 juin 2020).
5. Judith S. Eaton, « An Overview of U.S. Accreditation », https://www.chea.org/overview-us-accreditation (consulté le 30 juin 2020).
6. Sur le site web de la Commission Européenne : « le Processus de Bologne vise à créer un espace européen de l'enseignement supérieur d'ici 2010, dans lequel les étudiants peuvent choisir parmi une large gamme transparente de cours de haute qualité et bénéficier de procédures de reconnaissance sans faille. La déclaration de Bologne de juin 1999 a lancé une série de réformes nécessaires pour rendre l'enseignement supérieur européen plus compatible et comparable, plus compétitif et plus attractif pour les Européens et pour les étudiants et les universitaires des autres continents. Une réforme était nécessaire à l'époque et l'est encore aujourd'hui si l'Europe veut égaler les performances des systèmes les plus performants au monde, notamment aux États-Unis et en Asie ». http://ec.europa.eu/education/higher-education/doc1290_en.htm (consulté le 24 mai 2011). Voir aussi, en français, le lien suivant : https://ec.europa.eu/education/policies/higher-education/bologna-process-and-european-higher-education-area_fr.

2) L'accréditation peut être associée plus spécifiquement à la certification professionnelle par laquelle un organisme professionnel accrédite les écoles selon les normes de la profession concernée. Dans certains contextes, une personne ne peut accéder à un métier donné qu'avec un certificat professionnel accrédité.

3) Dans de nombreuses cultures, l'accréditation est liée à la reconnaissance académique. Cela favorise la mobilité (transfert vers d'autres institutions) et conduit à des diplômes reconnus.

4) Sur la base de l'accréditation professionnelle et/ou universitaire, l'accréditation peut amener à une reconnaissance gouvernementale qui donne accès au financement pour les établissements et les étudiants.

5) L'idée de l'accréditation peut également être associée, pour l'établissement, au pouvoir de décerner des diplômes et pour les étudiants, au diplôme lui-même – y compris le titre universitaire qui va avec.

6) Enfin, dans de nombreuses cultures, l'accréditation est liée à la concurrence et au marché. Seules les écoles accréditées attireront les étudiants et seuls les diplômés des écoles accréditées auront accès au marché du travail.

Présenter en détail tous les systèmes et les traditions concernant l'accréditation dépasse le cadre de ce chapitre. Toutefois, il est utile d'examiner les modèles américain et européen d'accréditation car ils ont acquis une plus grande influence et reconnaissance sur le plan international.

Le modèle américain peut se prévaloir d'une histoire considérable. Le « Self-Study Handbook » de l'Association of Theological Schools la résume ainsi :

> L'accréditation est une pratique qui a vu le jour dans les établissements d'enseignement supérieur en Amérique du Nord. Historiquement, l'accréditation a toujours été une activité volontaire dans le cadre de laquelle les établissements se tiennent mutuellement comptables du respect des normes convenues de qualité de l'enseignement. Pour ce faire, les écoles forment un organisme d'accréditation et adoptent un ensemble de normes et de procédures pour évaluer la qualité de l'éducation des écoles agréées par cet organisme. Chaque école est évaluée selon les normes dans le cadre d'un processus en trois parties : (1) l'école s'évalue elle-même en conduisant sa propre autoévaluation ; (2) un comité formé de confrères provenant d'autres établissements accrédités visite l'école

pour évaluer l'établissement et, sur la base de ses conclusions, prépare un compte-rendu descriptif contenant des recommandations pour l'organisme d'accréditation ; (3) l'organisme d'accréditation examine les rapports des divers comités d'accréditation et, dans le cadre des normes officiellement adoptées, prend des décisions concernant le statut d'accréditation de l'école. L'accréditation, à son niveau le plus élémentaire, est la pratique qui consiste, pour les établissements autonomes, à engager ces activités pour être comptables, personnellement et mutuellement, de la compréhension de la qualité de l'éducation et de l'institution[7].

Dans les publications du Council for Higher Education Accreditation, nous lisons : « Aux États-Unis, l'accréditation est effectuée par des organisations privées à but non lucratif conçues à cette fin spécifique. L'examen externe de la qualité de l'enseignement supérieur est une entreprise non gouvernementale[8]. » Et plus loin :

Le gouvernement fédéral et les gouvernements des États considèrent l'accréditation comme une source d'autorité fiable en matière de qualité universitaire. Le gouvernement fédéral compte sur l'accréditation pour assurer la qualité des établissements et des programmes pour lesquels il fournit aux étudiants une assistance et des fonds fédéraux[9].

Au fil des ans, le système américain d'accréditation a développé une série de caractéristiques essentielles qui décrivent l'enseignement supérieur américain : un système unifié de comptage des crédits, le système Licence-Maîtrise-Doctorat, la modularisation des études combinée à l'accumulation de crédits comme conditions d'obtention du diplôme, et l'intégration de la quasi-totalité de la formation professionnelle dans ces cadres d'enseignement supérieur.

Le modèle européen d'accréditation est le fruit des récents développements de l'enseignement supérieur en Europe. Traditionnellement, les universités en Europe ont été des institutions indépendantes de recherche et d'enseignement universitaire de haut niveau, détenant le pouvoir d'octroyer des diplômes de plein droit. Aucune autre institution n'avait l'autorité de contrôler la qualité de

---

7. Association of Theological Schools, « Self-Study Handbook », p. 1, https://www.ats.edu/uploads/accrediting/documents/self-study-handbook-chapter-1.pdf (consulté le 30 juin 2020).
8. Eaton, « An Overview of U.S. Accreditation », p. 3.
9. Ibid.

leur formation. La qualité de la recherche et de l'enseignement était assurée par la concurrence entre les universités et par une évaluation officielle et non officielle par des pairs.

Cette ancienne notion de liberté académique a été réaffirmée par Karl Jaspers dans son célèbre livre *The Idea of the University* écrit en 1946, qui rétablit l'idée d'une enquête académique libre après l'expérience de la dictature nazie :

> L'université est une communauté de chercheurs et d'étudiants engagés dans la recherche de la vérité. C'est un organisme qui administre ses propres affaires, peu importe s'il tire ses moyens de dotations, de droits de propriété anciens ou même de l'État ; ou même si sa légitimité publique d'origine provient de bulles papales, de chartes impériales ou d'actes émis par les provinces ou les États. Dans tous les cas, son existence indépendante reflète la volonté expresse ou la tolérance continue du fondateur. Tout comme l'Église, elle tire son autonomie – respectée même par l'État – d'une idée impérissable de caractère supranational et mondial : la liberté académique. C'est ce que l'université exige et c'est ce qui lui est accordé. La liberté académique est un privilège qui implique l'obligation d'enseigner la vérité, au mépris de toute personne qui souhaiterait la restreindre, à l'extérieur ou à l'intérieur de l'université[10].

Une telle « idée de l'université » est incompatible avec tout contrôle extérieur. Le fait d'opérer sous l'autorité de l'assurance qualité externe était étranger à l'enseignement supérieur européen.

Le résultat est une image très diversifiée. Chaque pays et même chaque université avait son propre système de programmes, de diplômes et de nomenclature. Historiquement, l'Europe n'avait pas de système de crédits universitaires et les Européens n'étaient pas habitués à accumuler des crédits pour satisfaire aux exigences d'un diplôme.

Cependant, dans le cadre de la création de l'Espace Européen de l'Enseignement Supérieur (ou processus de Bologne), la situation a évolué. Afin de renforcer l'enseignement supérieur européen dans le contexte de la mondialisation (orientation vers le marché et concurrence mondiale), le système universitaire européen a subi ces dernières années une transformation profonde. Tout en préservant certaines caractéristiques de l'enseignement supérieur européen, il a également introduit des caractéristiques telles qu'un système de crédits, le

---

10. Karl JASPERS, *The Idea of the University*, Londres, Peter Owen, 1960, p. 19.

système Licence-Maîtrise-Doctorat, la modularisation des cursus et l'accréditation. Comme exprimé lors de la Conférence des recteurs généraux en Allemagne, « Le processus de Bologne est synonyme d'une modernisation complète des programmes d'études et de diplômes comparables au niveau international. Elle implique également un changement de perspective à l'égard des apprenants et du développement de leurs compétences[11] ». Detlef Müller-Böling a utilisé le titre « *From the Republic of Scholars to a Service Enterprise* » pour décrire l'énorme transformation du système européen de l'enseignement supérieur[12].

Les départements de théologie des universités d'État prestigieuses n'ont mis en œuvre les normes et procédures de ce nouveau système que lentement et avec beaucoup d'hésitation[13]. En revanche, pour les écoles théologiques privées et associées à des églises, cela s'est avéré être un développement très important. Le nouveau régime de Bologne permet l'accréditation des établissements privés dans de nombreux pays. Les possibilités et les procédures pour de telles accréditations varient considérablement d'un pays à l'autre. Dans l'ensemble, on peut conclure qu'un nombre croissant d'écoles théologiques (notamment évangéliques) ont été reconnues par l'État grâce au nouveau système d'accréditation en Europe.

Cela dit, nous devons garder à l'esprit qu'historiquement, dans de nombreux pays européens, seule une minorité de la population étudiait à l'université. La plupart des gens apprenaient leur métier dans le cadre d'un « double système » (apprentissage et école professionnelle). Dans certains pays (en particulier les pays germanophones), ce modèle dualiste reste la voie prédominante de la formation professionnelle. Cela signifie que le système européen d'éducation et de formation professionnelle ne peut être appréhendé en considérant uniquement l'enseignement universitaire (et le processus de Bologne) mais également

---

11. German Rectors' Conference, *Educating for a Global World: Reforming German Universities toward the European Higher Education Area*, p. 3. http://www.hrk-bologna.de/bologna/de/download/dateien/hrk_global_world.pdf (consulté le 28 mai 2011).
12. Detlef MÜLLER-BÖHLING, *Die entfesselte Hochschule*, Gütersloh, Verlag Bertelsmann Stiftung, 2000, p. 15-32.
13. Cf. Reinhold BERNHARDT, « Bolognanization of Theological Education in Germany and Switzerland », in *Handbook of Theological Education in World Christianity*, sous dir. Dietrich Werner et al., Oxford, Regnum, 2010, p. 584-593.

l'enseignement et la formation professionnels facilités par le processus dit de Copenhague[14].

Le système d'accréditation développé en Amérique et en Europe a pris une importance mondiale au fil de son adoption dans le monde entier. On peut constater un processus d'adoption et de contextualisation. Huang Po Ho de Taïwan parle d'une première période de « transplantation » où « la formation théologique mise en œuvre en Asie a été exclusivement introduite par des missionnaires occidentaux » qui ont importé « leurs systèmes, théologies et ressources »[15]. Par la suite, des associations régionales d'accréditation ont été fondées et un processus de contextualisation fut observé[16].

Selon Huang Po Ho, « la contextualisation est considérée comme un critère majeur d'excellence académique pour la théologie et la formation théologique[17] » par l'Association of Theological Schools in South East Asia (ATESEA). Pour ce faire, l'ATESEA a produit les « Guidelines for Doing Theologies in Asia[18] ».

De même, le « Manifeste » de l'ICETE place la « contextualisation » en tête des douze critères de renouvellement de la formation théologique, affirmant que « nos programmes d'enseignement théologique doivent être établis en tenant compte du contexte dans lesquels ils sont appliqués. Trop souvent, nous le confessons, nos programmes semblent avoir été totalement importés de l'étranger ou n'ont pas été adéquatement révisés et mis à jour[19] ».

En Afrique et en Amérique latine, on constate des efforts comparables envers des définitions et des mesures plus contextualisées quant à la qualité de la formation théologique. Nico Botha de l'Université d'Afrique du Sud (UNISA) décrit les développements à l'UNISA comme un passage de la transmission du savoir sans interaction avec « la situation politique, sociale, culturelle et économique actuelle qui affecte la vie des gens » à la formation théologique qui crée « un

---

14. European Commission, « The Copenhagen Process – the European Vocational Education and Training policy – Frequently Asked Questions (FAQ) », https://ec.europa.eu/commission/presscorner/detail/en/MEMO_04_293 (consulté le 1er juillet 2020).
15. Huang Po Ho, « Accreditation and Quality Assurance in Theological Education: Asian Perspectives », dans *Handbook of Theological Education in World Christianity*, sous dir. Dietrich Werner, et al., Oxford, Regnum, 2010, p. 138.
16. Voir les associations régionales sous l'égide (œcuménique) de WOCATI (http://wocati.oikoumene.org) ainsi que l'ICETE (évangélique) http://www.icete-edu.org.
17. Ho, « Accreditation », p. 140.
18. ATESEA, « Guidelines for Doing Theologies in Asia », http://atesea.net/accreditation/doing-theologies-in-asia/ (consulté le 1er juillet 2020).
19. ICETE, « Manifeste », p. 2, https://icete.info/wp-content/uploads/2019/04/Manifesto_ICETE_FR.pdf (consulté le 1er juillet 2020).

savoir contextuel répondant aux besoins de la nouvelle société sud-africaine en émergence[20] ». Le *Manifesto of Quality Theological Education in Latin America* met également l'accent sur la pertinence contextuelle des normes de qualité[21]. Toutes ces observations indiquent que l'accréditation doit être effectuée et déterminée sur la base d'une sensibilité culturelle. L'accréditation est liée à de nombreuses connotations découlant de la culture locale. Les enseignants, les étudiants et les diplômés en théologie qui se déplacent d'un continent à l'autre doivent être conscients de ces différences culturelles. Toutefois, il semble que l'accréditation présente certaines caractéristiques primordiales que nous allons maintenant présenter et commenter.

L'accréditation implique la transparence et l'amélioration

L'accréditation a deux objectifs principaux : la transparence et l'amélioration. *La transparence* permet de rendre compte des activités de l'institution aux personnes extérieures à l'établissement – le public peut ainsi accéder à l'évaluation honnête d'un établissement d'enseignement. *L'amélioration* vise le développement interne de l'école et évalue ses performances à des fins d'apprentissage interne[22].

Ces deux objectifs sont à la fois complémentaires et en tension. La tension vient du fait que la transparence conduit les écoles à montrer leur meilleur visage au public afin d'obtenir la reconnaissance souhaitée en termes de statut et de réputation. Sur la base d'une évaluation critique des faiblesses, l'accent est mis sur la présentation des forces et non sur l'apprentissage. D'autre part, le désir d'apprendre conduit à une évaluation critique afin d'identifier les domaines où des améliorations sont nécessaires. Cette deuxième dimension ne peut avoir lieu que dans une atmosphère de confiance, dans laquelle les faiblesses peuvent

---

20. Nico Botha, « Outcome-Based Education, Accreditation and Quality Assurance in Open Distance Learning: A Case Study on Theology at the University of South Africa », dans *Handbook of Theological Education in World Christianity*, sous dir. Dietrich Werner et al., Oxford, Regnum, 2010, p. 144-145.
21. Edinburgh 2010 – International Study Group, *Challenges and Opportunities in Theological Education in the 21th Century. Pointers for a New International Debate on Theological Education*, Genève, WCC/WOCATI, 2009, p. 72-73. Matthias Preiswerk, et al., « Manifesto of Quality Theological Education in Latin America », *Ministerial Formation* 111 (novembre 2008), p. 44-51.
22. Brian Fidler, « External Evaluation and Inspection », dans *The Principles and Practices of Educational Management*, sous dir. Tony Bush et Les Bell, Londres, Paul Chapman Publishing, 2002, p. 291-296.

être révélées et identifiées comme des domaines d'amélioration potentielle et non comme des déficiences qui peuvent nuire à la réputation d'une école. Il est évident que l'exploitation publicitaire de l'évaluation critique de la transparence ne favorise pas un tel climat. Fidler identifie quatre aspects de l'évaluation de la transparence : la responsabilité morale envers les clients (étudiants), la responsabilité professionnelle envers les collègues (pairs), la responsabilité contractuelle envers le « maître politique » (propriétaire, maître, partie prenante), la responsabilité du marché envers les étudiants potentiels (transparence dans une situation de concurrence)[23].

On peut en conclure que l'accréditation est l'expression de la quadruple responsabilité des écoles. Une institution de formation qui demande l'accréditation fait une déclaration très importante au public. Elle fait savoir qu'elle souhaite rendre compte de ce qu'elle fait. Cela signifie également que la certification est effectuée par l'agence d'accréditation au nom de ce quadruple public : les étudiants, les pairs professionnels, les parties prenantes et le marché.

L'ouvrage *Evaluation for Improvement* de Fidler est axé sur la performance actuelle d'une école d'« être une incitation à l'amélioration, soit en préparation à l'évaluation, soit en conséquence de l'évaluation[24] ». Une telle évaluation s'accompagne normalement d'un soutien et de conseils appropriés de la part de l'organisme d'évaluation. D'après Fidler, nous devrions affirmer que les deux objectifs de l'accréditation, c'est-à-dire la transparence et l'amélioration, doivent être maintenus en équilibre – même en cas de tension créative, s'il le faut. C'est dans l'intérêt des établissements, des étudiants et de toutes les parties prenantes.

L'accréditation implique la qualité

Il ressort de la section précédente que l'accréditation s'intéresse à la qualité. Le Manuel du European Council for Theological Education indique : « En termes très simples, l'accréditation (ou l'assurance de la qualité) est le processus par lequel un agent externe vérifie que les normes mutuellement convenues sont atteintes[25] ». Mais qu'est-ce que la qualité dans le domaine de l'éducation ? Que

---

23. *Ibid.*, p. 294-296.
24. *Ibid.*, p. 296. Voir aussi Marvin J. Taylor, « Accreditation as Improvement of Theological Education », *Theological Education* 15, n° 1, 1978, p. 50-57.
25. ECTE, « Manual with Visitation Guidelines of the European Council for Theological Education », 6ᵉ éd. 2018, p. 9, http://ecte.eu/wp-content/uploads/2019/02/ECTE-Manual-6th-Edition-2018-1.pdf (consulté le 8 juillet 2020). L'ECTE s'appelait auparavant l'EEAA.

faut-il réaliser ? Qui établit les normes ? Et quels types de normes définissent la qualité ? Plusieurs débats ont eu lieu au fil des décennies[26].

Définition quantitative de la qualité

Lors des débuts de la gestion de la qualité, l'évaluation portait principalement sur les ressources mesurables. C'était également le cas dans les débuts de l'assurance de la qualité de l'éducation, ainsi que l'a documenté le « Self-Study Handbook » de la Commission on Accrediting de l'Association of Theological Schools :

> Dans ses premières normes d'accréditation, la Commission on Accrediting, ainsi que la plupart des autres organismes d'accréditation de l'enseignement supérieur nord-américains avant la Deuxième Guerre mondiale, évaluaient les écoles en fonction de leurs ressources. Les indicateurs de ressources adéquates comprenaient une bibliothèque bien fournie, des installations appropriées et un corps enseignant satisfaisant en matière de compétences et de niveau de connaissances pour l'enseignement de la théologie[27].

Il s'agit d'une approche axée sur les apports, fondée sur l'hypothèse que si des ressources quantifiables de qualité sont introduites dans le processus éducatif, des résultats de haute qualité suivront. Cependant, la gestion quantitative de la qualité peut également se concentrer sur les résultats. Cela est devenu le modèle clé du contrôle qualité dans la production industrielle de masse. Les termes fréquemment utilisés à cet égard étaient le contrôle statistique de la qualité ou le contrôle statistique des processus. Ces termes indiquent déjà l'accent mis

---

26. La discussion qui suit sur les questions relatives à la qualité de l'éducation s'inspire de la première section du « Self-Study Handbook » de l'Association of Theological Schools (ATS). Le point de vue de l'ATS en Amérique du Nord n'est pas pour autant normatif pour tous les contextes du monde, mais il souligne bien certains des questions et enjeux qui doivent être considérés dans tout contexte. Des informations supplémentaires sur le débat de fond et la dimension européenne sont disponibles dans John WEST-BURNHAM, « Understanding Quality », dans *The Principles and Practices of Educational Management*, sous dir. Tony Bush et Les Bell, Londres, Paul Chapman Publishing, 2002, p. 313-324 ; Nathalie COSTES, et al., sous dir., *Quality Procedures in the European Higher Education Area and Beyond – Second ENQA Survey*, Helsinki, European Association for Quality Assurance in Higher Education, 2008 ; et Herbert BUCHEN, Hans-Günther ROLF, sous dir., *Professionswissen Schulleitung*, Weinheim and Basel, Beltz Verlag, 2006, chapitre VI : Qualitätsmanagement, p. 1206-1366.
27. Association of Theological Schools, « Self-Study Handbook », p. 2 (consulté le 1er juillet 2020).

sur le dénombrable. Appliquée à l'éducation, une telle approche de la qualité se concentre sur les résultats mesurables et quantifiables des performances des étudiants – souvent orientés vers des résultats d'apprentissage cognitif.

La standardisation et la diversification

L'approche quantitative de la qualité et de l'accréditation favorise une éducation standardisée et uniforme. La comparabilité des programmes et des diplômes peut facilement être démontrée grâce à des ressources d'entrée et des performances de sortie quantifiables. Alors que la société dans son ensemble et avec elle l'Église évoluait vers une plus grande diversification et pluralité à tous les niveaux, une éducation standardisée ne pouvait plus satisfaire les divers besoins de nombreuses professions spécialisées. Selon les termes du manuel de l'ATS :

> Le résultat fut que l'accréditation de l'ATS a ajouté une nouvelle question à sa réflexion historique concernant les ressources : les ressources sont-elles appropriées aux programmes d'études et aux objectifs de l'institution ? Être accrédité, au cours de ce deuxième mouvement de l'accréditation de l'ATS, signifiait que l'école théologique présentait les ressources jugées nécessaires et appropriées pour octroyer des diplômes en formation théologique *et* que ses ressources étaient appropriées pour ses programmes d'études et objectifs éducatifs[28].

Bien que cette philosophie soit encore largement axée sur les apports et les ressources, elle ajoute la dimension de la finalité – qui deviendra l'une des préoccupations majeures dans la définition de la qualité de l'éducation. En fait, la notion de « qualité en adéquation avec la fin recherchée » (*fitness for purpose*) est devenue l'une des phrases clés de la gestion de qualité. Elle indique un changement de paradigme dans la gestion de qualité et l'accréditation, passant de qualités d'entrée et de sortie normalisées et quantifiées, à une évaluation dynamique du niveau de réalisation par rapport à l'objectif et au profil prédéfinis d'un programme donné. Dans la pratique, cela conduit à des conditions d'admission moins rigides et à des examens finaux moins standardisés, à des politiques

---

28. *Ibid.*, italiques dans l'original. N.D.E. : L'éditeur a mis à jour cette citation dans la présente édition française, d'après la nouvelle version du manuel de l'ATS, « Self-Study Handbook » (anciennement appelé « Handbook of Accreditation »), précédemment cité et publié en novembre 2014.

d'accès plus ouvertes et à des projets finaux plus holistiques qui se concentrent déjà sur les compétences professionnelles.

L'efficacité institutionnelle

Comme la gestion de la qualité dans l'éducation est passée d'une définition plus quantitative de la qualité à l'accent mis sur les objectifs et les réalisations, il a fallu examiner minutieusement l'efficacité des processus éducatifs. Cela implique d'accorder une plus grande attention à l'apprentissage, à l'apprenant et au processus d'apprentissage. Ainsi, l'accréditation pose des questions telles que :

> L'école atteint-elle son but ? Est-ce qu'elle atteint ses objectifs institutionnels et pédagogiques ? Être accrédité [...] signifie qu'une école de théologie est considérée comme disposant de ressources adaptées à ses objectifs et à ses programmes éducatifs [...] et qu'elle est capable de démontrer dans quelle mesure ses objectifs éducatifs et institutionnels sont atteints[29].

L'accréditation examinera plus attentivement les structures, les politiques et les procédures que l'établissement a mises en place pour promouvoir et assurer l'apprentissage.

L'idéal prescrit versus la « qualité en adéquation avec la fin recherchée » : toutes ces discussions reflètent également deux philosophies fondamentales sous-jacentes. Comme le dit John West-Burnham :

> La tension centrale dans la définition de la qualité est parfaitement rendue dans la divergence philosophique entre Platon et Aristote. Alors que Platon soutenait la qualité en tant qu'idéal absolu, comme nous l'avons vu plus haut, Aristote, lui, la définissait en termes de comportement. Cela rend compte de la tension qui imprègne la plupart des écrits sur la qualité de l'éducation, la notion historique de la qualité en tant qu'idéal par opposition à la qualité en tant que relation aux autres[30].

Le modèle platonicien tend à être centré sur l'idéal produit par des normes prescrites, intemporelles et objectives. Il renforce la « notion de qualité en tant qu'entité non négociable ». Il mesure la performance à l'aide de « résultats

---

29. Cf. Arnold B. Danzig et al., *Learner-Centered Leadership: Research, Policy and Practice*, Mahwah et Londres, Lawrence Erlbaum Associates, 2007.
30. West-Burnham, « Understanding Quality », p. 316.

quantifiables » et mène à un classement et à des hiérarchies. Il est fondé sur la « notion selon laquelle la maîtrise d'un programme d'études prescrit équivaut à une éducation de qualité[31] ». Dans la formation théologique, ce point de vue est représenté par ceux qui définissent la qualité comme la maîtrise mesurable d'un programme classique standardisé comprenant la connaissance et la compréhension fondamentale de la Bible, l'histoire de l'Église, la théologie systématique et la théorie du ministère.

L'approche platonicienne de la qualité a été remise en question par une compréhension aristotélicienne de la qualité. Cette dernière s'intéresse à la capacité de l'apprenant et aux compétences et aptitudes nécessaires à une certaine performance professionnelle. En ce sens, « la qualité en adéquation avec la fin recherchée » est devenue la clé. Les programmes d'études et la qualité ne sont plus définis exclusivement par les gardiens de la tradition, mais plutôt par les « clients » – c'est-à-dire les employeurs, les associations, les diplômés et même les étudiants eux-mêmes. Cela conduit à mettre l'accent sur l'apprenant et le processus d'apprentissage en vue des résultats d'apprentissage axés sur les compétences visées.

Dans le cadre des débats actuels, il semble que l'on cherche à intégrer les deux approches. Par conséquent, la qualité de l'éducation n'est plus comprise comme quelque chose qui peut être défini dans des catégories absolues et intemporelles, mais comme quelque chose qui doit être négocié dans un contexte donné impliquant toutes les parties prenantes. Le manuel de l'ATS en donne la description suivante :

> La perception de la qualité comprise dans les normes d'accréditation actuelles a été construite par un processus de collaboration, à travers un large éventail d'écoles qui se rapportent à un large éventail de communautés religieuses, à un moment historique particulier. C'est une perception de la qualité fidèle au caractère théologique des écoles de théologie, en accord avec les conceptions précédentes de la qualité parmi les écoles membres, appropriée au contexte plus large de l'enseignement supérieur et sensible aux besoins éducatifs des communautés religieuses en Amérique du Nord[32].

---

31. *Ibid.*
32. Association of Theological Schools, « Self-Study Handbook », p. 3 (consulté le 1ᵉʳ juillet 2020). N.D.E. : L'éditeur a mis à jour cette citation dans la présente édition française, d'après la nouvelle version du manuel de l'ATS, « Self-Study Handbook » (anciennement appelé « Handbook of Accreditation »), publié en novembre 2014.

À mesure que les modèles occidentaux d'éducation et d'accréditation étaient introduits dans les pays émergents, de nouvelles questions sont apparues : dans quelle mesure ces modèles sont-ils influencés par la pensée occidentale et comment peuvent-ils être contextualisés ? Le *Handbook of Theological Education in World Christianity* aborde cette question dans le chapitre intitulé « Accreditation and Quality Assurance in Theological Schools »[33]. Des contributions d'Asie (Huang Po Ho) et d'Afrique (Nico Botha) abordent le concept de la qualité dans des contextes non occidentaux. Un autre document remarquable qui suggère des normes contextualisées pour la théologie est le « Manifesto of Quality Theological Education in Latin America[34] ».

L'accréditation porte sur la qualité. Son but est de garantir, au nom de toutes les parties prenantes (étudiants, investisseurs, employeurs, communauté académique et public), qu'une école offre la qualité d'éducation qu'elle promet. Elle soutient l'école dans ses efforts pour produire la qualité souhaitée. L'avantage pour l'établissement ainsi que pour toutes les parties prenantes est évident : il s'agit d'améliorer et d'assurer la qualité. Comment cela peut-il être réalisé dans la pratique ?

L'accréditation implique la gestion de la qualité

C'est délibérément que j'évite le terme « contrôle de la qualité ». Contrairement au terme « gestion de la qualité », le terme plus ancien et plus répandu de « contrôle de la qualité » implique que la qualité est quelque chose de statique qui peut être observé et mesuré de l'extérieur d'une institution pendant que les acteurs de l'institution restent passifs. Cette ancienne notion de contrôle de la qualité a été remplacée par la compréhension que la qualité est dynamique, constamment exécutée, développée et expérimentée par ceux qui font le travail, et qu'elle n'est accessible à ceux de l'extérieur que dans une mesure limitée. La qualité n'est pas statique mais dynamique, ce n'est pas quelque chose qui peut

---

33. WERNER, *Handbook*, p. 138-160. D'autres initiatives visant à formuler des normes internationales de qualité pour l'enseignement théologique sont : le projet WCC/ETE « Towards Guidelines on International Standards of Quality in Theological Education » (https://www.oikoumene.org/en/resources/documents/wcc-programmes/education-and-ecumenical-formation/ete/wcc-programme-on-ecumenical-theological-education/Twds_Internat_Standards_of_QualityProject_2.pdf), et le projet de l'ICETE sur les normes pour les études doctorales aboutissant aux « Standards de Beyrouth » (https://icete.info/resources/the-beirut-benchmarks/).
34. Matthias PREISWERK et al., « Manifesto of Quality Theological Education in Latin America », *Ministerial Formation* 111, novembre 2008, p. 44-51.

être contrôlé en regardant simplement les produits, mais qui doit être évalué en comprenant et en évaluant les processus. Dans ce cas, l'accréditation ne peut pas être effectuée correctement par une entité extérieure qui examine les documents et inspecte un établissement pendant deux ou trois jours *sans* la participation active de ceux qui travaillent dans cet établissement. Il est également évident que l'accréditation ne peut pas être menée à bien par une seule intervention d'accréditation de courte durée. L'accréditation n'est pas l'examen d'une « photo » soumise par l'institution ou prise lors d'une courte visite d'accréditation. Il s'agit plutôt de l'évaluation d'un « film » produit et soumis par l'école selon le script de l'organisme d'accréditation et dont l'exactitude est vérifiée par une visite sur place.

Tenant compte de ces réflexions préliminaires sur la gestion de la qualité, nous ne serons pas étonnés de constater que pour l'éducation, la gestion de la qualité qui conduit à l'accréditation est un mécanisme complexe qui peut être représenté par la figure suivante :

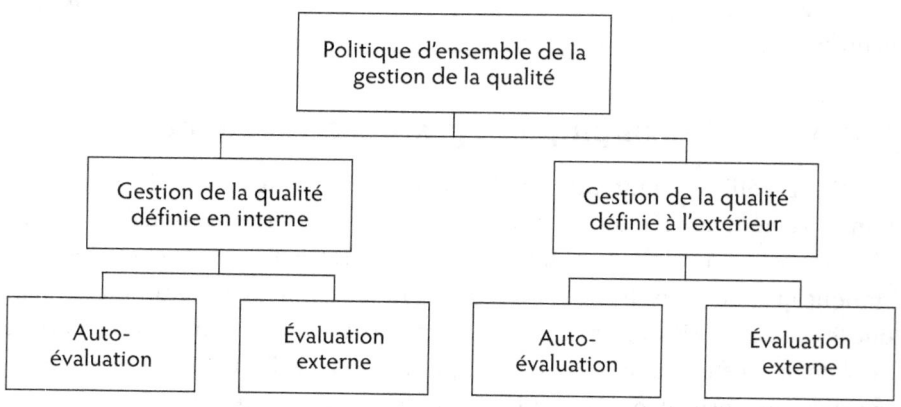

Figure 1. Aperçu de la gestion de la qualité[35]

Au centre de ce schéma se trouve la distinction entre *interne* et *externe*. La gestion de la qualité et l'accréditation sont le résultat d'une interaction entre les responsabilités et les tâches *internes* et *externes* : (1) les normes et procédures de gestion de la qualité peuvent être *définies* en interne par l'établissement d'enseignement, mais elles peuvent aussi être définies par une agence externe

---

[35] Cf. Bernhard Oᴛᴛ, *Handbuch Theologische Ausbildung*, Wuppertal, Brockhaus, 2007, p. 327 (selon Rolf Dᴜʙs, *Die Führung einer Schule. Leadership and Management*, Zürich, Steiner Verlag, 2005, p. 201-204).

d'assurance qualité ; (2) dans tous les cas, la gestion de la qualité comprendra des *évaluations* à différents niveaux. Celles-ci, à leur tour, peuvent être effectuées par l'école ou par un organisme externe. La *politique générale de gestion de la qualité* définit les procédures qui sont normalement une combinaison de responsabilités internes et externes.

Aujourd'hui, la pièce maîtresse de la plupart des procédures d'accréditation est le rapport d'autoévaluation produit par l'école. Ce rapport est basé sur une évaluation en profondeur de tous les domaines pertinents de l'établissement. On s'attend à une vaste participation des dirigeants, du corps enseignant, du personnel, des étudiants, des diplômés et des parties prenantes. Les personnes impliquées dans l'institution de formation sont les mieux placées pour examiner attentivement et de manière critique *comment* elles font leur travail. Il va sans dire qu'une telle procédure a un potentiel d'apprentissage important si elle est menée correctement. Toutefois, ce processus d'autoévaluation interne est conçu et suivi par un agent externe (l'agence d'accréditation). Souvent, l'agence d'accréditation intervient à quatre niveaux.

Tout d'abord, elle prescrit les procédures de l'ensemble de l'opération, les domaines qui doivent être évalués, ainsi que les normes (y compris les indicateurs qui montrent les preuves de la qualité attendue). Un exemple tiré du manuel du European Council for Theological Education (ECTE) démontre que l'école de théologie a un programme qui reflète un ensemble de résultats d'apprentissage bien définis dans son cursus et ses activités d'apprentissage. Les preuves en sont : une définition et une formulation appropriées des résultats d'apprentissage, une utilisation appropriée des résultats d'apprentissage dans l'élaboration du cursus, des programmes de cours correctement rédigés et une variété d'activités d'apprentissage fonctionnant dans le cadre d'un programme d'études équilibré pour atteindre les résultats d'apprentissage.

Ensuite, elle évalue et note la qualité des réalisations sur la base du rapport d'autoévaluation soumis et des documents l'appuyant. En règle générale, dans une commission d'accréditation, plusieurs membres lisent les documents et portent un premier jugement sur le degré de conformité aux normes.

Par la suite, elle visite l'école afin de vérifier que ce qui a été dit dans le rapport d'autoévaluation est en accord avec les réalités sur place. Il ne s'agit pas de réévaluer tous les aspects, mais de sonder les domaines critiques et de s'assurer, en discutant avec les différents acteurs des établissements, que des procédures internes d'amélioration de la qualité sont en place.

Enfin, elle surveille le développement continu de la qualité de l'école. En temps normal, l'élément clé de ce processus continu est un rapport annuel ou semestriel soumis à l'agence d'accréditation.

L'un des avantages d'une gestion de la qualité judicieusement mise en œuvre est qu'elle constitue un outil approprié pour promouvoir le développement continu de la qualité. Bien qu'une gestion de la qualité efficace doive être prise en charge et menée en interne, une supervision externe assurée par une agence d'accréditation peut soutenir et améliorer la gestion de la qualité interne. Sur la base de l'expérience et de la recherche, trois principes directeurs ont été formulés : (a) l'évaluation externe est plus efficace pour améliorer les performances des écoles lorsque celles-ci ont des processus internes bien développés et, de même, (b) l'autoévaluation des écoles sans une certaine composante externe manque de la rigueur nécessaire pour réaliser des améliorations réelles et durables des performances des écoles ; (c) enfin, les processus d'évaluation devraient aider les écoles non seulement à analyser leurs performances mais aussi à améliorer l'efficacité de leurs pratiques de gestion[36].

L'établissement d'enseignement bénéficie d'une gestion interne de la qualité bien définie et soigneusement menée, contrôlée par une autorité externe, car cela contribue de manière significative à l'amélioration continue de l'enseignement et de l'apprentissage – pour le bien des étudiants.

L'accréditation implique l'évaluation et l'appréciation

Alors que les termes de *gestion de la qualité* se réfèrent au niveau « macro » de l'ensemble des efforts appuyant l'amélioration de la qualité, les termes d'*appréciation* et d'*évaluation* désignent le niveau « micro » de ces mêmes efforts. Sur la base de tout ce qui a été dit jusqu'à présent, nous concluons que *l'apprentissage des étudiants* doit être au centre de l'évaluation et de l'appréciation. Toute évaluation des structures, des ressources et des processus est dénuée de sens si elle n'est pas liée à l'apprentissage réel. Cette évaluation a été définie comme « la collecte systématique d'informations sur l'apprentissage des étudiants, en utilisant le temps, les connaissances, les compétences et les ressources disponibles, afin d'éclairer les décisions sur la façon d'améliorer l'apprentissage[37] ».

---

36. Fidler, « External Evaluation », p. 306, se référant à l'évaluation des écoles en Australie.
37. Barbara E. Walvoord, *Assessment Clear and Simple: A Practical Guide for Institutions, Departments, and General Education,* San Francisco, CA, Jossey-Bass, 2004, p. 2. Les réflexions suivantes sur l'évaluation sont inspirées du guide utile de Barbara Walvoord. J'ai appris de nombreuses idées que j'ai mises en œuvre dans ma propre

L'un des éléments essentiels de cette définition est l'interaction entre l'évaluation systématique de l'apprentissage et les décisions éclairées sur la façon d'améliorer l'apprentissage. En ce sens, c'est « une sorte de "recherche-action[38]" ». Dans la pratique, il faut tenir compte de plusieurs dimensions que nous allons maintenant examiner.

Le développement d'une école basé sur l'évaluation

Le développement d'une école basé sur l'évaluation signifie que la performance d'une école est évaluée à divers niveaux et que les résultats des évaluations sont analysés et utilisés pour le développement et l'amélioration continus. Selon Landwehr et Steiner, le développement d'une école basé sur l'évaluation comprend quatre éléments. Ensemble, ils construisent la philosophie de qualité dite Q2E[39] d'une école :

1) La disposition à un apprentissage personnel basé sur les retours des parties prenantes (*feedback*).

2) L'évaluation de l'école sur la base de données d'évaluations solides.

3) L'équipe de direction conduisant les processus d'amélioration de la qualité.

4) Une bonne disposition à l'examen externe en tant qu'instrument approprié pour le développement de la qualité (pouvant mener à l'accréditation).

L'accréditation évalue la qualité de ces processus internes d'évaluation et de développement.

Culture du « feed-back »

Le terrain sur lequel peut s'épanouir un développement efficace de la qualité basé sur l'évaluation est une culture du *feed-back* fructueuse[40]. Cela exige non

---

pratique d'accréditation dans les livres de Norbert LANDWEHR et Peter STEINER, *Q2E Qualität durch Evaluation und Entwicklung* Vol. 1-6, Berne, h.e.p. Verlag, 2007/2007, et de Guy KEMPFERT et Hans-Günter ROLFF, *Qualität und Evaluation: Ein Leitfaden für Pädagogisches Qualitätsmanagement*, Weinheim and Basel, Beltz Verlag, 2005.

38. WALVOORD, *Assessment Clear and Simple*, p. 2.
39. D'après LANDWEHR/STEINER, Q2E, vol. 1, « Q2E » signifie Qualité par l'Évaluation et le Développement (Entwicklung).
40. LANDWEHR/STEINER, Q2E, vol. 2.

seulement un climat de confiance et d'ouverture entre collègues, et entre l'équipe de direction, le corps enseignant, le personnel et les étudiants, mais aussi des compétences en communication et une bonne disposition générale à l'égard de l'apprentissage individuel et institutionnel. Parfois, l'impact potentiel profond d'un processus d'accréditation est compromis par un manque de culture du feedback favorable dans une institution.

Le cycle d'évaluation et d'apprentissage

La faiblesse de nombreuses évaluations vient du fait qu'elles ne sont pas utilisées pour inspirer l'apprentissage. Les étudiants reçoivent des commentaires sur leurs travaux et les comprennent comme une notation statique (ainsi voulue et/ou ainsi perçue) peu inspirante pour l'apprentissage. Les étudiants donnent des commentaires sur la performance des professeurs, ce qui est perçu comme une appréciation ou une critique – mais cela ne stimule pas l'amélioration de l'enseignement. Les professeurs et les étudiants donnent leur avis à l'institution, mais ce retour ne semble pas atteindre les lieux où les décisions sont prises et les changements mis en œuvre. L'évaluation ne devient un outil significatif que si ses résultats sont introduits dans un cycle d'apprentissage. Walvoord a résumé comme suit les trois étapes de base d'une évaluation efficace : « Tout d'abord, définir les objectifs de l'apprentissage au moyen des résultats d'apprentissage. Ensuite, recueillir des données sur la manière dont les étudiants atteignent les objectifs, en mesurant directement la performance des étudiants et en mesurant indirectement la carrière des diplômés. Enfin, utiliser l'information pour s'améliorer[41]. »

Normes, indicateurs et outils appropriés pour une bonne évaluation

Toute évaluation est basée sur des collectes de données pertinentes. Il faut donc savoir « ce qui doit être examiné » et « comment » les données souhaitées peuvent être recueillies. La question de « ce qui doit être examiné » est basée sur des normes et des indicateurs d'apprentissage. Les normes définissent la qualité souhaitée. Les indicateurs définissent les preuves mesurables de la réalisation de ces normes. Aucune évaluation significative n'est possible sans clarté concernant

---

41. Walvoord, *Assessment*, p. 3.

les normes et les indicateurs. Par exemple, la première norme de qualité du « Manifeste » de l'ICETE porte sur la « contextualisation » :

> Nos programmes d'enseignement théologique doivent être établis en tenant compte du contexte dans lesquels ils sont appliqués. Trop souvent, nous le confessons, nos programmes semblent avoir été totalement importés de l'étranger ou n'ont pas été suffisamment révisés et mis à jour. Le choix des cours au programme ainsi que le contenu de chaque cours doivent être appropriés au contexte local. Dans un programme équilibré, la connaissance du contexte dans lequel le message biblique est vécu et prêché aujourd'hui est tout aussi importante que la connaissance du message biblique lui-même. Nos programmes théologiques doivent démontrer, par leur contenu et la manière dont ils sont enseignés, qu'ils sont adaptés à ce contexte particulier. Cela inclut la gestion, 1'administration, ainsi que le personnel et les finances, les méthodes d'enseignement et les devoirs, le matériel de bibliothèque et les services pour étudiants. Voilà ce que nous devons accomplir par la grâce de Dieu[42].

De quelle manière les indicateurs peuvent-ils être extraits de cette norme ? Nous obtenons des indicateurs si nous nous demandons : « Quelle est la preuve visible et mesurable que l'on peut extraire de la mise en œuvre de cette norme ? » Dans notre exemple, nous lisons : « Nos programmes de formation théologique doivent être établis en tenant compte du contexte dans lesquels ils sont appliqués ». Nous pouvons nous demander : « De quelle manière les résultats d'apprentissage du programme font-ils délibérément référence au contexte dans lequel les diplômés œuvreront ? »

Nous lisons aussi : « Le choix des cours au programme ainsi que le contenu de chaque cours doivent être appropriés au contexte local. » Si c'est le cas, nous pouvons nous demander : « Le programme d'études contient-il des cours ou des parties de cours qui traitent explicitement des questions de culture et de contexte ? » Ou alors, nous pouvons nous intéresser plus directement à l'apprentissage en nous demandant : « Y a-t-il des activités d'apprentissage et des tâches qui guident les étudiants vers une interaction explicite avec la culture et le contexte ? »

---

42. ICETE, « Manifeste », p. 2, https://icete.info/wp-content/uploads/2019/04/Manifesto_ICETE_FR.pdf (consulté le 2 juillet 2020).

Une fois les normes et les indicateurs d'apprentissage définis, les outils de collecte et d'évaluation des données peuvent être sélectionnés. Une série d'outils s'avère efficace si elle est appliquée de manière appropriée[43] :

1) L'évaluation du profil du programme et de ses résultats d'apprentissage.

2) L'évaluation des programmes d'études (résultats d'apprentissage des cours, contenu des cours, activités d'apprentissage, évaluation de l'apprentissage).

3) L'évaluation de la performance des étudiants.

4) Les questionnaires.

5) Les entretiens.

6) Les données statistiques.

7) L'inspection des installations et des ressources.

8) La participation aux séances de classe.

9) La participation aux réunions (corps enseignant, direction, comités, etc.).

10) L'inspection de l'énoncé des politiques et des données sur la gestion interne de la qualité.

11) Le suivi du cycle d'amélioration de la qualité (suivi des évaluations).

Ce ne sont là que quelques exemples d'un large éventail de questions et de dimensions en relation avec une évaluation et une appréciation efficaces[44]. L'accréditation ne consiste donc pas seulement à approuver les écoles pour qu'elles puissent se qualifier d'« accréditées » et conférer des diplômes « agréés ». Une bonne accréditation comporte une intervention profonde dans la culture et le fonctionnement d'une école – non pas dans le but de dicter à l'école ce qu'elle doit faire mais dans l'intention de s'assurer que l'école a une idée claire de ce qu'elle veut faire (sa mission et son but) et de l'aider à y exceller.

Ainsi, les avantages de l'accent mis par l'accréditation sur l'évaluation et l'appréciation sont devenus évidents : comme les organismes d'accréditation attendent des institutions qu'elles mettent en œuvre des procédures de gestion de qualité, il est donc recommandé que les écoles améliorent leur compréhension et

---

43. Les directives des organismes d'accréditation pour la préparation d'une autoévaluation précisent normalement ces instruments et procédures.

44. Pour une introduction utile aux bases de l'évaluation et de l'appréciation, voir WALVOORD, *Assessment*.

leur pratique de l'évaluation et de l'appréciation de manière à ce que l'institution devienne pleinement axée sur l'apprentissage – et ce à tous les niveaux : l'apprentissage de l'étudiant, l'apprentissage de l'enseignant et enfin, l'apprentissage de l'institution. Nous aurons ainsi atteint l'essentiel d'une bonne accréditation en affirmant que cette dernière est une question de culture institutionnelle et de changement.

L'accréditation implique une culture institutionnelle et le changement

L'accréditation entraînera des changements dans les établissements d'enseignement – des changements qui amélioreront l'apprentissage[45]. Cela met aussitôt en évidence l'une des questions les plus critiques en matière d'accréditation : l'école cherche-t-elle à obtenir une évaluation externe et une certification parce qu'elle souhaite mettre en œuvre des changements qui améliorent l'apprentissage, ou le fait-elle simplement pour obtenir un statut accrédité, quitte à résister aux changements ? Dans ce dernier cas, l'accréditation n'atteindra pas ses objectifs – il nous faut même dire qu'une telle institution ne mérite pas d'être accréditée.

Cela conduit à réfléchir à la culture interne d'un établissement d'enseignement. Les changements visant l'amélioration de l'apprentissage ne sont possibles que dans le cadre d'une culture institutionnelle favorable. Selon Busher, « les dirigeants, le personnel enseignant et les étudiants doivent travailler ensemble pour créer une culture positive envers l'apprentissage, mettant en œuvre des valeurs et des pratiques particulières qui favorisent la réussite et maintiennent la cohésion entre le personnel et les étudiants d'une école[46] ». Se basant sur une recherche considérable, il identifie plusieurs aspects d'une telle culture :

1) Une culture institutionnelle qui favorise les changements est de nature collégiale.

2) Une telle culture permet aux employés, aux enseignants et aux étudiants de participer au processus d'évaluation et de prise de décision.

3) Les exigences externes en faveur du changement et les besoins internes de changements sont maintenus en juste équilibre.

---

45. Hugh Busher, « Managing Change to Improve Learning », dans *The Principles and Practices of Educational Management*, sous dir. Tony Bush et Les Bell, Londres, Paul Chapman Publishing, 2002, p. 275-290.
46. *Ibid.*, p. 278.

4) De même, l'évaluation interne et l'inspection externe sont maintenues en juste équilibre.

5) Les responsables jouent un rôle essentiel dans le développement d'une telle culture, en équilibrant toutes ces forces et dimensions culturelles[47].

D'autre part, les recherches révèlent que les changements imposés à un établissement uniquement de l'extérieur et du haut vers le bas sont « aliénants pour les enseignants et le personnel de soutien parce qu'ils entraînent des sentiments de perte de responsabilité ou de contrôle[48] ». Cela crée une résistance aux changements requis et conduit à une diminution plutôt qu'à une augmentation de la qualité de l'enseignement et de l'apprentissage.

En d'autres termes, l'amélioration de la qualité souhaitée par une bonne accréditation vise à la création d'organisations apprenantes. Selon Peter Senge, les organisations apprenantes sont « [...] des organisations où les personnes développent continuellement leur capacité d'atteindre les résultats qu'ils recherchent, où de nouveaux modes de pensée plus étendus sont encouragés, où l'aspiration collective n'est pas freinée et où les gens apprennent en permanence à avoir une vue d'ensemble[49] ».

Senge souligne également le fait que « les organisations n'apprennent que par les personnes qui apprennent[50] ». La « maîtrise personnelle » est donc l'un des facteurs clés des organisations apprenantes. Il en résulte que des compétences poussées en matière de direction et le développement de la personnalité sont indispensables pour la mise en œuvre de processus d'accréditation réussis qui créent l'amélioration de la qualité souhaitée. Senge décrit ces personnalités comme suit :

> Les personnes ayant un haut niveau de maîtrise personnelle vivent dans un mode d'apprentissage continu. Elles n'aboutissent jamais à une « réussite » définitive. Parfois, le langage, tel le terme « maîtrise personnelle », crée un sentiment trompeur de caractère définitif, de noir et blanc. Mais la maîtrise personnelle n'est pas quelque chose que l'on possède. C'est un processus. C'est une discipline qui dure

---

47. *Ibid.*
48. *Ibid.*, p. 275.
49. Peter SENGE, *The Fifth Discipline. The Art and Practice of the Learning Organizations*, New York, Doubleday/Currancy, 1990, p. 3.
50. *Ibid.*, p. 139.

toute la vie. Les personnes ayant un haut niveau de maîtrise personnelle sont très conscientes de leur ignorance, de leur incompétence, de leurs domaines de croissance. Et elles sont profondément sûres d'elles. Paradoxal ? Seulement pour ceux qui ne considèrent pas que « le chemin parcouru est la récompense »[51].

Les établissements d'enseignement existent pour le but même de l'apprentissage. Ils veulent promouvoir l'apprentissage dans la vie de leurs étudiants. Les pédagogues nous disent que cet apprentissage n'est pas seulement favorisé par des activités formelles, mais encore plus par la création d'un environnement qui favorise l'apprentissage. La culture institutionnelle d'une école est en soi un programme d'études implicite[52]. Une école qui est elle-même une organisation apprenante ne se limite pas à parler d'apprentissage, à organiser l'apprentissage, n'attend pas des seuls étudiants qu'ils apprennent – mais personnifie l'apprentissage par son propre modèle de comportement. Pour reprendre l'expression de Senge, les dirigeants, le corps enseignant et le personnel qui vivent dans un mode d'apprentissage continu sont les mieux qualifiés pour une institution qui veut promouvoir l'apprentissage. Ce personnel est un indicateur de qualité indispensable. Une telle école peut être accréditée en raison de sa « qualité en adéquation avec la fin recherchée ».

Quelques pièges et idées fausses

Malheureusement, tous les avantages d'une accréditation efficace peuvent être mis en péril par une série de préjugés, d'idées fausses et de pièges assez courants. Nous devrions en examiner quelques-uns afin de les éviter et/ou de les surmonter.

« C'est juste une accréditation »

Certains directeurs d'école cherchent à faire accréditer leur établissement parce qu'ils sont simplement intéressés par le label de qualité appelé « accréditation ». Ils ne sont pas intéressés par la mise en œuvre de toutes les dimensions du développement de la qualité, comme indiqué dans les sections précédentes. Ils

---

51. *Ibid.*, p. 142.
52. Cf. Thomas R. Yoder NEUFELD, « The Invisible Curriculum – On Being Wisdom's Schools », dans *Mennonite Education in Post-Christian World*, sous dir. Harry Huebner, Winnipeg, Manitoba, CMBC Publications, 1998, p. 129-143.

veulent avoir le produit final sans faire tout le parcours. Cette attitude est basée sur plusieurs graves idées fausses. Elle exprime une compréhension très réduite de la qualité. Elle reflète également une résistance à l'évaluation et à l'appréciation approfondies, à la réflexion et à l'apprentissage. Une école qui cherche à se faire accréditer juste pour sa présentation sur le marché se trahit elle-même, trompe ses étudiants et toutes les autres parties prenantes.

« Ce sont juste des diplômes »

Pour certains étudiants, la seule préoccupation est de savoir comment obtenir un diplôme, car ils associent les diplômes au prestige et au pouvoir. Certaines cultures axées sur les diplômes renforcent cette idée fausse. De même, les écoles peuvent être tentées d'obtenir une accréditation simplement pour attirer les étudiants avec les diplômes qu'elles offrent. Bien que de bons diplômes puissent être des indicateurs d'une certaine qualité et ouvrir des portes au ministère et à l'emploi dans certains contextes culturels, l'obtention de diplômes et de titres universitaires ne devrait jamais être un but en soi. Ce n'est certainement pas le but de l'accréditation.

« C'est juste de l'administratif »

Parfois, les chefs d'établissement vivent avec l'idée fausse que la préparation d'un document d'accréditation n'est qu'un exercice administratif – quelque chose qu'ils mettront en place avec un peu d'aide du secrétariat. Les sections précédentes de ce chapitre montrent qu'une bonne accréditation implique un exercice d'autoévaluation, de réflexion et d'apprentissage qui englobe l'ensemble de l'institution. Cela ne peut être fait rapidement, ni par une seule personne. Une école qui rédige un document d'autoévaluation de cette manière superficielle se trahit elle-même et trahit ses étudiants. Et une agence d'accréditation qui certifie une telle école n'aura pas vraiment fait son travail.

« C'est une gestion de la qualité démesurée et une paperasse inutile »

Dans de nombreux cas, en particulier dans les écoles plus petites, les chefs d'établissement et les enseignants redoutent l'énorme paperasse qui doit être produite dans le cadre de l'introduction d'une gestion qualité plus formalisée et de la préparation à l'accréditation. C'est une préoccupation légitime. La gestion de la qualité et l'accréditation ont été introduites par les grandes entreprises et sont entrées dans le domaine de l'éducation par le biais des grandes universités. La plupart de la littérature et des nombreux manuels sur l'accréditation ont été conçus pour les grandes institutions. Les processus d'accréditation, les méthodes de collecte de données ainsi que les procédures d'évaluation attendues pourraient bien être démesurés pour les petites institutions.

Il semble que la notion de la « qualité en adéquation avec la fin recherchée » devrait également s'appliquer à l'accréditation et à la gestion de qualité. Si la mise en œuvre de procédures de gestion de qualité démesurées devient un fardeau administratif pour l'école du fait que la paperasse est produite plus vite que le temps requis pour la traiter correctement et la réinjecter dans des processus d'apprentissage significatifs, tout le système devient contre-productif. Si les étudiants, les professeurs et le personnel détestent les évaluations en raison d'une politique de gestion de qualité démesurée, cela perd son sens. En ce qui concerne la mise en œuvre de bons processus d'évaluation (voir la section sur l'évaluation et l'appréciation), mon expérience et mes conseils sont d'en faire moins, mais de le faire bien. Mettez en œuvre un nombre approprié de méthodes d'évaluation et menez à bien un processus de suivi solide qui conduira à un véritable apprentissage à tous les niveaux.

« Être accrédité, c'est être vendue au monde universitaire »

Certains craignent que l'accréditation universitaire ne conduise à une « académisation » malsaine. Il est vrai que nous observons parfois ce malentendu selon lequel des diplômes universitaires plus élevés déboucheront à terme sur des qualifications professionnelles supérieures et sur la fécondité des ministères. Mais c'est une grave tromperie. Certaines écoles ont cherché une accréditation d'enseignement supérieur et, ce faisant, ont perdu quelques-unes de leurs qualités de formation des personnes pour certains ministères dans l'Église et la mission. De même, les étudiants recherchent parfois seulement le diplôme d'enseignement supérieur suivant, en pensant que cela les qualifiera automatiquement pour des tâches ministérielles. Bien que la notion de « qualité en adéquation avec la fin recherchée » soit considérée comme l'indicateur clé de la qualité, les qualifications universitaires ne sont que l'un des nombreux facteurs qui composent la qualité souhaitée.

En cherchant à obtenir une accréditation académique au regard du système universitaire national, les écoles de théologie doivent savoir que cette accréditation peut être unilatérale, ne tenant compte que des normes universitaires et négligeant les qualités qui sont vitales pour une école de théologie afin de remplir sa mission. C'est là que les agences d'accréditation liées à des églises entrent en jeu, offrant une accréditation à la lumière des qualités de résultats souhaitées pour les ministères dans l'Église et la mission.

Conclusion

Félicitations ! Patricia est diplômée d'une école accréditée. Le diplôme qu'elle a obtenu lui donne accès à d'autres études – et même à des études à l'étranger si elle le souhaite. Elle a choisi l'institution avec soin. Elle a vérifié l'accréditation de l'école, s'assurant que ce n'était pas une « usine à diplômes ». Patricia peut projeter de travailler dans une église ou dans une organisation missionnaire. Elle ne recherchait pas seulement une solide accréditation universitaire, mais aussi des qualités liées à l'Église et au ministère. Elle a parlé au pasteur de son église au sujet de la reconnaissance de l'école et du diplôme au sein de la dénomination. Elle était heureuse de voir que l'établissement de son choix est également certifié par une association d'accréditation théologique et que les qualifications ministérielles sont aussi importantes que les normes académiques. Du fait qu'elle a décidé de fréquenter un établissement bien accrédité, elle a pu faire une demande de soutien financier. Parce qu'elle sait qu'une bonne éducation ne se limite pas à des diplômes et des titres académiques accrédités, elle a visité l'école avant la décision finale. Elle voulait se faire une idée de la philosophie de l'institution et de la culture d'apprentissage.

Les institutions de formation théologique peuvent bénéficier d'une bonne accréditation car cela peut les aider à fournir la qualité d'apprentissage que les étudiants recherchent et que les églises attendent.

Points pour la réflexion et l'action

1) L'accréditation est un phénomène culturel et contextuel.
   - Prenez les catégories énoncées dans la section 1 de ce chapitre et réfléchissez à vos propres culture et contexte. Comment l'accréditation est-elle comprise et perçue ? Identifiez au moins cinq caractéristiques d'accréditation dans votre contexte.
   - Si vous vivez et travaillez dans un contexte interculturel, réfléchissez aux différences entre votre propre culture d'origine et la

culture dans laquelle vous vivez et travaillez actuellement, pour tout ce qui a trait à la compréhension de l'accréditation.
2) L'accréditation implique la transparence et l'amélioration.
- Avec vos propres mots, résumez ce que signifie « l'accréditation pour la transparence ». Nous avons identifié une quadruple transparence. Comment ces quatre dimensions se manifestent-elles dans votre situation ?
- Avec vos propres mots, résumez ce que signifie « l'accréditation pour l'amélioration ». Nous avons observé que l'amélioration se produit souvent *en préparation à* l'évaluation ou *à la suite de* l'évaluation. Faites le point sur votre expérience : essayez d'identifier les domaines dans lesquels vous avez travaillé à l'amélioration *en préparation* d'une évaluation ou *à la suite* d'une évaluation.
- Expliquez pourquoi les deux dimensions peuvent être en tension et réfléchissez à la situation dans votre institution. Observez-vous et ressentez-vous une tension ?
- Examinez votre institution. Pourquoi cherchez-vous à obtenir une accréditation ? Êtes-vous préoccupé par la transparence ? Êtes-vous préoccupé par l'amélioration ?
3) L'accréditation implique la qualité.
- Pour ceux qui lisent l'anglais, essayez de comprendre et de formuler dans vos propres mots les trois étapes historiques de l'accréditation aux États-Unis et la façon dont la qualité est comprise, tel que décrit dans le manuel de l'ATS (« Self-Study Handbook ») et résumé dans la section 3 de ce chapitre. Lire le texte complet dans le chapitre 1 du manuel de l'ATS : https://www.ats.edu/uploads/accrediting/documents/self-study-handbook-consolidated%20181219.pdf.
- Nous avons observé que la « qualité en adéquation avec la fin recherchée » (*fitness for purpose*) est une expression clé pour définir la qualité dans le débat actuel sur l'accréditation. Que signifie exactement cette expression ? Une recherche plus approfondie sur Internet pourrait aider à mieux comprendre la définition et la discussion. Comment définissez-vous la qualité dans votre établissement à la lumière de l'expression « qualité en adéquation avec la fin recherchée » ? Le but de votre formation est-il clair ? Avez-vous défini les résultats d'apprentissage en fonction de cet

objectif ? Comment vous assurez-vous que vous offrez la qualité de formation que souhaitez offrir ?
- Lisez quelques textes provenant des pays émergents et observez la manière dont ils définissent la qualité. Certains textes pertinents sont spécifiés dans la section 3 de ce chapitre.

4) L'accréditation implique la gestion de la qualité.
- Nous avons parlé de la dimension *interne* et *externe* de la gestion de la qualité. Pouvez-vous résumer dans vos propres mots ce que signifient les termes *interne* et *externe* dans ce contexte ?
- Nous avons fait valoir que l'interaction des aspects *internes* et *externes* conduit aux meilleurs résultats en matière de gestion de la qualité. Pourquoi ces deux dimensions sont-elles importantes ? Qu'est-ce qui manque si l'une des deux dimensions est peu développée ?
- Faites le point sur votre institution à la lumière des idées de cette section. Identifiez et évaluez les aspects *internes* et *externes* de la gestion de la qualité.
- Avez-vous une politique d'assurance qualité clairement formulée ? Cette politique comporte-t-elle des aspects internes et externes ? Y a-t-il des améliorations que vous souhaitez suggérer après avoir lu cette section ?

5) L'accréditation implique l'évaluation et l'appréciation.
- La section 5 présente la philosophie de la qualité dite Q2E avec ses quatre dimensions concernant le développement d'une école basé sur l'évaluation. Lisez attentivement les quatre composantes et évaluez comment ces dimensions sont développées dans votre institution. Quel(s) aspect(s) doivent être développé(s) davantage ?
- Comment décririez-vous la culture du feed-back dans votre établissement ? Êtes-vous satisfaits de la quantité et de la qualité des retours que vous recevez ? Comment donnez-vous vos propres commentaires ? Comment la culture du feed-back pourrait-elle être améliorée ?
- Citant Barbara Walvoord, nous avons présenté les trois étapes du cycle évaluation-apprentissage. Observez votre travail et votre institution et identifiez des cas où ce cycle fonctionne et d'autres où il s'interrompt. En cas d'interruption, essayez d'identifier le point où le cycle se brise (manque d'objectifs, absence de collecte

et d'analyse des données, absence de suivi pour l'amélioration) et prenez des mesures pour améliorer et rétablir le cycle.

Nous avons abordé les termes suivants : normes, indicateurs et preuves, outils de collecte et d'évaluation des données. Prenez un ensemble de normes (par exemple le Manifeste de l'ICETE ; les normes d'accréditation de l'ATS, de l'ABHA ou de l'ECTE ; les descripteurs de Dublin, voir le site de l'ECTE qui comporte les documents téléchargeables nécessaires au processus d'accréditation : www.ecte.eu/qa). Déterminez des indicateurs dérivés de ces normes (exemples de preuves) en vous demandant : de quelle manière la performance de cette norme deviendrait-elle visible et mesurable ? Suggérez des outils appropriés pour la collecte de données en vous demandant : comment pourrait-on mesurer adéquatement la performance de cette norme ?

Le tableau suivant peut faciliter la réalisation de l'exercice :

Norme 1	Indicateur 1 (exemple de preuve)	Outil d'évaluation 1
	Indicateur 2 (exemple de preuve)	Outil d'évaluation 2
	Indicateur 3 (exemple de preuve)	Outil d'évaluation 3
Norme 2	Indicateur 1 (exemple de preuve)	Outil d'évaluation 1
	Indicateur 2 (exemple de preuve)	Outil d'évaluation 2
	Indicateur 3 (exemple de preuve)	Outil d'évaluation 3
Norme 3	Indicateur 1 (exemple de preuve)	Outil d'évaluation 1
	Indicateur 2 (exemple de preuve)	Outil d'évaluation 2
	Indicateur 3 (exemple de preuve)	Outil d'évaluation 3

6) L'accréditation implique une culture institutionnelle et le changement.
   - Nous avons avancé l'idée qu'une organisation apprenante est un modèle pour l'apprentissage des étudiants (programme implicite).

Que penser du lien entre la culture institutionnelle d'une école et l'apprentissage des étudiants ? Pensez-vous qu'il y a un lien ? Comment pourriez-vous contribuer à l'amélioration de la culture de votre institution afin qu'elle soit un modèle d'apprentissage et favorise ce dernier ?
- Pour ceux qui lisent l'anglais, lisez le résumé de la théorie de Peter Senge sur l'organisation apprenante à partir de la page Web de l'infed : http://www.infed.org/thinkers/senge.htm. Résumez les compétences en direction requises pour promouvoir une organisation apprenante et évaluez votre propre style de direction. Identifiez les domaines où une amélioration est souhaitée et décidez des mesures que vous voulez prendre afin d'améliorer votre style de direction.

7) Idées fausses et pièges.
- Lisez les idées fausses et les pièges possibles dont il est question à la section 7. Identifiez ce qui s'applique à votre situation et réfléchissez aux solutions possibles.

8) Résumez l'apprentissage de ce chapitre en rédigeant les deux listes suivantes :
- Énumérez cinq à dix bonnes raisons de demander une accréditation.
- Énumérez cinq à dix problèmes que vous souhaitez connaître lorsque vous demandez une accréditation.

Pour aller plus loin

Ouvrages et articles

BRYNJOLFSON Robert, LEWOS Jonathan, *Integral Ministry Training: Design and Evaluation*, Pasadena, CA, William Carey Library, 2006.

BUSHER Hugh, « Managing Change to Improve Learning », dans *The Principles and Practices of Educational Management*, sous dir. Tony Bush et Les Bell, p. 275-290, Londres, Paul Chapman Publishing, 2002.

COSTES Nathalie et al., sous dir., *Quality Procedures in the European Higher Education Area and Beyond – Second ENQA Survey*, Helsinki, European Association for Quality Assurance in Higher Education, 2008.

HO, Huang Po, « Accreditation and Quality Assurance in Theological Education: Asian Perspectives », dans *Handbook of Theological Education in World Christianity*, sous dir. Dietrich Werner et al., p. 138-143, Oxford, Regnum, 2010.

JASPERS Karl, *The Idea of the University*, Londres, Peter Owen, 1960.
OTT Bernhard, *Beyond Fragmentation: Integrating Mission and Theological Education*, Oxford, Regnum, 2001.
OTT Bernhard, « Doing Theology in Community: Reflections on Quality in Theological Education », dans *History and Mission in Europe: Continuing the Conversation*, sous dir. Mary Raber et Peter F. Penner, p. 281-302, Schwarzenfeld, Neufeld Verlag, et Elkhart, Institute of Mennonite Studies, 2011.
OTT Bernhard, « Training of Theological Educators for International Theological Education: An Evangelical Contribution from Europe », dans *Handbook of Theological Education in World Christianity*, sous dir. Dietrich Werner et al., p. 697-714, Oxford, Regnum, 2010.
PREISWERK Matthias et al., « Manifesto of Quality Theological Education in Latin America », *Ministerial Formation* 111, November 2008, p. 44-51.
TAYLOR, Marvin J., « Accreditation and Improvement of Theological Education », *Theological Education* 15, no. 1, 1978, p. 50-57.

Manuels des associations d'accréditation théologique

Association of Biblical Higher Education ABHE, www.abhe.org/abhestandards foraccreditation
Association of Theological Schools ATS, https://www.ats.edu/uploads/accrediting/documents/self-study-handbook-chapter-1.pdf.
European Council for Theological Education ECTE, www.ecte.eu/qa
Pour d'autres associations régionales d'accréditation du réseau évangélique, voir www.icete-edu.org
Pour d'autres associations régionales d'accréditation du réseau œcuménique, voir http://wocati.oikoumene.org

9

Le directeur académique et l'évaluation institutionnelle
Ce qu'il faut évaluer, pourquoi l'évaluer et comment l'évaluer

Ralph Enlow

Le terme « évaluation » occupe maintenant une place de choix au sein du lexique contemporain de l'enseignement supérieur, mais pour de nombreux directeurs académiques, l'idée même de l'évaluation provoque des réactions allant du léger malaise à la panique. L'évaluation est souvent considérée par les enseignants et les dirigeants d'école comme une tâche indésirable et imposée par un organisme d'accréditation ou une agence gouvernementale sur les priorités et les rythmes de l'école et qui les détourne des activités principales de l'institution en matière d'enseignement et d'apprentissage. Lorsqu'un cycle d'évaluation externe se profile à l'horizon, de nombreux professeurs et directeurs académiques se motivent à contrecœur à agir afin de répondre aux demandes de « l'inquisiteur » qui visitera bientôt le campus. Une fois l'évaluation terminée, les activités d'évaluation tombent dans l'oubli jusqu'à ce que le cycle suivant suscite une nouvelle frénésie. Dans de nombreuses institutions, l'attitude envers l'évaluation se transforme donc en ambivalence, en scepticisme ou en résistance active.

Dans ce chapitre, je fais valoir que diriger la tâche d'évaluation de l'enseignement est essentiel au travail d'un bon directeur académique. Le comportement, la compétence et l'engagement du directeur académique à l'égard de l'évaluation complète de l'établissement exercent une influence prépondérante sur les attitudes des enseignants qui, à leur tour, déterminent en grande partie les progrès réels de l'établissement en matière d'efficacité et d'amélioration. Considérez la thèse suivante : *les affirmations institutionnelles sur la qualité sont vides de sens si elles ne sont pas étayées par des preuves tangibles.*

De plus, la qualité n'est pas une condition statique – elle est dynamique. L'évaluation peut conduire à un modèle d'amélioration continue dans tous les aspects institutionnels, allant des activités d'enseignement et d'apprentissage à celles de soutien administratif et pédagogique.

En quoi constitue la qualité de l'éducation[1] ? Selon quelles normes les institutions de formation doivent-elles être mesurées ? Dans de nombreux endroits du monde, des organismes gouvernementaux ont été créés pour élaborer et imposer des normes permettant de juger de la qualité et de la comparabilité des établissements d'enseignement supérieur. En Amérique du Nord, l'accréditation, qui est un processus d'examen volontaire par les pairs, a commencé à apparaître à la fin du XIXe siècle comme une procédure permettant aux confrères éducateurs d'évaluer la qualité et la comparabilité de l'éducation d'un établissement à un autre, d'une région à une autre et d'un genre d'enseignement supérieur à un autre. L'enseignement supérieur étant devenu une entreprise de plus en plus mondiale, l'importance des mesures de qualité et de comparabilité, qu'elles soient fondées sur des processus gouvernementaux ou d'examen par les pairs (*peer review*), ne cesse de croître. Au cours du siècle dernier, les définitions de la qualité semblent avoir évolué selon la progression suivante :

1) **Le contenu :** À quoi reconnaît-on une institution de qualité ? Le *contenu* de ses programmes d'études est conforme à ce que les pairs experts considèrent comme le curriculum exemplaire ou à ce que le Ministère de l'Éducation a prescrit pour un niveau d'éducation donné.

2) **Les ressources :** À quoi reconnaît-on une institution de qualité ? Elle dispose de *ressources* (p. ex. fonds de bibliothèque, enseignants titulaires de doctorats et actifs dans la recherche, étudiants démontrant de grandes aptitudes, fonds de dotation, installations) comparables ou supérieures à celles de ses pairs ou aux normes des organismes externes.

3) **Les processus :** À quoi reconnaît-on une institution de qualité ? Elle a développé des *processus* efficaces (p. ex. les critères et procédures d'admission des étudiants ; la gouvernance partagée ; les politiques de notation ; la conservation et la sécurité des dossiers ; les politiques d'emploi ; les manuels du corps professoral et de l'administration ; les

---

1. Concernant la notion de qualité, voir aussi les pages 198-203 du présent ouvrage.

politiques de rémunération ; la sécurité, la protection et l'entretien des installations ; les contrôles financiers) et elle peut prouver qu'elle respecte constamment ces politiques et processus.

4) **Les résultats :** À quoi reconnaît-on une institution de qualité ? Elle recueille systématiquement des preuves concernant les résultats liés aux efforts d'administration, de soutien pédagogique, d'enseignement et d'apprentissage qui démontrent l'atteinte des objectifs d'efficacité appropriés.

Plutôt que de passer d'une liste de qualités à une autre, la plupart des pairs et des agences gouvernementales ont développé leurs normes de qualité à partir de l'ancien paradigme. Les normes d'accréditation comprennent généralement des éléments sur le contenu, les ressources, les processus et les résultats. Les Européens, par exemple, reconnaîtront une grande partie du *contenu* et des *processus* dans les normes issues des accords dits de Bologne[2]. Néanmoins, l'adoption globale des *résultats* et, en particulier, de *l'apprentissage des étudiants* comme condition *sine qua non* de la qualité de l'éducation est évidente dans l'enseignement supérieur[3]. L'évaluation de l'efficacité institutionnelle et, plus précisément, les preuves systématiques de l'apprentissage des étudiants domineront prochainement le paysage mondial de l'assurance qualité de l'enseignement supérieur[4].

C'est une très bonne nouvelle pour les écoles de théologie. Les normes d'assurance qualité basées principalement sur l'évaluation offrent aux enseignants en théologie une base leur permettant de s'affranchir, dans une certaine mesure, des définitions traditionnelles de la qualité qui mettent l'accent sur la disparité des *contenus* et des *ressources* entre la plupart des écoles de théologie et les autres secteurs de l'enseignement supérieur. Les écoles de théologie ont la possibilité, au sein de ces systèmes, de démystifier la sagesse populaire qui insiste sur le fait que la qualité est inextricablement liée aux ressources. Elles peuvent étayer l'affirmation selon laquelle « être différent » ne signifie pas « être inférieur » en ce qui concerne le contenu des programmes d'études et les méthodes

---

2. European Higher Education Area, « Standards and Guidelines for Quality Assurance in the European Higher Education Area », 2005. Disponible sur : http://www.ehea.info/page-standards-and-guidelines-for-quality-assurance.
3. E. C. Stanley et W. J. Patrick, « Quality Assurance in American and British Higher Education: A Comparison », dans *New Directions for Institutional Research*, New York, Wiley, 2002.
4. Cf. the International Network for Quality Assurance Agencies in Higher Education's Constitution : http://www.inqaahe.org/main/about-inqaahe/constitution/constitution-html.

d'enseignement conventionnels. Elles ont la possibilité de définir la qualité en fonction de leurs missions spécifiques plutôt que de succomber à « la dérive de la mission » (*mission drift*), car elles risquent de perdre leur fidélité à leurs vocations institutionnelles et à leurs parties prenantes au nom de la légitimité et du statut dans le monde de l'enseignement supérieur plus large[5]. En effet, lorsque les institutions de formation souscrivent à des systèmes d'assurance qualité fondés principalement sur des normes de contenu et de ressources, elles prennent le risque de dériver de leur mission avec le temps, car le respect de normes externes supplante la mission et la comparabilité des formes prend le pas sur la fidélité à la fonction. Il existe de nombreux exemples d'écoles de théologie dans le monde entier où le compromis avec les systèmes d'assurance qualité du contenu et des ressources a entraîné au fil du temps un décalage important entre les objectifs de l'école et les besoins de ses parties prenantes.

Le directeur académique de l'école de théologie devrait donc diriger en adoptant l'évaluation des résultats, reconnaissant qu'elle peut à la fois accélérer l'efficacité de l'institution et renforcer ses revendications à la qualité et à la crédibilité. Le but n'est pas juste d'amadouer les collègues pour qu'ils acceptent de considérer les résultats de façon épisodique. Le directeur académique devrait plutôt chercher à encourager ce qu'on appelle maintenant une « culture de prise de décision fondée sur des bases empiriques (*culture of evidence*)[6] » dans laquelle l'évaluation de l'accomplissement des objectifs et des résultats d'apprentissage fait partie du tissu institutionnel. Elle exige plus que la maîtrise des moyens – qui fera l'objet d'une grande partie du reste de ce chapitre. Elle exige de la part des dirigeants un engagement qui affirme que *les revendications institutionnelles en matière de qualité sont vides de sens si elles ne sont pas étayées par des preuves d'efficacité.*

Aspirer à la qualité ou l'affirmer est une chose. Produire des preuves de la qualité en est une autre. Une bonne direction convainc et encourage l'ensemble de la communauté d'apprentissage à clarifier ses objectifs, à évaluer systématiquement le degré de réalisation des objectifs et les domaines dans lesquels la réalisation des objectifs fait défaut, et à mettre en œuvre des mesures

---

5. D. O. ALESHIRE, « The Character and Assessment of Learning for Religious Vocation: M.Div. Education and Numbering the Levites », *Theological Education* 39, n° 1, novembre 2003, p. 1-15. Disponible sur : https://www.ats.edu/uploads/resources/publications-presentations/theological-education/2003-theological-education-v39-n1.pdf (consulté le 7 juillet 2020).
6. D. BOUD et N. FALCHIKOV, sous dir., *Rethinking Assessment in Higher Education: Learning for the Longer Term*, New York, Routledge, 2007, p. 89, Figure 7.1.

d'amélioration. En d'autres termes, la responsabilité du directeur académique en matière d'évaluation implique qu'il dirige en établissant une *culture de prise de décision fondée sur des bases empiriques* qui soutient un *cycle d'amélioration*. Il convient de noter qu'un engagement sérieux en faveur de l'évaluation et de l'amélioration, ou l'absence d'un tel engagement, fonctionnera comme « un programme implicite[7] » pour les étudiants qui seront eux-mêmes appelés à occuper des postes de direction dans les églises et diverses autres organisations à l'avenir. Une réelle force éducative est exercée lorsqu'une institution de formation s'engage réellement dans l'apprentissage !

En quoi constitue alors une école théologique de qualité ? Une école théologique de qualité est une école qui :

1) a énoncé un but clair, qui émane du sens biblique et « missionnel » de la vocation institutionnelle à l'écoute de l'Église et qui est pertinent pour la (les) culture(s) qu'elle sert.

2) a établi, en consultation avec les principaux intervenants (et avec des services de soutien efficaces et des ressources adéquates), des programmes d'études qui correspondent aux besoins actuels et futurs de ses parties prenantes en matière de direction.

3) a formulé les objectifs pédagogiques (ainsi que les objectifs des services administratifs et de soutien pédagogique) en termes vérifiables.

4) a défini divers moyens pour évaluer dans quelle mesure les objectifs sont atteints.

5) a établi des processus pour la collecte, l'analyse et la diffusion des résultats des activités d'évaluation.

6) a fait participer les principaux intervenants à l'examen des résultats de l'évaluation et à la détermination des mesures d'amélioration appropriées.

7) a élaboré des plans et alloué des ressources visant à obtenir des améliorations dans les domaines prioritaires.

8) a contrôlé dans quelle mesure les actions d'amélioration ont donné des résultats.

---

7. A. W. Astin, « The Implicit Curriculum », *AGB Reports* 31, n°. 4, juillet-août 1989, p. 6-10.

Élaboration et mise en œuvre d'un plan d'évaluation

La figure 1 illustre les six étapes du cycle dit d'amélioration. Afin de comprendre *comment* élaborer et mettre en œuvre un plan d'évaluation, examinons plus en détail chacune des six étapes.

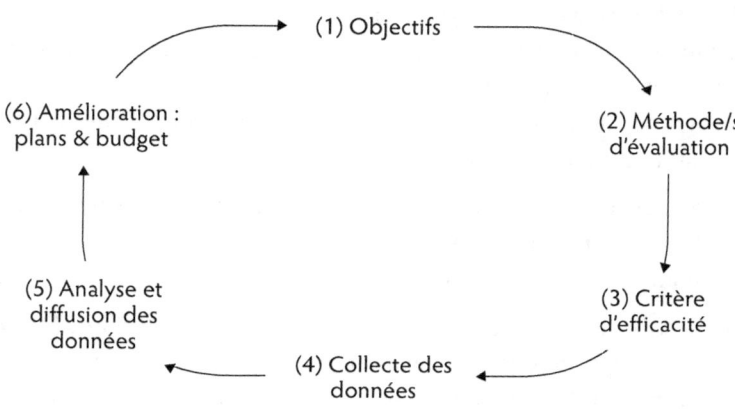

Figure 1. Le cycle d'amélioration

1. Définir les objectifs

La première étape du processus d'évaluation consiste à formuler des objectifs clairs. Sur la base de l'énoncé de mission de l'institution, chaque structure administrative (p. ex. les bureaux, les bâtiments et les terrains), chaque structure de soutien pédagogique (p. ex. la bibliothèque, les services aux étudiants) et chaque programme éducatif (p. ex. les études de l'Ancien Testament, la théologie historique, les études pastorales, la musique, l'instruction religieuse, la relation d'aide) devrait avoir son propre énoncé de mission et ses propres objectifs. En raison de la taille et des ressources limitées de la plupart des écoles de théologie, il serait sage que le directeur académique commence par un nombre limité d'objectifs éducatifs, à l'échelle de l'institution, et par des objectifs éducatifs spécifiques au programme (p. ex. le programme des études pastorales ou le programme de relation d'aide) avant de tenter d'aborder les objectifs des structures de soutien pédagogique et administratif. Comme une véritable formation théologique biblique doit être holistique, il conviendrait d'envisager de formuler les objectifs selon trois catégories : connaissances, compétences et dispositions[8].

Les connaissances

Que désirez-vous avoir inculqué à vos étudiants à la fin de leurs études, en termes de connaissances bibliques, de connaissances en sciences sociales, de compréhension interculturelle ou de perspective historique ? Quels types et niveaux de savoir souhaitez-vous que les étudiants acquièrent ? Des faits et informations sur certains sujets, ou une compréhension des théories et postulats sous-jacents[9] ?

Les compétences

Qu'espérez-vous que les étudiants soient en mesure de faire et à quel degré de maîtrise ? L'exégèse biblique ? La prise de parole en public ? L'enseignement ? La rédaction ? L'utilisation des technologies de l'information et des réseaux de communication ? Quelles capacités intellectuelles comptez-vous cultiver ? La résolution de problèmes ? La compréhension écrite ? La pensée critique ?

Les dispositions

Comment entendez-vous que vos diplômés se comportent au terme de vos efforts de développement personnel et de formation spirituelle ? Vous avez certainement l'intention de favoriser la transformation du caractère, mais le caractère en soi est impossible à enseigner et à évaluer. Vous pouvez, cependant, enseigner avec une réelle intention *de développer le caractère* des étudiants. Et vous pouvez évaluer les dispositions et les comportements qui témoignent d'un caractère selon Dieu et de relations saines avec les autres.

---

8. C. M. Wood, « Knowing and Caring », *Theological Education* 39, n° 1, novembre 2003, p. 31-34.
9. R. W. Ferris, sous dir., *Establishing Ministry Training: A Manual for Programme Developers*, World Evangelical Fellowship Series, vol. 4, Los Angeles, CA, William Carey Press, 1995, ch. 1.

L'évaluation est facilitée lorsque les objectifs sont énoncés en « termes vérifiables[10] ». Considérez les énoncés d'objectifs cognitifs (ou liés aux connaissances) suivants :

1) Les étudiants connaîtront les Écritures.

2) Les étudiants en fin d'études seront capables de démontrer une compréhension substantielle du contenu biblique de base, y compris les chronologies, les genres littéraires, les auteurs, les personnages principaux, les événements, la géographie et l'enseignement théologique de l'Ancien et du Nouveau Testament.

Voyez-vous à quel point le deuxième énoncé est plus « vérifiable » ? Il clarifie en ajoutant le terme « étudiants en fin d'études ». Cela indique qui vous allez évaluer et à quelle étape du processus éducatif l'évaluation doit avoir lieu. Le deuxième énoncé d'objectif offre également une plus grande spécificité en ce qui concerne ce que les étudiants doivent savoir et le niveau (en termes de taxonomie du domaine cognitif de Bloom[11]) de leur savoir. Dans ce cas, les étudiants doivent démontrer une compréhension plutôt qu'une simple mémorisation de l'information. Cela vous aide à clarifier le type d'outils d'évaluation requis et la façon dont les résultats doivent être notés et interprétés.

2. Choisir les moyens d'évaluation

La deuxième étape (figure 1) suggère que lorsqu'un nombre limité d'objectifs pédagogiques est énoncé en termes vérifiables, vous devez identifier les moyens appropriés d'évaluer chaque objectif. En choisissant les moyens d'évaluation, pensez en termes de variété et faites appel à votre imagination. La question par laquelle Robert Mager clarifie cette tâche vous semblera peut-être utile : « Que faudrait-il pour me convaincre que les étudiants ont appris [c.-à-d. qu'ils ont acquis les connaissances, les dispositions et les compétences voulues] ?[12] » Dans certains cas, une seule activité ou un seul outil d'évaluation peut être utilisé pour évaluer la réalisation de plusieurs objectifs. Dans d'autres, il faudra plusieurs

---

10. J. O. NICHOLS et K. W. NICHOLS, *The Departmental Guide and Record Book for Student Outcomes Assessment and Institutional Effectiveness*, 3ᵉ éd., New York, Agathon, 2000, p. 20-21.
11. N. ANDERSON et D. A. KRATHWOHL, *Taxonomy for Learning, Teaching, and Assessing: A Revision of Bloom's Taxonomy of Educational Objectives*, New York, Longman, 2001.
12. R. F. MAGER, *Developing Attitude toward Learning*, Center for Effective Performance, 1984.

méthodes d'évaluation pour vous renseigner sur la mesure dans laquelle un seul objectif essentiel aura été accompli. En général, les méthodes d'évaluation multiples et redondantes aident à garantir la validité (c'est-à-dire, que vos méthodes d'évaluation mesurent réellement ce que vous avez l'intention de mesurer). En même temps, l'une des principales raisons pour lesquelles les plans d'évaluation échouent est qu'ils sont trop ambitieux et trop lourds. Il vaut mieux privilégier la simplicité en ce qui concerne la fréquence et la variété des méthodes d'évaluation que vous choisissez d'employer.

Ne vous laissez pas induire en erreur en pensant que si vous ne pouvez pas évaluer « scientifiquement » quelque chose, cela ne vaut pas la peine de le faire. L'évaluation de l'apprentissage ne doit pas se limiter à des tests standardisés, qui portent en eux le mythe de l'objectivité scientifique. Quelles que soient les méthodes d'évaluation que vous choisissez, vous devrez vous livrer à une interprétation et porter des jugements professionnels sur les résultats. Examinez la liste suivante de méthodes d'évaluation possibles :

Notes à l'examen final au tout dernier cours parachevant le parcours des étudiants en fin d'études.

1) Un ensemble complet d'échantillons d'écrits, d'articles de recherche sommative ou d'autres travaux d'étudiants analysés par des examinateurs indépendants (qui ne font pas partie des professeurs qui enseignent cet ensemble particulier d'étudiants ou de sujets), en utilisant une « rubrique » (voir l'annexe à la fin de ce chapitre ou visiter le site Web de l'Institutional Research & Decision Support Center de l'Université Stanford pour les échantillons[13]) représentant vos objectifs éducatifs.

2) Les portfolios d'apprentissage : une collection d'échantillons des travaux clés des étudiants au cours de leur programme d'études, analysés au moyen de critères d'évaluation (voir l'annexe à la fin de ce chapitre), représentant vos objectifs éducatifs.

3) Les entretiens avec les étudiants, les simulations ou les « jurys » dans lesquels des examinateurs qualifiés évaluent la capacité des étudiants

---

13. L'Institutional Research & Decision Support Center de l'Université de Stanford fournit une description utile des rubriques et de la façon de les créer à des fins d'évaluation. Un exemple de rubrique d'évaluation de l'apprentissage et un modèle vierge pour la création de vos propres rubriques peuvent être téléchargés en format PDF à partir du site https://irds.stanford.edu/assessment/templates.

à résoudre des problèmes ou à faire preuve d'une compétence particulière en fonction de ce qui leur a été enseigné.

4) Des examens développés par une tierce personne pour une gamme limitée de sujets et de régions du monde, avec des normes scientifiquement validées pour le l'étalonnage.

5) Des inventaires comportementaux conçus pour déterminer dans quelle mesure les étudiants adoptent certains comportements en corrélation avec l'apprentissage (p. ex. le nombre d'heures consacrées à l'étude, l'utilisation de la bibliothèque, le dialogue avec les membres du corps enseignant en dehors de la classe, l'engagement dans l'apprentissage par le service, la lecture autonome, l'interaction avec les autres étudiants sur des sujets importants).

6) Les sondages auprès des étudiants, des diplômés, des anciens ou des principales parties prenantes.

7) Des entrevues structurées avec des « groupes de discussion » choisis, composés d'étudiants, de diplômés, d'anciens élèves ou d'intervenants clés.

8) Les « statistiques de suivi » telles que les données de circulation de la bibliothèque, de connexion en ligne, l'assistance au culte communautaire, la discipline des étudiants ou les dossiers d'orientation des étudiants[14].

Vous vous demandez peut-être en quoi le fait d'évaluer les objectifs pédagogiques diffère du fait d'évaluer les étudiants. Comme indiqué précédemment, les examens peuvent en effet constituer une méthode d'évaluation institutionnelle. La différence réside dans l'« unité d'analyse[15] ». Lorsque vous organisez des examens dans le cadre d'un cours, vous essayez de déterminer dans quelle mesure chaque étudiant peut démontrer son apprentissage. Lorsque vous vous engagez dans une évaluation institutionnelle, si vous utilisez un examen administré aux étudiants dans le cadre d'un cours obligatoire comme méthode d'évaluation, vous essayerez de déterminer dans quelle mesure l'institution a réussi à produire un

---

14. L'Alverno College est à l'avant-garde de l'innovation en matière d'évaluation de l'éducation depuis plus de trois décennies. Le site Web de recherche et d'évaluation en éducation de cette école décrit une vaste gamme de méthodes d'évaluation. Voir http://depts.alverno.edu/ere/index.html.

15. J. C. Smart et W. G. Tierney, *Higher Education: Handbook of Theory and Research*, vol. 15, New York, Agathon, 2000.

apprentissage pour tous les étudiants. Dans le premier cas, l'« unité d'analyse » est l'étudiant lui-même. Dans le second, l'« unité d'analyse » est l'institution ou le programme d'études.

Prenons quelques exemples précis. Supposons que vous ayez formulé l'objectif pédagogique suivant : *les étudiants diplômés démontreront leur compréhension des concepts de base dans chaque domaine clé de la théologie systématique*. Vous pourriez choisir l'examen final de votre cours de théologie spécialisée comme méthode d'évaluation. Et puisque votre « unité d'analyse » est l'institution, vous analysez les examens finaux de tous les étudiants qui terminent le cours. Supposons que vous ayez décidé d'un intervalle de deux ans pour évaluer cet objectif particulier. Vous recueillez et conservez tous les examens finaux des étudiants dans ce cours pendant deux ans et vous analysez les résultats des étudiants sur chaque élément de l'examen. Supposons que vous découvriez que, bien que la très grande majorité des étudiants aient obtenu une note de passage à cet examen particulier au cours des deux dernières années, il y avait une nette tendance à donner des réponses incorrectes dans le domaine de la sotériologie. Vous venez de vous lancer dans l'évaluation éducative de votre institution ! Vous avez appris que l'étendue de l'enseignement, des ressources et de l'efficacité de votre institution dans le domaine clé de la sotériologie peut faire défaut.

Prenons un autre exemple. Supposons que vous ayez l'objectif pédagogique suivant : *les diplômés feront preuve de leur aptitude à résoudre les conflits de manière biblique*. Vous pourriez faire un sondage qui s'adresse aux anciens étudiants et que vous leur enverrez cinq ans après la fin de leurs études et l'obtention de leur diplôme. Parmi les éléments du sondage, il y aurait des questions leur demandant leur niveau d'accord (sur, disons, une échelle de type Likert à 5 points : tout à fait d'accord, d'accord, sans opinion, pas d'accord, pas du tout d'accord) avec les énoncés suivants :

- J'ai une compréhension claire des passages bibliques clés et des principes applicables à la résolution de conflit.
- Mon programme d'études m'a bien préparé à anticiper et à résoudre les conflits qui ont surgi dans le contexte de mon ministère.
- Au cours des deux dernières années, j'ai réussi à faire de la médiation ou à résoudre des conflits interpersonnels au moins une fois.

Alternativement, ou en complément, vous pourriez rassembler un groupe de dirigeants d'églises ou de dénominations tous les trois ans, en leur posant une série de questions issues de vos objectifs pédagogiques, dont celle-ci sur les compétences en matière de résolution de conflits. Vous pourriez demander aux personnes de ce groupe dans quelle mesure elles conviennent que les diplômés de votre établissement reflètent la réalisation de l'objectif suivant : *les diplômés feront preuve d'une aptitude à résoudre les conflits de façon biblique*. Leurs réponses constituent une preuve de l'efficacité (ou du manque d'efficacité) de l'enseignement par rapport à cet objectif particulier lié aux compétences. Vous serez surpris de voir comment une seule enquête auprès des anciens étudiants ou un seul exercice avec un groupe de discussion bien conçu pourrait évaluer la réalisation d'un large éventail d'objectifs, en particulier dans le domaine des compétences et des dispositions. Notez que dans ce contexte, vous n'évaluez pas la performance individuelle des étudiants, mais vous déterminez dans quelle mesure l'établissement (ou le programme d'études) atteint un objectif pédagogique particulier parmi l'ensemble de ses diplômés.

La même procédure de sélection des méthodes d'évaluation s'applique aux objectifs liés au soutien pédagogique ou aux services administratifs. Prenez cet exemple. *Les étudiants auront accès en temps voulu aux ressources d'apprentissage nécessaires pour leurs travaux*. Cet objectif est lié à l'efficacité d'une structure de soutien pédagogique cruciale – la bibliothèque. L'une des méthodes d'évaluation de la réalisation de cet objectif serait de faire un sondage auprès de tous les étudiants, tous les deux ans ou plus, par exemple. La fréquence d'administration du sondage devrait être déterminée selon votre capacité à mener l'évaluation et à faire un usage profitable des résultats. Dans le cadre d'un tel sondage, les éléments suivants pourraient vous aider à évaluer la réalisation de l'objectif ci-dessus : « accès aux ressources d'apprentissage en temps voulu » :

- Les livres, articles et autres ressources d'apprentissage nécessaires à l'accomplissement de mes travaux sont facilement disponibles à la bibliothèque.
- Le système de catalogage et les outils de recherche de la bibliothèque m'aident à localiser facilement les ressources appropriées.
- Je dois souvent attendre pour avoir accès aux ressources nécessaires à la réalisation des exercices du cours.
- Je dois souvent compter sur d'autres bibliothèques ou d'autres sources d'information pour obtenir les ressources nécessaires à la réalisation de mes travaux de cours.
- Le personnel de la bibliothèque est attentif et réceptif à mes besoins en matière de ressources d'apprentissage.

Une fois de plus, vous pouvez utiliser l'échelle à 5 degrés de Likert (tout à fait d'accord, d'accord, sans opinion, pas d'accord, pas du tout d'accord) pour obtenir les réponses.

3. Préciser les critères d'efficacité

Vous êtes maintenant prêts pour la troisième étape du cycle d'amélioration (figure 1). Un objectif n'est pas vraiment utile sans déterminer à quel moment vous l'atteignez de façon satisfaisante ou non. Une fois que vous avez désigné une ou plusieurs méthodes d'évaluation correspondant à chaque objectif éducatif (ou pédagogique, ou encore administratif), vous êtes prêts pour la troisième étape. Il vous faudra décider de ce qui représente un niveau acceptable de réalisation des objectifs. Examinez nos exemples une fois de plus :

> ***Objectif pédagogique n°1 :*** *Les étudiants diplômés démontreront leur compréhension des concepts de base dans chaque domaine clé de la théologie systématique.*
>
> Méthode d'évaluation : examen biennal, y compris l'analyse des points du résultat de l'examen final du cours THE 444.
>
> Critère d'efficacité : les notes des étudiants sur les groupes de 10 points liés à chacun des huit domaines fondamentaux de la théologie systématique suivants seront en moyenne de 80 % : bibliologie, théologie, anthropologie, christologie, pneumatologie, sotériologie, ecclésiologie, eschatologie.
>
> ***Objectif pédagogique n°2 :*** *les diplômés feront preuve de leur aptitude à résoudre les conflits de manière biblique.*
>
> Méthode d'évaluation : un ensemble de trois réponses dans un sondage auprès des anciens élèves, envoyé aux diplômés cinq ans après l'obtention de leur diplôme.
>
> Critère d'efficacité : au moins 80 % des diplômés indiqueront « tout à fait d'accord » ou « d'accord » sur chaque réponse.

Ce qui suit représente l'un des objectifs de la structure de soutien pédagogique de l'établissement :

> ***Objectif n°1 de la structure de soutien pédagogique :*** *Les étudiants auront accès en temps opportun aux ressources d'apprentissage nécessaires pour leurs travaux.*
>
> Méthode d'évaluation : un ensemble de trois réponses dans une enquête de 50 éléments sur les services de soutien pédagogique, administrée annuellement à tous les élèves.

Critère d'efficacité : au moins 80 % des diplômés indiqueront « tout à fait d'accord » ou « d'accord » sur chaque réponse, et 5 % maximum indiqueront « pas d'accord » ou « pas du tout d'accord ».

Comment savoir ce qu'est un « critère d'efficacité » approprié ? L'une des possibilités consiste à rechercher des points de repère[16]. Les points de repère sont des niveaux de réussite documentés parmi des groupes de pairs comparables. Des évaluations et de nombreuses enquêtes commerciales publient des normes utiles à des fins d'analyse comparative, comme la distribution statistiquement calculée des résultats parmi tous les répondants. Il y a des normes pour des populations entières à évaluer, mais il en existe aussi pour certains sous-groupes qui peuvent mieux correspondre aux caractéristiques de votre institution. Vous pourriez être en mesure, par exemple, de comparer votre « critère d'efficacité » aux normes publiées pour les étudiants des établissements à sélectivité moyenne ; ou pour les étudiants en fin d'études (par opposition à tous les autres étudiants) ; ou pour les étudiants des écoles théologiques de votre région ; ou pour des étudiants spécialisés en relation d'aide. Un petit conseil : les mauvaises comparaisons conduisent aux mauvais types de conformité. Si votre institution veut remplir sa mission spécifique, elle devrait éviter, à bien des égards, de se comparer aux nombreux autres établissements d'enseignement supérieur de votre région du monde. L'excellence en éducation est un concept instrumental plutôt qu'un concept universel.

Si vous concluez donc que les normes ou autres repères externes ne sont pas pertinents ou même disponibles, vous devrez peut-être établir des critères d'efficacité de façon arbitraire. Impliquez vos collègues enseignants, utilisez votre jugement professionnel et fixez la barre haut pour vos objectifs. Si vous ne parvenez toujours pas à atteindre vos objectifs après des cycles répétés d'évaluation et d'amélioration, vous pouvez toujours ajuster votre « critère d'efficacité » à des niveaux plus réalistes.

4. et 5. Assurer la collecte, la diffusion et l'analyse des données

Les quatrième et cinquième étapes du cycle d'amélioration (figure 1) comprennent la planification précise des activités d'évaluation et l'attribution des responsabilités et des échéances pour la collecte, la diffusion et l'analyse des

---

16. S. Brown et P. Knight, *Assessing Learners in Higher Education*, Teaching and Learning in Higher Education Series, Abingdon, Angleterre, Routledge Falmer, 2005, p. 18-19. Édition numérique.

résultats d'évaluation. Cette étape est particulièrement difficile dans les établissements de petite taille et aux ressources insuffisantes. Parfois, des plans d'évaluation bien conçus ne sont tout simplement pas réalisés. Plus souvent encore, les résultats de l'évaluation sont recueillis mais jamais compilés ou, s'ils le sont, jamais analysés ou discutés. Quel gâchis quand les résultats des évaluations restent sur le bureau du directeur académique ! Un plan d'évaluation efficace comprend toujours des plans écrits et réalistes sur ce que vous ferez des résultats de l'évaluation et qui en sera responsable. Qui recueillera les données ? Qui compilera les données ? À qui les résultats seront-ils diffusés ? Quand les résultats seront-ils analysés ?

James Nichols est connu pour sa méthode de conception de l'évaluation en cinq colonnes. Dans la figure 2[17], je superpose les trois exemples d'objectifs éducatifs que nous avons envisagés dans le format à cinq colonnes de Nichols. Dans cet exemple, je propose plusieurs réunions de différents groupes de personnes qui recevront les résultats de l'évaluation et en discuteront. Pour un petit établissement, une meilleure approche serait peut-être de programmer un événement annuel d'une journée au cours duquel le corps enseignant et le personnel administratif se réuniraient pour examiner et discuter des résultats de toutes les activités d'évaluation menées au cours de l'année précédente.

N'oubliez pas qu'il serait préférable d'échelonner une série d'activités d'évaluation sur plusieurs années plutôt que de tenter de mener de front des activités d'évaluation liées à chaque objectif chaque année. Par exemple, vous pourriez désigner un cycle de cinq ans au cours duquel les activités d'évaluation de la première année porteraient sur les connaissances bibliques et théologiques, la deuxième année du cycle pourrait porter sur les connaissances générales, la troisième année sur la formation spirituelle, la quatrième année pourrait porter sur la compétence en matière de ministère et la cinquième année sur l'efficacité de la structure de soutien pédagogique. La sixième année reviendrait au centre d'intérêt de la première année. Des cycles d'évaluation et d'examen moins fréquents mais plus cohérents valent mieux que de vous accabler, vous et vos collègues, d'engagements irréalistes en termes de temps et d'efforts.

---

17. Adapté de James O. NICHOLS, et al., *A Practitioners Handbook for Institutional Effectiveness and Student Outcomes Assessment Implementation*, Flemington, NJ, Agathon, 1996.

Objectif	Méthode d'évaluation	Critère d'efficacité	Collecte et analyse des données	Utilisation des résultats
Objectif pédagogique n° 1 : *Les diplômés montreront qu'ils comprennent les concepts de base dans chaque domaine clé de la théologie systématique.*	Examen biennal, y compris l'analyse des résultats par point à l'examen final de THE 444.	Les notes des étudiants sur les groupes de 10 points liés à chacun des 8 domaines fondamentaux suivants de la théologie systématique seront en moyenne de 80 % : bibliologie, théologie, anthropologie, christologie, pneumatologie, sotériologie, ecclésiologie, eschatologie.	Évaluation : annuelle par le directeur du département de théologie. Compilation et analyse des résultats : tous les trois ans par le directeur du département de théologie. date limite de remise au bureau du directeur académique : juillet 2015, juillet 2018, juillet 2021. Analyse : retraite des professeurs, août 2015, 2018, 2021.	
Objectif pédagogique n° 2 : *Les diplômés démontreront leur aptitude à résoudre des conflits de façon biblique.*	Sondage auprès des anciens élèves – groupe de 3 points.	Au moins 80 % des diplômés répondront « tout à fait d'accord » ou « d'accord » sur chaque point.	Administration du sondage : 2015, 2020, 2025, bureau du doyen. Compilation et analyse des résultats : bureau du doyen. Analyse : retraite des professeurs 2015, 2020, 2025.	
Structure de soutien pédagogique – objectif n° 1 : *Les étudiants auront accès en temps voulu aux ressources d'apprentissage nécessaires pour faciliter leurs travaux de cours.*	Enquête sur les services de soutien pédagogique.	Au moins 80 % des répondants indiqueront « tout à fait d'accord » ou « d'accord » et pas plus de 5 % indiqueront « pas d'accord » ou « pas du tout d'accord ».	Administration du sondage : annuellement (mars) par le bibliothécaire Compilation et analyse des résultats : bibliothécaire. Analyse : cabinet du directeur académique chaque année (mai).	

Figure 2. Méthode des 5 colonnes de Nichols

6. Boucler la boucle : plans et ressources pour l'amélioration

L'évaluation n'est pas une fin en soi. L'étape finale du cycle d'évaluation est aujourd'hui intitulée « boucler la boucle[18] » (figure 1). L'évaluation ne sert à rien si elle ne donne pas lieu à une amélioration. Il peut donc être préférable de désigner le cycle d'évaluation comme étant le cycle d'*amélioration*. Les études des organismes d'assurance de la qualité et les nombreux efforts de recherche en éducation[19] ont révélé à maintes reprises que cette phase finale du cycle est celle où trop de programmes d'évaluation échouent. Comme mentionné précédemment, la qualité n'est pas une condition statique. Bien au contraire, les établissements d'enseignement de qualité sont ceux qui peuvent produire la preuve qu'ils atteignent leurs objectifs *et qu'ils s'améliorent continuellement*.

L'amélioration se produit lorsque les observations et les conclusions de l'évaluation sont délibérément et systématiquement prises en compte dans les plans et les budgets de l'institution. Si vous ne pouvez pas montrer le lien entre vos activités d'évaluation et votre budget, vous ne réussirez pas à « boucler la boucle », et vous aurez gaspillé une grande partie des efforts que vous avez consacrés à l'évaluation. L'amélioration ne se produit pas automatiquement. Elle se produit lorsque les dirigeants concentrent leur attention et allouent des ressources à des activités qui favoriseront l'amélioration dans les domaines jugés essentiels aux objectifs de l'institution. Les ressources comprennent non seulement les moyens financiers, mais aussi le personnel, les installations, la technologie et l'équipement. Et le manque de ressources n'est pas une excuse. Peu d'entre nous, voire personne, ne bénéficie d'un surplus de ressources. La différence entre une direction inefficace ou efficace n'est pas principalement due à *l'abondance* des ressources mais plutôt à *la répartition* des ressources disponibles. Le manque de ressources peut affecter le rythme auquel vous réalisez des améliorations, mais une allocation et une réaffectation judicieuses des ressources disponibles peuvent produire des améliorations surprenantes même lorsque les ressources sont limitées.

Les résultats des activités d'évaluation sont rarement pris en compte dans les discussions budgétaires de l'institution et pourtant, ils devraient l'être. Lorsque les résultats de l'évaluation indiquent que les objectifs ne sont pas atteints, le directeur académique doit diriger les efforts pour s'assurer que ces indications

---

18. T. W. Banta, E. A. Jones, et K. E. Black, *Designing Effective Assessment: Principles and Profiles of Good Practice*, San Francisco, CA, Jossey-Bass, 2009.
19. T. W. Banta et C. Blaich, « Closing the Assessment Loop », *Change Magazine*, Philadelphia, PA, Heldref, jan-fév 2011.

deviennent des recommandations qui reçoivent une attention prioritaire au cours des cycles de planification et de budgétisation. Afin de vous assurer que cela ait lieu, considérez les suggestions pratiques suivantes. Tout d'abord, programmez la collecte et l'analyse des données (colonne 4 de la figure 2 ci-dessus) de sorte que ces activités précèdent immédiatement les cycles décisionnels de planification et de budgétisation de l'institution. Plus l'intervalle est long entre vos réunions d'examen des résultats d'évaluation et vos réunions budgétaires, plus il vous sera difficile d'incorporer les résultats de l'évaluation aux priorités budgétaires. Ensuite, simplifiez le lien entre l'évaluation et la planification en vous assurant de synthétiser votre examen des résultats d'évaluation en une simple liste de dix recommandations d'amélioration ou moins, classées par ordre de priorité, pour chaque cycle. Il est très peu probable que vous puissiez traiter en un seul cycle toutes les questions qui doivent être améliorées. Lorsque vous essayez de progresser sur tous les fronts, vos efforts d'amélioration se dispersent et votre engagement collectif à l'égard de l'évaluation se transforme en inertie, car vous et vos collègues ne voyez aucun avantage résultant de vos efforts d'évaluation. En revanche, si vous pouvez limiter vos priorités d'amélioration et relier un petit nombre de ces priorités aux plans et aux budgets, vous et vos collègues trouverez la motivation intrinsèque de ceux qui fixent des objectifs significatifs et œuvrent ensemble pour les atteindre.

Diriger vers des fins éducatives

Les conducteurs se concentrent sur les fins, tandis que les gestionnaires se concentrent sur les moyens. La vocation d'un directeur académique est d'abord une vocation de direction, et non pas principalement une fonction de gestion. L'une des principales responsabilités du directeur académique consiste à s'assurer que l'institution a élaboré et mis en œuvre un cycle d'évaluation solide, mais réaliste, qui fournit des preuves que les objectifs sont atteints et, là où la performance fait défaut, il élabore des plans et alloue des ressources en vue de l'amélioration. En termes aussi brefs que possible, la responsabilité du directeur académique en matière d'évaluation consiste à exercer une direction dans l'établissement d'une *culture de prise de décision fondée sur des bases empiriques* qui soutient *un cycle d'amélioration*.

Points pour la réflexion et l'action

1) Lisez la brochure de votre institution. Pouvez-vous y trouver des énoncés explicites d'objectifs pédagogiques pour chaque programme d'études ? Si non, essayez d'identifier des énoncés d'objectifs pédagogiques implicites pour chaque programme. Dans quelle mesure les énoncés d'objectifs que vous avez identifiés sont-ils exprimés dans des termes vérifiables ? Pour les objectifs qui ne sont pas énoncés en termes vérifiables, essayez de les modifier afin de les rendre vérifiables.

2) Rédigez, en termes vérifiables, au moins cinq objectifs pédagogiques qui conviendraient à tous les diplômés de votre institution, quel que soit le programme d'études choisi, pour chacune des catégories de résultats d'apprentissage suivantes :
   a. les connaissances ;
   b. les traits de caractère ;
   c. les compétences.

3) Faites un inventaire de tout ce que votre établissement fait actuellement et qui pourrait être utile aux fins d'évaluation (p. ex. les statistiques que les divers départements tiennent, les examens administrés à tous les étudiants, les tâches que chaque étudiant doit remplir, les sondages ou les entretiens que vous menez déjà).

4) Voyez s'il existe des moyens de faire correspondre les activités d'évaluation que vous menez actuellement aux objectifs vérifiables que vous avez élaborés en réponse au point 2 ci-dessus.

5) Commencez à faire votre propre matrice à 5 colonnes en utilisant le modèle de Nichols comme illustré dans la figure 2. Où se trouvent les lacunes ?

6) Discutez des points suivants avec vos enseignants :
   a. Quel serait le moment propice pour examiner les résultats de l'évaluation et en discuter, sans occasionner trop de perturbation ?
   b. Comment pouvons-nous nous assurer que les résultats de l'évaluation sont liés aux plans d'amélioration et à l'affectation des ressources de manière plus systématique ?

Pour aller plus loin

Ouvrage en français

BROOKING Stuart, sous dir., *Sommes-nous performants ? Étudier notre contexte pour améliorer nos programmes d'études. Ressources pour institutions théologiques*, coll. ICETE, trad. Joelle Giappesi, Carlisle, Cumbria, Langham Global Library, 2018.

DAS Rupen, *Relier les études théologiques et le contexte. Pour des formations plus pertinentes*, trad. Celia Evenson, Carlisle, Cumbria, Langham Global Library, 2018.

Ouvrages en anglais

ASTIN A. W., *Assessment for Excellence: The Philosophy and Practice of Assessment in Higher Education*, Portland, OR, Oryx and the American Council on Education, 1996.

NICHOLS James O. et al., *A Practitioner's Handbook for Institutional Effectiveness and Student Outcomes Assessment Implementation*, Flemington, NJ, Agathon, 1996.

SALANT P., DILLMAN D. A., *How to Conduct Your Own Survey*, Indianapolis, IN, Wiley, 1994.

Autres ressources

BANTA T. W., JONES E. A., BLACK K. E., *Designing Effective Assessment: Principles and Profiles of Good Practice*, San Francisco, CA, Jossey-Bass, 2009.

ERWIN, T. D., *Assessing Student Learning and Development: A Guide to the Principles, Goals, and Methods of Determining College Outcomes*, San Francisco, CA, Jossey-Bass, 1991.

PALOMBA A., BANTA T. W., *Assessment Essentials: Planning, Implementing, and Improving Assessment in Higher Education*, San Francisco, CA, Jossey-Bass, 1999.

REA L. M., PARKER R. A., *Designing and Conducting Survey Research*, 3ᵉ éd., San Francisco, CA, Jossey-Bass, 2005.

SCHUH J. H., UPCRAFT M. L., *Assessment in Practice: An Application Manual*, San Francisco, CA, Jossey-Bass, 2000.

SEDLACEK W. E., *Beyond the Big Test: Noncognitive Assessment in Higher Education*, San Francisco, CA, Jossey-Bass, 2004.

SUSKIE L., *Assessing Student Learning: A Common Sense Guide*, San Francisco, CA, Jossey-Bass, 2009.
WALVOORD B. E., *Assessment Clear and Simple: A Practical Guide for Institutions, Departments, and General Education*, San Francisco, CA, Jossey-Bass, 2004.

Sites Web

Alverno College, Educational Research and Evaluation center, http://depts. alverno. edu/ere/North Carolina State University, Office of University Planning & Analysis, Internet Resources for Higher Education Assessment http://www2.acs.ncsu.edu/upa/assmt/resource.htm
Indiana University-Purdue University Indianapolis, Planning and Institutional Improvement office, http://planning.iupui.edu/assessment
International Network for Quality Assurance Agencies in Higher Education (INQUAAHE), http://www.inqaahe.org
National Institute for Learning Outcomes Assessment, http://www.learningoutcomeassessment.org/TransparencyFramework.htm
Stanford University, Institutional Research & Decision Support Center, https:// irds.stanford.edu/assessment/templates.

Revues

Assessment & Evaluation in Higher Education. Taylor & Frances Group. Pour l'abonnement et la contribution : http://www.tandf.co.uk/journals/titles/02602938.asp.
Assessment Update: Progress, Trends and Practices in Higher Education (Trudy Banta, Ed.). An ASHE-ERIC Higher Education Report Series. Abonnement disponible via Wiley Online Library : http://onlinelibrary.wiley.com/doi/10.1002/au.v23:6/issuetoc.
Change: The Magazine of Higher Learning. Philadelphia, PA, Heldref Publications. Pour l'abonnement et la contribution : http://www.changemag.org/Subscribe/subscribe.html.
Christian Higher Education. Routledge. Pour l'abonnement et la contribution : http://www.tandf.co.uk/journals/UCHE.
Theological Education. Vous pouvez consulter les archives de cette revue officielle de l'Association of Theological Schools au Canada et aux États-Unis d'Amérique : https://www.ats.edu/theological-education-archives.

Annexe à ce chapitre
Critères d'évaluation des travaux de recherche des étudiants diplômés

Qu'est-ce qu'une grille d'évaluation ?

Une grille d'évaluation est un ensemble de critères écrits illustrant des niveaux variables et discrets de performance ou de réalisation dans le but de faciliter une évaluation fiable par plusieurs examinateurs. L'exemple suivant illustre l'utilisation d'une grille d'évaluation pour évaluer un article de recherche sommatif d'un étudiant diplômé.

Critères d'évaluation des articles de recherche des étudiants diplômés :

- Supérieur : L'article témoigne d'une pensée très synthétique sur le sujet ; il y a de nombreuses preuves que l'étudiant a compris, réfléchi profondément et évalué la littérature et la recherche actuelles ; il y a de nombreuses preuves de réflexion et d'intégration bibliques ; le travail excelle par rapport aux pairs et dépasse largement les attentes habituelles ; la thèse de l'étudiant est exceptionnellement perspicace, bien étayée, argumentée de façon convaincante et persuasive.
- Honorable : l'article témoigne d'une réflexion très analytique sur le sujet ; il présente des preuves que l'étudiant a une connaissance approfondie de la littérature et de la recherche actuelles ; il fait preuve d'une réflexion et d'une intégration bibliques constructives ; la thèse de l'étudiant est claire et l'argumentation est pertinente et convaincante.
- Adéquat : l'article démontre une bonne compréhension et une bonne application des principes clés liés au sujet ; l'article montre que l'étudiant a une compréhension adéquate de la littérature et de la recherche actuelles ; il y a également certaines preuves de réflexion et d'intégration bibliques appropriées ; le caractère général du travail répond aux critères spécifiés et aux attentes normales, bien que quelques aspects puissent être omis et/ou tomber en deçà des attentes.

- Peut mieux faire : l'article démontre une connaissance et une compréhension quelque peu superficielles du sujet ; il n'y a pas suffisamment de preuves que l'étudiant a compris, réfléchi en profondeur et évalué la littérature et la recherche actuelles ; il n'y a pas suffisamment de preuves d'une réflexion et d'une intégration bibliques adéquates ; la cohérence et la force de l'argumentation font défaut.
- Insuffisant : les attentes énoncées et/ou les principaux aspects du travail ont été omis ou traités de façon superficielle ; le document contient de nombreuses erreurs de composition ou de grammaire ; la thèse de l'étudiant est vague ou incompréhensible et l'argumentation est très fallacieuse.

Quatrième partie

La direction académique
Les pratiques de direction

10

Les directeurs académiques en tant qu'agents du changement

Orbelina Eguizabal

Il n'y a pas si longtemps, j'ai reçu un message de l'un de mes collègues me faisant part de certains changements dans son ministère d'enseignement. Dans son message, il reconnaissait que le changement n'était pas sa tasse de thé. En le lisant, je me suis dit : « Il n'est pas le seul. » Que ce soit au niveau individuel, collectif ou organisationnel, le changement est souvent redouté. C'est peut-être particulièrement vrai dans les milieux académiques. Cependant, un rôle important des responsables académiques est de conduire et d'accompagner l'institution à travers les changements, que cela leur plaise ou non.

Le philosophe grec Héraclite (535-475 av. J.-C.) a présenté le concept selon lequel « la seule constante est le changement » comme l'un des fondements de l'univers. Cette idée est demeurée populaire au fil du temps, ce qui témoigne de sa pertinence pour l'humanité. Les choses sont en constante évolution. Toute organisation qui veut réussir doit évoluer. Les institutions théologiques et les écoles de théologie du monde entier ne font pas exception à la règle. Maintenir un simple statu quo ne suffit plus. En raison de forces internes et externes, la survie dépend de la capacité à « suivre le rythme de l'importance croissante de l'enseignement supérieur pour la viabilité économique[1] ». Les écoles doivent évoluer au rythme des changements qui les entourent afin de répondre aux attentes élevées des étudiants.

---

1. Barbara KAUFMAN, « The Leader as a Change Agent: The Power of Purpose, Passion, and Perseverance », People & Politics, *University Business* 8, n° 3, 1ᵉʳ mars 2005, p. 53 (2).

En tant que responsables académiques, il nous faut comprendre la nature du changement. Cela inclut la façon dont il se produit, les facteurs impliqués dans tout type de changement, et va jusqu'à l'importance de notre rôle en tant qu'agents du changement. Les sections ci-dessous donnent des suggestions qui peuvent aider à promouvoir le changement dans nos institutions de formation. Nous avons inclus nombre de sources pour mettre en évidence la réflexion des experts sur le sujet. Nous l'avons fait dans l'espoir d'orienter les lecteurs vers des directions productives pour une étude plus approfondie.

Comprendre le changement dans l'organisation

Le présent chapitre porte plus particulièrement sur le rôle du responsable académique en tant qu'agent du changement. Une bonne compréhension de la nature du changement organisationnel peut aider à donner aux responsables les bases nécessaires pour bien concevoir et diriger leur organisation tout au long du processus de changement[2]. Bien souvent, nous entendons parler de « transformation » pour désigner le changement. Cependant, dans son livre *Engaging Resistance*, Aaron Anderson soutient que les termes « changement » et « transformation » ont en fait une portée différente, d'où la nécessité de les définir[3]. Eric Flamholtz et Yvonne Randle insistent sur la distinction entre changement et transformation. Ils affirment que, « si le changement peut entraîner une transformation, la transformation est différente du changement en soi[4] ».

Le changement

En termes simples, le changement consiste à rendre les choses différentes de ce qui était considéré comme la norme[5]. Les organisations vivent des changements tous les jours, qu'ils soient planifiés ou non. Cependant, certains chercheurs suggèrent que le changement organisationnel se produit généralement dans les petites unités ou sous-unités. Warner Burke soutient que « le changement organisationnel planifié, surtout à grande échelle et touchant l'ensemble

---

2. *Ibid.*
3. Aaron D. ANDERSON, *Engaging Resistance: How Ordinary People Successfully Champion Change*, Stanford, CA, Stanford Business Books, 2011, p. xv.
4. Eric FLAMHOLTZ et Yvonne RANDLE, *Leading Strategic Change: Bridging Theory and Practice*, New York, Cambridge University Press, 2008, p. 6.
5. *Ibid.*

du système, n'est pas chose commune[6] ». Anderson est d'accord avec Burke en décrivant le changement comme quelque chose qui se produit souvent à une plus petite échelle au sein d'une organisation. L'objectif est de modifier ou de remplacer certains aspects de l'organisation afin que, dès lors que les changements ont été initiés, elle ne fonctionne plus de la même façon qu'auparavant. Herold et Fedor soulignent que les modifications importantes qui sont généralement nécessaires pour apporter des changements significatifs dépendent souvent de la volonté des employés de modifier leurs habitudes de travail. Le succès des efforts visant à apporter des changements positifs dépend de leur coopération et de leur soutien[7].

La transformation

La transformation va plus loin : il ne s'agit pas seulement de faire différemment un certain nombre de choses choisies et limitées. Les organisations qui subissent une transformation vivent une « métamorphose » qui les conduit de leur forme originale à une autre. La portée de la transformation organisationnelle est, selon certains auteurs, un « changement radical ». Les dirigeants savent qu'il y a eu une transformation lorsque

> les hypothèses sous-jacentes sur les fonctions d'une organisation – sa façon de fonctionner et de mener ses activités, ses valeurs fondamentales, ses stratégies, ses structures et ses capacités – sont modifiées pour produire une organisation qui est fondamentalement différente de celle qui la précédait[8].

En comprenant la différence entre changement et transformation, les responsables académiques pourront décider s'ils veulent engager leurs efforts et leurs ressources pour apporter des changements qui amèneront progressivement l'établissement à répondre aux demandes de leurs « consommateurs » ou si une transformation plus radicale devrait être la prochaine étape. Dans le cadre du présent chapitre, le terme « changement » sera utilisé pour décrire à la fois le changement transformationnel et les changements de moindre importance.

---

6. W. Warner BURKE, *Organization Change: Theory and Practice*, 3ᵉ éd., Thousand Oaks, CA, SAGE, 2011, p. 1.
7. David M. HEROLD et Donald B. FEDOR, *Change the Way You Lead Change: Leadership Strategies That Really Work*, Stanford, CA, Stanford University Press, 2008, p. xiii.
8. *Ibid.*, p. xv.

Les types de changement

Flamholtz et Randle affirment que « la première étape dans la gestion du changement consiste à comprendre quel *type* de changement est nécessaire[9] ». On peut le discerner en évaluant les différentes façons dont les organisations ou les institutions répondent aux défis quotidiens. Par exemple, Harvard Business Essentials classe en quatre catégories la façon dont les organisations commerciales répondent aux défis :

1) **Le changement structurel.** Ces programmes considèrent l'organisation comme un ensemble de pièces fonctionnelles – le modèle « machine ». Au cours du changement structurel, la direction générale, aidée de consultants, tente de reconfigurer ces pièces pour obtenir une meilleure performance globale.

2) **La réduction des coûts.** Les programmes de réduction des coûts sont axés sur l'élimination des activités non essentielles ou sur d'autres méthodes permettant de réduire les coûts d'exploitation.

3) **Le changement de processus.** Ces programmes visent à modifier la façon dont les choses sont faites. Leur objectif est de rendre les processus plus rapides, plus efficaces, plus fiables et/ou moins coûteux.

4) **Le changement de culture.** Les programmes qui traitent du changement culturel mettent l'accent sur l'aspect « humain » de l'organisation, telle l'approche générale d'une entreprise en matière de « commerce » ou la relation entre sa direction et ses employés[10].

Malgré la clarté et la simplicité de ces définitions, les auteurs reconnaissent que ces changements sont difficiles. Ce n'est pas parce que les organisations tentent le changement qu'elles sont assurées du succès.

Flamholtz et Randle proposent également une autre façon de voir le changement. Ils classent le changement organisationnel selon trois facteurs :

1) Ampleur du changement – progressif à « transformationnel ».

2) Axe du changement – stratégique ou opérationnel.

3) Niveau de changement – individuel, collectif ou organisationnel[11].

---

9. FLAMHOLTZ et RANDLE, *Strategic Change*, p. 11.
10. Harvard Business Essentials, *Managing Change and Transition*, Boston, MA, Harvard Business School Publishing, 2003, p. 8-9.
11. FLAMHOLTZ et RANDLE, *Strategic Change*, p. 11.

L'ampleur ou l'échelle du changement. Le changement peut être effectué en différentes dimensions. Selon l'objectif, il peut être considéré comme progressif, majeur ou transformationnel.

1) *Changement progressif.* Il est caractérisé par de petits changements à peine perceptibles. Ces changements représentent « moins de 5 pour cent des opérations existantes (contenu) », par exemple, « la modification de la forme (et non du fond) des documents écrits (comme les politiques et les procédures ou les descriptions de postes)[12] ».

2) *Changement majeur.* Il s'agit de « changements substantiels dans l'organisation, ses opérations, etc. ». Ces changements peuvent comporter, par exemple, plus de « 10 pour cent du contenu du changement » ; « la révision des descriptions de postes pour tenir compte des changements qui se sont produits dans l'organisation en raison de la croissance ; [...] l'arrivée d'un nouveau membre dans l'équipe de direction ; et la modification de la structure organisationnelle[13] ».

3) *Changement transformationnel ou révolutionnaire.* Burke le définit comme « une secousse (perturbation) du système [...]. Les organisations qui changent de mission sont des exemples de changement révolutionnaire [...]. Le changement de mission affecte toutes les autres dimensions primaires d'une organisation : direction, stratégie, structure, culture et systèmes[14] ».

L'axe du changement. L'axe du changement, opérationnel ou stratégique, se définit par ce qu'il impliquera au sein de l'institution. Pour identifier l'axe du changement, il faut bien comprendre ce qui a déclenché le besoin de changement et jusqu'où les dirigeants veulent aller dans les questions de mission, de but ou de stratégie. Recherchons-nous un changement révolutionnaire ou seulement des améliorations[15] ?

1) *Le changement stratégique* : un changement d'orientation ou de vision.

2) *Le changement opérationnel* : tout ce qui affecte les activités quotidiennes[16].

---

12. *Ibid.*, p. 11-12.
13. *Ibid.*
14. Burke, *Organization Change*, p. 77.
15. *Ibid.*, p. 124.
16. Flamholtz et Randle, *Strategic Change*, p. 13.

Le niveau de changement. Les niveaux de changement organisationnel ont trait à la modification d'une partie de l'organisation. Il peut s'agir de personnes et de groupes ou de la modification de l'organisation dans son ensemble. Il est important de noter que les changements pour l'un ou l'autre de ces groupes seront différemment perçus selon les stratégies utilisées pour aborder les autres groupes[17].

1) *Au niveau individuel.* Les changements à ce niveau visent à améliorer les efforts individuels qui contribueront à des changements plus vastes au niveau de l'organisation[18]. Cela exige des systèmes appropriés de recrutement, de formation et perfectionnement, et du mentorat.

2) *Au niveau du groupe.* Un groupe de travail ou un sous-système est considéré très important au sein d'une organisation parce qu'il fournit le contexte et le lieu pour « (1) la communication entre l'individu et l'organisation ; (2) la relation sociale principale et le soutien de l'employé/e en tant que personne, qu'il ou elle soit, ou non, un/e responsable ; et (3) la détermination du sens de la réalité organisationnelle de l'employé/e[19] ». Le changement à ce niveau repose fortement sur des activités qui nécessiteront le développement intentionnel de l'esprit d'équipe, comme dans les groupes autonomes et la coopération intergroupe.

3) *Au niveau de l'organisation.* Comme souligné plus tôt dans ce chapitre, le changement au niveau de toute l'organisation est rare. Il commence généralement au niveau d'une unité particulière ou d'un département, qui à son tour peut impliquer d'autres unités et finalement aboutir à l'ensemble du système.

Peu importe où commence le changement organisationnel, il finira de toute façon par impacter les autres niveaux là où ils se chevauchent.

La classification du changement de Burke se divise en deux catégories principales : (1) le changement évolutif ou continu et (2) le changement révolutionnaire ou discontinu. Cela fait écho à certains des éléments de la typologie de Flamholtz et Randle. Selon Burke, le changement évolutif « exige des mesures d'amélioration dans la façon dont un produit est conçu, dont un service est fourni ou dont la

---

17. *Ibid.*
18. Burke, *Organization Change*, p. 100.
19. *Ibid.*, p. 113-114.

qualité est mesurée et améliorée[20] ». Par contre, le changement révolutionnaire « exige des événements systémiques globaux, comme (1) une activité initiale qui attire l'attention sur la nécessité de modifier radicalement la mission et la stratégie en raison des changements survenus dans la technologie ou (2) de nouvelles incursions imprévues d'un concurrent important[21] ». Le type de changement que les dirigeants d'une organisation jugent nécessaire doit être poursuivi à l'aide d'un plan efficace qui inclut le processus qu'ils suivront pour l'accomplir.

Modifier le contenu et le processus

La distinction entre changer le contenu (*quoi changer*) et le processus (*comment changer*) est très importante. *Changer le contenu* « fournit la vision et l'orientation générale du changement », et le *processus* « concerne la mise en œuvre et l'adoption[22] ». Burke affirme :

> Le contenu a trait au but, à la mission, à la stratégie, aux valeurs et à ce que l'organisation est – ou devrait être – en mesure de faire. Le processus a trait à la façon dont le changement est planifié, lancé, mis en œuvre et, une fois mis en œuvre, soutenu [...]. Déterminer ce qu'il faut changer exige une direction sous la forme d'une prise de position, déclarant ce à quoi le nouveau monde ressemblera, et créant le récit du changement qui aborde les questions d'identité et de but. Déterminer le *comment changer* exige une direction qui est, par exemple, participative, impliquant les membres de l'organisation dans les activités qui apporteront le changement et reconnaissant les réalisations[23].

Judith Ramaley voit ces deux concepts comme un mandat de changement au niveau de la direction, c'est-à-dire comprendre « *ce que* l'on attend de vous et s'il y a des attentes quant à *comment* vous le ferez[24] ».

Ces aspects du changement peuvent aider les dirigeants d'institutions à voir que le changement n'est pas menaçant afin qu'ils se sentent plus à l'aise pour

---

20. *Ibid.*, p. 23.
21. *Ibid.*
22. *Ibid.*, p. 25.
23. *Ibid.*
24. Judith A. RAMALEY, « Moving Mountains: Institutional Culture and Transformational Change », dans *Field Guide to Academic Leadership*, sous dir. Robert M. Diamond, San Francisco, CA, Jossey-Bass, 2002, p. 60.

conduire un changement dans leurs écoles. Comprendre la nature du changement permet aux responsables d'identifier et de formuler des réponses adaptées aux réalités du monde qui les entoure[25].

Catalyseurs de changement dans les institutions de formation

Le début du nouveau siècle, la mondialisation et plus récemment, l'effondrement des économies dans le monde ont conduit la majorité des institutions d'enseignement supérieur à connaître des troubles importants. Où qu'elles soient situées, écoles et universités ont dû procéder à des réformes de fond pour faire face aux tensions imposées par la société et par la situation financière[26]. Les responsables académiques ont parfois tendance à avancer lentement vers un changement institutionnel important, en raison de leur attachement à la tradition et au statu quo. Les responsables académiques gagneraient à consacrer du temps à étudier et à connaître les moyens qui faciliteront le changement d'une manière qui tienne compte de la nature conservatrice de leur institution, de la situation présente et des nouveaux besoins. Connaître l'environnement externe de leur institution et les facteurs qui contribuent aux changements est une première étape essentielle pour assurer le suivi des changements requis et pour planifier ces changements de façon stratégique.

Le rôle de l'environnement externe

La plupart des théories ou modèles de changement récents portent sur l'environnement en tant que facteur clé qui force les organisations à changer. Dans le *Burke-Litwin Causal Model of Change*, Burke souligne l'influence que l'environnement externe a sur la direction de l'organisation, les changements dans la mission et la stratégie de l'organisation, et le développement de sa culture interne. L'environnement externe semble être particulièrement influent dans les organisations où les personnes occupant des postes de direction sont responsables de

---

25. Aura CONDREANU, « Organizational Change: A Matter of Individual and Group Behavior Transformation », *Journal of Defense Resources Management* 1, n° 1, 2010, p. 49, http://journal.dresmara.ro/issues/volume1_issue1/07_codreanu.pdf (consulté le 15 juin 2013).
26. Alan E. GUSKIN et Mary B. MARCY, « Pressures for Fundamental Reform: Creating a Viable Academic Future », dans *Field Guide to Academic Leadership*, sous dir. Robert M. Diamond, San Francisco, CA, Jossey-Bass, 2002, p. 3-4.

la prise de décision. Ces forces peuvent comprendre des facteurs tels que : les conditions du marché, le climat politique, les changements dans les politiques de réglementation, les attentes des clients, les développements technologiques, la pression croissante exercée par les gouvernements dans le cadre du processus d'accréditation et la façon dont ces facteurs interagissent les uns avec les autres pour modifier les réalités sur le terrain[27]. Ces facteurs externes créent des pressions croissantes en faveur du changement afin de maintenir la stabilité financière des organisations tout en offrant aux étudiants une éducation à un coût raisonnable.

L'augmentation des coûts de l'enseignement supérieur. C'est un phénomène que connaissent non seulement les écoles et les universités, mais aussi les écoles de théologie faisant partie d'une institution plus grande et les écoles théologiques. La direction académique et les conseils d'administration sont confrontés au défi de maintenir la qualité de l'éducation tout en gardant l'éducation financièrement abordable. Les principaux facteurs qui contribuent à la hausse du prix de l'enseignement supérieur sont les salaires des professeurs, la nécessité de suivre la cadence rapide du développement de la technologie et l'augmentation du coût de l'entretien des installations[28].

Cette tension exige que les institutions académiques apportent constamment des changements qui leur permettront de continuer à attirer de nouveaux étudiants. Cependant, dans de nombreux pays, cela a également entraîné l'émergence d'institutions non accréditées qui offrent des diplômes faciles à obtenir en ligne ou sur place à moindre coût, quelles que soient les implications que cela puisse avoir sur la qualité de l'enseignement qu'elles dispensent. Cela a eu lieu ces dernières années dans certains pays d'Amérique latine. Un certain nombre d'établissements dont le programme d'études ne répond pas aux normes de qualité de l'éducation du pays offrent des diplômes à moindre coût. Cela constitue une menace pour les institutions académiques traditionnelles.

Les résultats d'apprentissage des étudiants. Une autre pression qui s'est accrue principalement dans le contexte de l'enseignement supérieur nord-américain est celle des exigences imposées par les agences d'accréditation. Au cours des deux dernières décennies, les évaluations de l'apprentissage des étudiants ont été incluses dans les examens des agences d'accréditation[29]. Les établissements d'enseignement doivent montrer qu'ils préparent bien leurs diplômés à la vie

---

27. Burke, *Organization Change*, p. 218-219.
28. Guskin et Marcy, « Pressures », p. 4.
29. *Ibid.*, p. 6.

active dès l'obtention de leur diplôme. Le résultat de l'évaluation des agences d'accréditation est lié à la question de savoir si les établissements seront admissibles aux fonds gouvernementaux, ce qui influe fortement sur leur prise de décision et sur les changements apportés à leurs politiques et pratiques.

Les progrès technologiques et l'explosion du savoir. Les institutions des pays en développement et des pays développés continuent de subir une pression croissante pour le changement en raison de l'explosion de la technologie. Les développements technologiques offrent des possibilités intéressantes à bien des égards car ils apportent à l'enseignement des alternatives qui ne peuvent tout simplement pas être fournies par les formes classiques d'éducation[30]. Par exemple, l'Université de Biola, où j'enseigne, a apporté des changements importants au cours des cinq dernières années pour mettre en œuvre la formation en ligne. Ces développements technologiques peuvent mettre des ressources pratiquement illimitées à la disposition de personnes qui peuvent accéder à Internet de presque partout. L'Université de Stanford est un autre exemple d'institution qui s'éloigne des modèles d'éducation classiques. Ils ont élaboré un programme qui utilise des modèles d'enquête en vue de fournir une éducation à certains groupes, y compris ceux qui vivent dans des régions éloignées en Inde et en Amérique latine, qui n'auraient pu autrement accéder à leurs programmes. L'espace est trop limité ici pour énumérer tous les nombreux efforts de développement qui ont lieu dans les institutions du monde entier. Toutefois, l'un des principaux défis auxquels les institutions sont confrontées est que la majeure partie du développement technologique se fait à l'extérieur des établissements d'enseignement. Par conséquent, ces derniers subissent des pressions externes de la part

> d'établissements concurrents, d'organismes de financement, de décideurs, de conseils d'administration et des étudiants eux-mêmes afin qu'ils utilisent la technologie comme un élément clé du processus d'apprentissage, non seulement comme une composante importante des cours ou un moyen pour les étudiants d'apprendre par eux-mêmes, mais aussi comme une alternative aux cours traditionnels[31].

L'un des aspects extrêmement utiles de ces progrès technologiques est la transformation de notre capacité à stocker et à transmettre l'information. Cela peut se faire très rapidement et ces informations sont par la suite accessibles à notre convenance. Ces progrès utiles présentent cependant un danger : l'on

---

30. *Ibid.*, p. 7.
31. *Ibid.*, p. 6.

pourrait être tenté de croire qu'ils remplacent le besoin des êtres humains de stocker et de traiter l'information dans leur propre esprit. Peter McCaffrey soutient que la connaissance va au-delà de la façon dont elle est disponible. L'un des aspects essentiels du savoir est la façon dont nous l'utilisons, dont nous y réfléchissons de façon critique et dont nous en tirons des conclusions. Ce qui préoccupe McCaffrey est de savoir comment une simple information conduit à une compréhension qui contribue à la capacité d'une personne à résoudre des problèmes, à créer ou à faire des jugements judicieux[32].

L'explosion du savoir a également été démontrée au cours des deux dernières décennies par l'augmentation des inscriptions dans les écoles. De plus en plus d'adultes sont à la recherche de diplômes d'études supérieures qui les qualifieront pour répondre aux exigences de leur emploi. Ce phénomène a été observé sur les campus universitaires à une échelle internationale. Lunenburg et Ornstein notent qu'en Amérique du Nord, il y a eu une augmentation spectaculaire des cours de formation continue. Des étudiants de tranches d'âge supérieures sont retournés à l'université pour obtenir des diplômes de compétences professionnelles[33]. Le fait de répondre aux besoins de leurs étudiants a amené les établissements d'enseignement à apporter des changements importants à leurs programmes dans nombre de domaines d'études. Cela a également entraîné des changements dans la façon dont ils gèrent leurs installations, leurs prestations et leurs structures départementales. Le travail important qui a commencé n'est pas encore terminé, et les institutions devront continuer à mettre en œuvre les changements.

La transparence. La transparence est une bonne manière de clarifier et de renforcer les moyens dont dispose une organisation pour atteindre l'excellence. Elle peut également créer une pression externe et interne considérable pour initier le changement. Judith S. Eaton, doyenne du Council for Higher Education Accreditation (CHEA) aux États-Unis, déclare que « la "transparence" fait référence à comment, et dans quelle mesure, l'enseignement supérieur et l'accréditation acceptent de rendre compte de la qualité du résultat de leur travail et sont ouvertement à l'écoute des parties prenantes et du public[34] ». La transparence

---

32. Peter McCaffrey, *The Higher Education Manager's Handbook: Effective Leadership & Management in Universities & Colleges*, 2ᵉ éd., New York, Routledge, 2010, p. 12.
33. Fred C. Lunenburg et Allan C. Ornstein, *Educational Administration: Concepts & Practices*, 5ᵉ éd., Belmont, CA, Thomson Higher Education, 2008, p. 204.
34. Judith S. Eaton, « U.S. Accreditation: Meeting the Challenges of Accountability and Student Achievement », *Evaluation in Higher Education* 5 n° 1, juin 2011, p. 8, http://www.chea.org/pdf/EHE5-1 (consulté le 18 juin 2013).

prend du sens en fonction du contexte. Par exemple, aux États-Unis, les gouvernements des États et le gouvernement fédéral ont pris un contrôle croissant sur la façon dont les établissements d'enseignement assumeront la transparence[35]. Ils ont tendance à moins se concentrer sur les apports ou les processus de transformation organisationnelle et davantage sur ce que l'établissement produit en termes d'impact sur les étudiants[36]. Pour les écoles, cela rend nécessaire d'opérer d'importants changements, dans de multiples directions. Au chapitre 8 du présent livre, Bernhard Ott souligne les tensions liées à la transparence dans le cadre du processus d'accréditation.

Les instituts d'enseignement supérieur sont de plus en plus amenés à répondre aux attentes des parties prenantes extérieures, non seulement au niveau national, mais aussi au niveau international, en raison de la mondialisation. Bjorn Stensaker et Lee Harvey soulignent que ces institutions doivent non seulement répondre aux attentes des accréditeurs dans leur propre pays, mais aussi au niveau international. Ils expliquent :

> Certains des développements qui alimentent cet intérêt croissant pour une intégration plus « globale » de la transparence sont le nombre sans cesse croissant d'étudiants étrangers, d'universitaires internationaux ou de professeurs invités, ainsi que l'impact du commerce et de l'industrie à l'échelle mondiale, le classement des performances des universités par les journaux internationaux, la mise en place de systèmes internationaux d'assurance qualité, les doubles diplômes, les partenariats et consortiums stratégiques et bien d'autres encore[37].

Les exigences et les pressions auxquelles les responsables académiques sont déjà confrontés en raison de la mondialisation et de l'internationalisation de l'enseignement supérieur continueront de s'accroître. Pour y répondre efficacement, de nombreux établissements devront modifier considérablement leur processus décisionnel.

---

35. *Ibid.*
36. LUNENBURG and ORNSTEIN, *Educational Administration*, p. 202.
37. Bjorn STENSAKER et Lee HARVEY, « Accountability: Understanding and Challenges », dans *Accountability in Higher Education: Global Perspectives on Trust and Power*, sous dir. Bjorn Stensaker et Lee Harvey, New York, Routledge, 2011, p. 7-8.

Le rôle de l'environnement interne

L'environnement interne des établissements d'enseignement exerce également une pression en faveur du changement par le biais des processus qu'ils suivent et des personnes dont l'institution est composée. Les processus les plus déterminants dans toute organisation comprennent : la nature de la direction, la façon dont les décisions sont prises, dont la communication est menée et dont les stratégies de motivation sont mises en œuvre[38]. Ces processus reflètent directement la culture d'une organisation, y compris les règles non écrites, les systèmes de croyance directeurs et les normes qui sont renforcées[39]. La culture de l'organisation est également influencée par ses membres, ses intervenants et ses clients. Selon Birnbaum, les organisations ne réagissent pas au « contexte réel, mais plutôt au contexte promulgué [...] celui que l'organisation perçoit à travers des processus qui affectent la perception et la signification[40] ». Birnbaum se réfère à William H. Starbuck pour démontrer que les dirigeants d'organisations disposent d'un éventail d'options parmi lesquelles choisir le type d'environnement qu'ils vont créer[41].

La transparence est un autre aspect du contexte interne de l'organisation. Les départements et les institutions doivent rendre des comptes aux dirigeants du séminaire, de l'école ou de l'université. La plupart des changements resteront au niveau de l'individu et du groupe (système d'unités) pour des choses telles que le recrutement et la formation des professeurs, le mentorat, les changements d'une matière dans le programme d'études, les changements au niveau du département, y compris certaines politiques et pratiques.

Le rôle de la culture dans le changement au sein des établissements d'enseignement

Les instituts d'enseignement supérieur ont une culture unique propre à eux, qui se développe tout au long de l'histoire de l'institution. Jacky Lumby et Nick Foskett définissent la culture comme « l'ensemble des croyances, des valeurs et des comportements, à la fois explicites et implicites, qui sous-tendent une

---

38. Eaton, « U.S. Accreditation », p. 8.
39. Robert Birnbaum, *How Colleges Work: The Cybernetics of Academic Organization and Leadership*, San Francisco, CA, Jossey-Bass, 1988, p. 75.
40. *Ibid.*, p. 75-76.
41. *Ibid.*, p. 76. Pour plus de details, voir William H. Starbuck, « Organizations and Their Environments », dans *Handbook of Industrial and Organizational Psychology*, sous dir. M. D. Dunnette, Chicago, IL, Rand McNally, 1976.

organisation et constituent la base de l'action et de la prise de décision, et qu'on peut parfaitement résumer comme étant "la façon dont nous faisons les choses ici"[42] ». Birnbaum explique que bien que toutes les institutions aient leur culture, celle-ci peut varier en force et en faiblesse, tout comme elle peut varier dans sa capacité de soutenir un processus de changement important[43]. De plus, les cultures ne sont pas gravées dans le marbre. Les attentes peuvent être fortement influencées par des forces extérieures telles que les collègues d'autres institutions et les cultures qui s'y trouvent[44].

Chaque organisation révèle sa culture à travers ses propres façons de conceptualiser et de faire les choses, comme le définissent Lumby et Foskett :

a. Au plan conceptuel, par les idées qui sont valorisées et promues.

b. Au plan verbal, par le langage, la terminologie et le discours en usage.

c. Au plan comportemental, par les activités, les interactions sociales et les rituels qui se produisent.

d. Au plan visuel, par les conceptions et les styles adoptés par l'organisation dans ses composantes physiques et matérielles[45].

Pour accélérer les processus de changement, il est essentiel que les dirigeants aient une bonne compréhension de la culture de leur institution. En effet, la culture joue un rôle majeur dans le type de changement possible[46]. Parfois, c'est la culture elle-même qui doit être changée. Une bonne compréhension de la façon dont le processus de changement culturel se déroule est un facteur clé de la réussite dans la manière de diriger[47].

Une institution donnée peut être ouverte au changement à différents niveaux. Flamholtz et Randle affirment qu'il est essentiel de pouvoir créer une culture qui soutienne le processus de transition, qui permette de poursuivre le changement avec créativité et en prenant un certain nombre de risques[48]. L'absence d'une

---

42. Jacky LUMBY et Nick FOSKETT, « Leadership and Culture », dans *International Handbook on the Preparation and Development of School Leaders*, sous dir. Jacky Lumby, Gary Crow et Petros Pashiardis, New York, Routledge, 2008, p. 44.
43. BIRNBAUM, *How Colleges Work*, p. 73.
44. *Ibid.*
45. LUMBY et FOSKETT, « Leadership and Culture », p. 45.
46. W. Tierney, *The Impact of Culture on Organizational Decision Making: Theory and Practice in Higher Education*, Sterling, VA, Stylus, 2008, p. 3.
47. LUMBY et FOSKETT, « Leadership and Culture », p. 56. Voir aussi M. Fullan, *The New Meaning of Educational Change*, New York, Teachers College Press, 2001.
48. FLAMHOLTZ et RANDLE, *Strategic Change*, p. 52.

telle culture aura un impact négatif sur les efforts de changement et poussera les individus à les ignorer ou à y résister.

La façon dont les dirigeants font la promotion du changement constitue l'un des éléments importants pour établir une culture institutionnelle ouverte au changement. Peterson soutient que si les responsables académiques comprennent la culture organisationnelle existante de leur établissement, ils seront en mesure d'énoncer une nouvelle vision et de nouveaux objectifs d'une manière qui favorise l'ouverture au changement[49]. L'interaction des responsables avec la culture au niveau organisationnel a une double finalité. Ils peuvent s'occuper des éléments culturels les plus omniprésents de l'organisation afin de les maintenir ou de les modifier. Ils peuvent aussi en profiter pour inclure les sous-cultures qui se sont développées dans l'organisation pour les unir à l'effort global[50]. Puisque chaque organisation a ses propres caractéristiques qui pourraient être très semblables ou très différentes des autres organisations, chacune doit être évaluée avec soin pour répondre aux besoins particuliers auxquels elle sera confrontée dans le cadre du processus de changement.

Tout cela étant dit, certaines questions se posent à toute institution : qui va concevoir et mettre en œuvre le changement ? Où trouver ces personnes courageuses qui interviendront pour diriger leur institution à travers un changement continu ? La section suivante tente de mettre en évidence qui sont ces personnes. Elle définira également certains principes essentiels pour être un agent du changement dans les établissements d'enseignement.

Les conducteurs des établissements d'enseignement : agents du changement

Conduire le changement est une compétence exigée de tout responsable qui veut maintenir la croissance de son organisation ou de son département et répondre aux besoins de ses étudiants. Tammy Stone et Mary Coussons-Read affirment que « le leadership implique des activités qui entraînent des changements[51] ». Un responsable qui conduit le changement est appelé agent du changement. Soucieuses de la capacité de leur organisation à s'adapter à la nature

---

49. H. PETERSON, *Leading a Small College or University: A Conversation That Never Ends*, Madison, WI, Atwood, 2008, p. 16-17, 34.
50. LUMBY et FOSKETT, « Leadership and Culture », p. 56.
51. Tammy STONE et Mary COUSSONS-READ, *Leading from the Middle: A Case-Study Approach to Academic Leadership for Associate Deans*, Series on Higher Education,. Lanham, MD, Rowman & Littlefield, 2011, p. 3.

en constante évolution du monde des affaires, les entreprises embauchent des personnes qui possèdent les compétences nécessaires pour servir de catalyseur du changement. Les établissements d'enseignement sont certes confrontés à des défis qui sont propres au monde de l'éducation, mais leurs dirigeants doivent aussi perfectionner les compétences qui les aideront à faire face à un environnement en constante évolution. L'un des défis à relever est que la plupart des responsables académiques sont nommés à leur poste sans formation officielle en matière de direction de l'administration universitaire. Dans la plupart des cas, ils sont nommés en fonction de leurs compétences dans d'autres domaines au sein de l'université et de leur domaine d'études. Il en résulte souvent un manque de préparation à servir d'agents du changement.

Les responsables académiques à tous les niveaux sont appelés à adopter « une vision audacieuse qui remet en question le statu quo des hypothèses adoptées de longue date concernant la mission, les programmes d'études, les stratégies de collecte de fonds et les relations communautaires[52] ». Barbara Kaufman explique que la survie même des universités dépend de leur capacité à suivre le rythme des développements, même si cela implique de sacrifier un certain équilibre et une certaine sécurité[53]. S'ajoutent à ce défi la réalité des traditions de longue date au sein de nombreuses institutions, le point de vue d'intervenants influents et d'autres facteurs qui limitent les possibilités. Pour les responsables, savoir naviguer en ces eaux est capital. Les institutions doivent choisir ce type de responsables et soutenir leurs efforts en leur allouant les ressources nécessaires et en leur offrant la formation requise pour qu'ils/elles soient en mesure de bien diriger l'institution à travers le changement[54].

Les caractéristiques des agents du changement

Des auteurs extérieurs au milieu académique fournissent de longues listes de caractéristiques essentielles pour être de bons agents du changement. Les dirigeants en milieu universitaire ont besoin d'un ensemble unique de caractéristiques de responsables pour être efficaces. Ces qualités peuvent être comprises en termes d'attitudes, d'actions, de compétences et d'aptitudes.

---

52. KAUFMAN, « Leader », p. 53 (2).
53. *Ibid.*
54. GUSKIN et MARCY, « Pressures », p. 13.

Barbara Kaufman souligne les attitudes et les actions de deux responsables académiques qui ont réussi à apporter des changements dans leurs institutions envers et contre tout scepticisme et toute circonstance adverse :

    a. Une confiance manifeste en une vision et la motivation de la réaliser.

    b. Une direction inclusive ; une volonté de faire participer divers groupes impliqués dans l'institution [...] trouver dans [*la*] vision quelque chose qui concerne chacun.

    c. Utiliser l'influence plutôt qu'une position de pouvoir [...]. Les agents du changement qui réussissent sont toujours de merveilleux conteurs d'histoires qui peuvent capter l'esprit et le cœur des autres par des visions qui façonnent l'avenir de façon convaincante.

    d. L'aptitude à surmonter les obstacles culturels [...]. La première étape pour les agents du changement qui viennent d'arriver dans l'établissement est de bien se préparer pour évaluer soigneusement les défis et éviter de tirer des conclusions erronées[55] ».

Une autre étude intéressante s'appuie sur les travaux de Buchanan et Boddy. Aitken et Higgs fournissent une vaste liste de compétences et d'aptitudes qui peuvent être appliquées à un contexte éducatif :

1) la sensibilité aux changements importants au sein du personnel et à leur impact sur les objectifs ;

2) la clarté dans la définition des objectifs et de ce qui est réalisable ;

3) la flexibilité dans la réponse au changement et à la prise de risque ;

4) le renforcement de l'esprit d'équipe ;

5) le réseautage ;

6) la tolérance à l'ambiguïté ;

7) l'aptitude à la communication ;

8) la compétence sur le plan interpersonnel ;

9) l'enthousiasme ;

10) une motivation stimulante et de l'engagement envers les autres ;

11) savoir promouvoir auprès des autres les plans et les idées ;

---

55. Barbara KAUFMAN, « Leader », p. 53 (2).

12) savoir négocier avec les principaux acteurs pour les ressources et le changement ;

13) avoir une conscience politique ;

14) la capacité d'influence ;

15) une perspective globale[56].

Bien que la recherche de Buchanan et Boddy date de plus de deux décennies, ces compétences ont fait leurs preuves dans la formation de responsables influents. De plus, les organisations dont l'objectif principal est de former les personnes à être agents du changement dans des contextes éducatifs ainsi que dans le monde de l'entreprise continuent à mettre l'accent sur ces qualités. L'organisation Change Agents UK, entre autres, affirme qu'elle forme ses étudiants aux compétences suivantes :

1) bons communicateurs, engageants et dynamiques ;

2) réseauteurs et facilitateurs efficaces ;

3) capables de s'engager dans l'autoévaluation, l'autoréflexion et l'analyse ;

4) engagés dans l'apprentissage continu d'eux-mêmes et des autres ;

5) ayant une compréhension des liens environnementaux, sociaux et économiques ;

6) la capacité d'agir en citoyens responsables ;

7) un esprit critique et systémique avec la capacité de résoudre les problèmes de façon créative ;

8) travaillant en coopération avec les autres ;

9) proactifs et non réactifs ;

10) enthousiastes, passionnés et inspirants[57].

Les deux listes prises ensemble mettent en évidence un noyau de qualités nécessaires pour une bonne direction. Certains soutiennent que nous ne pouvons

---

56. Paul AITKEN et Malcom HIGGS, *Developing Change Leaders: The Principles and Practices of Change Leadership Development*, Burlington, MA, Elsevier, 2010, p. 46. Pour un rapport complet de l'étude qui a abouti à ces compétences et aptitudes, voir D. BUCHANAN et D. BODDY, *The Expertise of the Change Agent*, Londres, Prentice Hall, 1992.

57. Change Agents UK, Skills of a Change Agent. www.changeagents.org.uk (consulté le 13 juin 2013).

pas utiliser les stratégies de changement du monde des affaires pour diriger le changement dans les établissements d'enseignement en raison de leur contexte unique, mais un examen attentif de toutes ces caractéristiques montre qu'elles peuvent toutes s'appliquer aux responsables académiques lorsqu'ils tentent d'agir comme agents du changement dans leurs établissements.

Recommandations à l'intention des dirigeants académiques dans les établissements d'enseignement

Les recommandations suivantes sont proposées en fonction de la nature du changement et des facteurs qui y contribuent.

1) **Identifiez les agents du changement dans votre institution.** Comme l'affirment les auteurs du Harvard Business Essentials dans le numéro *Managing Change and Transition*, les agents du changement « aident les autres à voir quels sont les problèmes et les convainquent de s'y attaquer[58] ». Les responsables académiques qui prévoient de mener un changement devraient pouvoir identifier d'autres agents du changement dans les différents départements de l'institution parmi les professeurs, les administrateurs et le personnel et leur donner des postes d'influence. Les auteurs du Harvard Business Essentials proposent les conseils suivants pour identifier les agents du changement :
   a. Quelles sont les personnes que l'on écoute dans votre établissement ? Les agents du changement dirigent grâce au pouvoir de leurs idées. Mais sachez que ce ne sont peut-être pas des employés ayant l'autorité formelle de diriger.
   b. Soyez attentif aux personnes qui « pensent autrement ». Les agents du changement ne sont pas satisfaits des choses telles qu'elles sont – un fait qui peut ne pas plaire à la direction.
   c. Intéressez-vous de près aux nouveaux employés qui sont venus de l'extérieur du cercle des concurrents traditionnels. Ils n'ont peut-être pas la même mentalité que les autres.
   d. Recherchez la personne ayant une formation ou une expérience inhabituelle [...]. Il y a des chances qu'elle voie le monde dans une perspective différente[59].

---

58. Harvard Business Essentials, *Managing Change*, p. 77.
59. *Ibid.*, p. 79.

2) **Planifiez un changement durable.** Rowland et Higgs affirment que « la mise en œuvre d'un changement réussi et durable doit présumer que les organisations sont des systèmes complexes qui ne peuvent pas être facilement contrôlés ou dirigés à partir d'une seule source[60] ». Le changement durable commence par la mise à contribution du corps enseignant et du personnel dans le changement. Diamond, Gardiner et Wheeler soutiennent que « les initiatives de changement sont délibérées, planifiées et dirigées et, idéalement, sont considérées comme importantes par l'ensemble des membres de l'institution[61] ». Ils suggèrent également certaines conditions nécessaires à un changement durable, notamment (1) un énoncé de mission de l'établissement qui est conforme aux valeurs institutionnelles déclarées et qui oriente le travail dans l'ensemble de l'école ou de l'université, car il répond aux besoins d'une société en évolution ; (2) des responsables qui reconnaissent et traitent les incohérences [...] entre l'énoncé de mission et les pratiques institutionnelles ; (3) des responsables qui expriment une vision ; (4) des responsables qui encouragent le leadership collaboratif ; (5) des responsables qui prennent à cœur la direction ; (6) la recherche, la technologie et les pratiques exemplaires ; (7) la collecte et l'utilisation de données sur les processus et les résultats académiques ; (8) la prise en compte de la planification financière et académique ; (9) la reconnaissance envers les structures qui soutiennent la mission, la vision et les priorités de l'institution ; (10) des responsables qui connaissent leurs propres points forts et faiblesses et qui ont d'excellentes compétences interpersonnelles et de communication ; (11) des responsables qui comprennent la valeur du perfectionnement professionnel continu pour eux-mêmes et pour leur corps enseignant et leur personnel[62]. Les responsables académiques qui veulent réussir à mettre en œuvre un changement durable sont censés encourager la pratique de tous ces prérequis et devront réfléchir à des moyens créatifs de les appliquer.

---

60. Deborah ROWLAND et Malcolm HIGGS, *Sustaining Change: Leadership That Works*, San Francisco, CA, Jossey-Bass, 2008, p. 278.
61. Robert M. DIAMOND, Lion F. GARDINER, et Daniel W. WHEELER, « Requisites for Sustainable Institutional Change », dans *Field Guide to Academic Leadership*, sous dir. Robert M. Diamond, San Francisco, CA, Jossey-Bass, 2002, p. 16.
62. *Ibid.*, p. 17-21.

3) **Gérez la résistance au changement.** Gérer la résistance est une autre compétence importante que les agents du changement doivent posséder. Il faut s'attendre à une certaine résistance au changement, mais elle peut être diminuée. La façon dont le changement est introduit est essentielle. Cela est dû à la façon dont le contenu, ou le *quoi changer*, et le processus, ou le *comment changer*, façonnent les réactions au changement. La tendance à l'adopter ou à y résister peut être encouragée par les dirigeants s'ils sont efficaces. La résistance au changement peut se produire aux trois niveaux où le changement peut avoir lieu :
   a. Au niveau de l'organisation : la résistance à ce niveau porte sur les questions (i) de pouvoir et de conflits dus à la politique de l'organisation ; (ii) de fonctionnement, en raison de la façon dont certains départements ou unités perçoivent les problèmes ; (iii) de structure organisationnelle, car celle-ci peut entraver les actions et les comportements du corps professoral, des administrateurs et du personnel ; et (iv) de culture, ce qui se produit lorsque le changement proposé menace les valeurs et les normes inhérentes à la culture de l'institution.
   b. Au niveau du groupe : parmi les facteurs qui amènent un groupe au sein de l'organisation à résister figurent (i) les normes du groupe et la perception qu'ont ses membres des changements qui affectent directement leurs tâches et leurs interactions ; (ii) la cohésion du groupe, lorsque ses membres veulent garder les choses telles quelles sont dans le groupe ; et (iii) la pensée de groupe, c'est-à-dire la façon dont le groupe se considère. Cela peut inciter à résister à tout ce qui menacerait les hypothèses, la cohésion et le consensus du groupe[63].
   c. Au niveau de la personne : Paton et McCalman suggèrent que « la résistance au niveau individuel comprend la résistance au changement due à l'incertitude et à l'insécurité, aux perception et rétention sélectives, et à l'habitude[64] ». Si ce qui se passe n'est pas clair, les gens ne veulent pas s'engager dans le changement, comme le soutiennent Herold et Fedor : « Les gens ne résistent pas au changement "par instinct" ; ils résistent au changement qu'ils

---

63. Robert A. PATON et James MCCALMAN, *Change Management: A Guide to Effective Implementation*, Thousands Oak, CA, SAGE, 2008, p. 237-238.
64. *Ibid.*, p. 238.

ne comprennent pas, dont ils ne voient pas la valeur, ou dont les exigences sont telles qu'ils ne peuvent y répondre[65]. »

Aitken et Higgs proposent des facteurs qui déterminent de façon significative la résistance au changement. Ces facteurs correspondent aux niveaux auxquels la résistance se produit :

a. Lorsque la raison du changement n'est pas claire.

b. Lorsque les personnes affectées par le changement n'ont pas été consultées au sujet du changement et que celui-ci leur est présenté comme un fait accompli.

c. Lorsque le changement menace de modifier les modèles établis de relations de travail entre les personnes.

d. Lorsque la communication au sujet du changement (but, portée, horaires, personnel, etc.) a été insuffisante.

e. Lorsque les avantages et les satisfactions présentés pour opérer le changement sont considérés insuffisants par rapport au dérangement encouru.

f. Lorsque le changement menace les emplois, le pouvoir et le statut dans une organisation[66].

Les responsables académiques qui comprennent à quels niveaux se situe la résistance au changement et quels sont les facteurs qui la provoquent doivent être sûrs qu'ils accordent à ces aspects toute l'attention voulue lorsqu'ils planifient le *quoi* et le *comment* du changement. De ce fait, les étapes initiales du processus de changement devraient consister à : (a) fournir une communication claire quant aux besoins, aux plans et aux conséquences du changement, y compris le contenu du processus qui va prendre place ; (b) aider les participants au changement à voir les avantages pour la personne, le groupe ou l'organisation dans son ensemble ; (c) créer un sentiment d'appartenance au groupe de telle manière que ceux qui dirigent le changement et ceux qui le subissent sentent qu'ils font partie du même groupe ; (d) prendre en compte les besoins, les attitudes et les croyances des personnes concernées, ainsi que les points forts de l'organisation[67].

---

65. Herold et Fedor, *Change the Way*, p. 141.
66. Aitken et Higgs, *Developing Change*, p. 28.
67. Paton et McCalman, *Change Management*, p. 238-239.

4) **Commencez par de petits changements.** Au cours d'une conversation récente avec l'une de mes collègues dans les Caraïbes concernant les raisons pour lesquelles les responsables académiques n'initient pas le changement dans leurs institutions et comment ce changement peut avoir lieu de façon progressive, elle me dit : « Si j'avais su que j'aurais pu commencer par de petits changements dans le programme d'études de mon école et que je n'avais pas besoin de changer tout le cursus d'un seul coup, j'aurais pu initier ces changements-là ». Comme mon amie, de nombreux responsables hésitent à opérer des changements. D'après leur expérience de consultants en changement, Rowland et Higgs notent que « le potentiel du changement se produit tout le temps autour de nous. L'organisation est en perpétuel mouvement[68] ». Les responsables qui prêtent attention à ce mouvement continuel peuvent saisir les opportunités d'avancer à petits pas au quotidien, d'apporter des ajustements mineurs, d'avoir des conversations avec des personnes influentes ou de s'appuyer sur leur réseau de connaissances influentes. Tout cela peut apporter, au fil du temps, des changements importants. C'est là aussi que l'on peut cultiver le sentiment d'urgence pour un changement plus grand[69]. De petits changements à un micro-niveau peuvent influencer des changements majeurs qui à leur tour, peuvent entraîner des changements dans l'ensemble du système. De plus, des changements dans les cours, les emplois du temps et les activités quotidiennes peuvent aider un directeur de département à acquérir la confiance nécessaire pour mener les changements au niveau suivant.

5) **N'oubliez pas que le changement est un travail d'équipe.** Essayer de mener seul le changement peut être irréaliste, pénible, et peut conduire à l'échec en raison de la complexité de l'institution. Les agents du changement doivent faire usage de leurs compétences interpersonnelles en reconnaissant et en utilisant les compétences et les aptitudes des autres, et en s'y fiant. John Kotter suggère qu'après avoir établi un sentiment d'urgence pour le changement, la prochaine

---

68. Rowland et Higgs, *Sustaining Change*, p. 27.
69. *Ibid.*

étape devrait être de développer une « coalition directrice[70] ». D'après Kotter :

> Personne, pas même un directeur de type monarque absolu, n'est capable à la fois de développer la bonne vision, de la communiquer à un grand nombre de personnes, d'éliminer tous les obstacles majeurs, d'obtenir des résultats rapides, de diriger et de gérer des dizaines de projets de changement et d'ancrer les nouvelles approches au plus profond de la culture de l'organisation[71].

Les responsables académiques ont besoin d'une équipe composée de personnes qui partagent le même objectif et qui disposent de la confiance des participants au changement. Par exemple, se référant au changement au niveau du département, Ann F. Lucas et Associés déclarent : « Pour être efficaces, les responsables académiques doivent acquérir les connaissances et apprendre comment développer les compétences nécessaires à la direction d'une équipe, ce qui est le fondement sur lequel reposent les projets de changement réussis[72]. » N. Douglas Lees soutient également que le responsable académique ne devrait pas seulement fonctionner comme l'organe administratif qui mandate le changement et qui agit comme défenseur de la direction, il devrait également être membre de l'équipe qui met en œuvre le changement. Avoir une bonne compréhension de ce qui va ou ne va pas marcher et anticiper le meilleur moment pour le changement est un aspect important du rôle de directeur[73]. Les responsables académiques qui veulent « maintenir la stabilité tout en répondant au changement […] devront considérer leur rôle de chef d'équipe[74] ». En raison de sa position dans le département, le directeur de département a la responsabilité de présenter à ses enseignants des arguments convaincants en faveur du changement et de leur montrer la manière créative d'honorer la tradition tout en maintenant la qualité[75].

---

70. John P. Kotter, *Leading Change*, Boston, MA, Harvard Business School Press, 1996, p. 51.
71. *Ibid.*, p. 51-52.
72. Ann F. Lucas et Associés, *Leading Academic Change: Essential Roles for Department Chairs*, San Francisco, CA, Jossey-Bass, 2000, p. 4.
73. N. Douglas Lees, *Chairing Academic Departments: Traditional and Emerging Expectations*, Jossey-Bass Resources for Department Chairs, Bolton, MA, Anker, 2002, p. xi.
74. Lucas et Associés, *Leading Academic Change*, p. 4.
75. N. Douglas Lees, *Chairing Academic Departments*, p. xi.

Conclusion

Dans ce chapitre, j'ai tenté de sensibiliser les responsables académiques au rôle qu'on attend d'eux en tant qu'agents du changement dans le cadre de leur rôle de direction dans un établissement de formation. Tout d'abord, j'ai présenté un bref aperçu de la nature du changement, car je considère la compréhension de celle-ci comme la première étape pour que les responsables académiques soient en mesure de servir d'agents du changement. J'ai abordé un deuxième aspect dans ce chapitre, celui des catalyseurs du changement dans les institutions d'enseignement, en soulignant l'influence que l'environnement externe et interne a sur la création du besoin de changement continu dans l'organisation, tout comme j'ai aussi brièvement discuté du rôle de la culture comme catalyseur du changement. Enfin, j'ai présenté quelques caractéristiques des agents du changement et quelques recommandations à l'intention des dirigeants académiques qui sont appelés à servir dans les établissements d'enseignement en tant qu'agents du changement. L'espace était limité pour une discussion complète du sujet, mais peut-être que ce chapitre peut orienter les responsables académiques vers certaines des excellentes et vastes études disponibles. J'espère que les lecteurs le trouveront utile et qu'ils tireront profit de l'application de certaines de ces idées à leur contexte éducatif.

Points pour la réflexion et l'action

1) Dans votre propre contexte, quelles sont les forces (externes et internes) qui entraînent des changements dans l'enseignement supérieur de votre pays ?

    Après les avoir énumérées, pensez à la façon dont elles influencent le changement dans votre propre institution.

2) De quelle manière le changement organisationnel est-il géré dans votre contexte ?
    a. Votre institution gère-t-elle le changement de la même façon ?
    b. En quoi la gestion du changement dans votre institution diffère-t-elle de celle des autres établissements d'enseignement supérieur ?

3) Pensez à un changement qui se produit actuellement dans votre établissement. Qui le dirige ? Est-ce un travail d'équipe ou s'agit-il d'une seule personne qui met en œuvre le changement ?

a. Quelles sont les étapes que l'équipe ou la personne suit pour mettre en œuvre le changement ?
   b. Si c'était vous qui dirigiez le changement, que feriez-vous différemment ?
4) Identifiez certains domaines de votre institution où un changement est nécessaire. Énumérez les changements nécessaires par ordre de priorité.
   a. Dans la liste, sélectionnez et définissez un changement que vous souhaitez diriger et définissez comment ce secteur sera différent après le changement.
   b. Établissez les étapes précises que vous suivrez pour conduire le changement.
   c. Choisissez les personnes que vous ferez participer pour vous aider à gérer le changement.
   d. Définissez les mesures que vous prendrez pour faire face à la résistance, le cas échéant.
5) Une des caractéristiques d'un agent du changement est qu'il est proactif et non réactif au changement. Identifiez trois actions sur lesquelles vous pourriez travailler pour vous aider à être prêt à engager le changement plutôt que de vous en défendre.
   a. Fixez la date à laquelle vous entamerez chacune de ces actions.
   b. Définissez comment vous saurez que vous les avez accomplies et comment elles vous auront aidé à être un agent du changement efficace.

Pour aller plus loin

Ouvrages

AITKEN Paul, HIGGS Malcolm, Developing Change Leaders: The Principles and Practices of Change Leadership Development, Burlington, MA, Elsevier, 2010.

ANDERSON Aaron D., Engaging Resistance: How Ordinary People Successfully Champion Change, Stanford, CA, Stanford Business Books, 2011.

BURKE W. Warner, Organization Change: Theory and Practice, 3ᵉ éd., Thousand Oaks, CA, SAGE, 2011.

EHLERS Ulf-Daniel, SCHNECKENBERG Dirk, sous dir., Changing Cultures in Higher Education: Moving Ahead to Future Learning, New York, Springer, 2010.

FLAMHOLTZ Eric, RANDLE Yvonne, Leading Strategic Change: Bridging Theory and Practice, New York, Cambridge University Press, 2008.

GMELCH Walter H., MISKIN Val D., Department Chair Leadership Skills, 2ᵉ éd., Madison, WI, Atwood, 2011.

Harvard Business Essentials, Managing Change and Transition, Boston, MA, Harvard Business School Publishing, 2003.

HILLMAN Os, Change Agent: Engaging Your Passion to Be One Who Makes a Difference, Lake May, FL, Charisma House, 2011.

LEES N. Douglas, Chairing Academic Departments: Traditional and Emerging Expectations, *Jossey-Bass Resources for Department Chairs*, Boston, MA, Anker, 2006.

McCAFFERY Peter, The Higher Education Manager's Handbook: Effective Leadership & Management in Universities & Colleges, 2ᵉ éd., New York, Routledge, 2010.

PETERSON H., Leading a Small College or University: A Conversation That Never Ends, Madison, WI, Atwood, 2008.

STENSAKER Bjorn, HARVEY Lee, sous dir., Accountability in Higher Education: Global Perspectives on Trust and Power, New York, Routledge, 2011.

STONE Tammy, COUSSONS-READ Mary, Leading from the Middle: A Case-Study Approach to Academic Leadership for Associate Deans, Series on Higher Education, Lanham, MD, Rowman & Littlefield, 2011.

Autres ressources

BIRNBAUM Robert, How Colleges Work: The Cybernetics of Academic Organization and Leadership, San Francisco, CA, Jossey-Bass, 1988.

BOLMAN Lee G., GALLOS Joan V., Reframing Academic Leadership, San Francisco, CA, Jossey-Bass, 2011.

DIAMOND Robert M., sous dir., Field Guide to Academic Leadership, San Francisco, CA, Jossey-Bass, 2002.

HICKMAN Gill Robinson, Leading Change in Multiple Contexts: Concepts and Practices in Organizational, Community, Political, Social, and Global Change Settings, Thousand Oaks, CA, SAGE, 2010.

LUCAS Ann F., Leading Academic Change: Essential Roles for Department Chairs, San Francisco, CA, Jossey-Bass, 2000.

TIERNEY W., The Impact of Culture on Organizational Decision Making: Theory and Practice in Higher Education, Sterling, VA, Stylus, 2008.

11

La gestion des conflits et des crises dans la direction académique
Quand le « marcher ensemble » ne marche pas

Paul Sanders

Une étude de cas

Un institut biblique évangélique en Occident a été fondé peu après la Première Guerre mondiale et a prospéré au cours des décennies suivantes. Et ce, malgré la situation économique difficile entre les deux guerres mondiales, l'arrivée de la Seconde Guerre mondiale et l'Occupation. Le fondateur de l'institution avait quitté la scène, confiant la direction à deux professeurs, qui étaient également des dirigeants évangéliques éminents dans le pays. Au début des années 1980, l'un d'eux décéda et l'autre prit sa retraite. Le nouveau chef d'établissement, dans sa quarantaine, avait été choisi par les précédents co-responsables encore en vie. Cinq ans plus tard, la direction de l'école embaucha trois hommes qui avaient également la quarantaine. L'école comptait alors une cinquantaine d'étudiants.

Durant toutes ces années, l'école était gérée selon un « modèle familial » : le chef d'établissement et sa femme fonctionnaient comme « parents » de substitution pour des étudiants relativement jeunes, les règles de la « maison » étaient assez strictes, et les problèmes étaient résolus « à la manière d'une famille ».

Cette situation fonctionna plutôt bien jusqu'au milieu des années 80, avec une arrivée en masse d'étudiants non résidents. Attirés par l'accessibilité de l'école via le réseau de transports publics, la plupart de ces étudiants étaient mariés et avaient entre 20 et 30 ans. Ainsi, la démographie institutionnelle changeait radicalement et rapidement, avec deux populations d'étudiants différentes : les jeunes étudiants résidents célibataires et les étudiants non résidents, mariés et plus âgés.

En réponse à cette situation, le chef d'établissement mit en place une nouvelle structure avec quatre chefs de département, dont lui-même. Au début de la nouvelle année académique, des différends ont commencé à surgir sur diverses questions et, à Noël, deux des trois chefs de département avaient cessé d'adresser la parole au chef d'établissement. Les cours se poursuivaient, mais l'administration de l'école était paralysée. Cette crise institutionnelle conduisit le conseil d'administration à demander au chef d'établissement de prendre un congé sabbatique pour se reposer et permettre à la direction intérimaire de donner un nouvel élan à l'école. L'un des chefs de département mentionnés ci-dessus fut prié de devenir le chef d'établissement par intérim. Les étudiants se sont vite rendus compte que quelque chose ne tournait pas rond, mais la règle du silence prévalait. À la fin de cette année académique, le chef d'établissement et l'un des trois autres directeurs avaient tous deux démissionné et pris des fonctions dans d'autres établissements. Certaines des diverses dimensions de ce conflit sont aujourd'hui apparentes, mais à l'époque, elles n'étaient pas si faciles à observer ou à comprendre.

Nous pouvons mieux comprendre ce cas en essayant de répondre aux questions suivantes :

1) De quelle manière les antécédents de l'école aident-ils à expliquer le conflit ?
2) De quelle manière les problèmes de communication sont-ils mis en évidence dans ce récit ?
3) De quelle manière les cultures respectives des dirigeants pourraient-elles jouer un rôle ?
4) Quels sont les sentiments de chacun des quatre directeurs ?
5) Quelles autres questions pourraient être en jeu ?
6) Que faut-il prendre en considération pour régler leur désaccord ? (par ex. sauver la face, protéger la relation, préserver la paix, etc.)
7) Quelles suggestions feriez-vous pour gérer cette situation ?

8) Comment évalueriez-vous cet exemple à la lumière de votre propre situation culturelle ?

Les données recueillies en répondant à ces questions peuvent apporter une meilleure compréhension et une plus grande sagesse pour gérer les conflits dans d'autres contextes institutionnels.

Résultats et leçons tirées

Progressivement, les choses s'améliorèrent. Les membres du conseil d'administration estimèrent que le chef d'établissement devait passer à autre chose. Ils mirent donc en place un plan de succession, recrutèrent de nouveaux responsables, et la situation financière de l'institution s'améliora. De même, sa réputation dans la communauté évangélique fut, dans l'ensemble, préservée. En tant qu'observateur de ces événements, l'auteur a identifié plusieurs leçons générales et spécifiques pouvant être tirées d'une telle situation.

Tout d'abord, en prenant du recul par rapport aux personnes et aux parties impliquées, il faut se rappeler que les institutions et les Églises, tout comme les personnes individuelles, traversent des cycles de vie et doivent s'adapter à ces changements qui ne sont pas toujours consciemment perçus et compris. Ensuite, au fil du temps, plusieurs dimensions observables de ce conflit ont pu être discernées, notamment l'évolution démographique des étudiants, la diversité culturelle de l'équipe de direction, la transformation progressive de l'établissement, qui est passé d'une structure familiale élargie à une structure plus institutionnalisée, l'inadéquation des structures institutionnelles de l'école compte tenu de l'évolution des circonstances, etc.

Une observation et une réflexion minutieuses sur ce cas révèlent également les dimensions suivantes :

1) La communication a été un enjeu majeur dans cette affaire, car le non-dit a eu préséance sur le discours officiel, ce qui a engendré la multiplication des rumeurs et des interprétations. Une bonne communication entre les membres de l'équipe de direction, ainsi qu'entre le personnel et les étudiants, aurait pu améliorer la situation et diminuer l'étendue de la crise de manière considérable.

2) La gouvernance, qui avait été jusqu'alors relativement passive, est intervenue pour corriger la situation. En effet, dans les institutions théologiques, les organisations ministérielles et les Églises, la gouvernance des conseils d'administration est bien souvent, soit l'épine

dorsale solide de la pérennité et de la croissance, soit le talon d'Achille de la vulnérabilité, conduisant au déclin et au conflit.

3) Enfin, mais de manière non exhaustive, cette crise était probablement nécessaire, telles des douleurs d'enfantement par lesquelles l'école renaissait dans son nouveau mode d'existence.

Définir le conflit

L'exemple précédent montre que, dans le contexte de la formation théologique, la résolution de conflits ne peut pas être juste simplifiée à l'excès et réduite aux dimensions spirituelles, aussi importantes soient-elles pour comprendre et résoudre le conflit.

Le *conflit* peut être défini comme « un désaccord profond, quant aux intérêts ou aux idées… » et comme « le trouble émotionnel résultant d'un choc d'impulsions opposées ou d'une incapacité à concilier les impulsions avec des considérations réalistes ou morales[1] ». Le dictionnaire *Larousse en ligne* définit le mot « conflit » ainsi : « Expression d'exigences internes inconciliables, telles que désirs et représentations opposés, et plus spécifiquement de forces pulsionnelles antagonistes. (Le conflit psychique peut être manifeste ou latent)[2]. »

L'Encyclopaedia Britannica développe davantage cette définition :

> Le conflit, en psychologie, l'éveil de deux ou plusieurs motivations fortes qui ne peuvent être résolues ensemble […] Les conflits sont souvent inconscients, en ce sens que la personne ne peut pas identifier clairement la source de sa détresse. De nombreuses impulsions fortes – telles que la peur et l'hostilité – sont tellement désapprouvées par la culture qu'un/e enfant apprend vite à ne pas les admettre, même à soi. Lorsque de telles impulsions sont impliquées dans un conflit, la personne est anxieuse mais ne sait pas pourquoi. Elle est alors moins en mesure d'apporter une réflexion rationnelle sur le problème[3].

À partir de cette compréhension de base du conflit, nous devons aller plus loin, en examinant brièvement d'autres dimensions du conflit.

---

1. *Webster's New World Dictionary of the American Language*, Second College Edition, New York/Cleveland, World Publishing, 1970, s.v. « conflict ».
2. https://www.larousse.fr/dictionnaires/francais/conflit/18127?q=conflit#18018.
3. *Britannica Online Encyclopedia*, s.v. « conflict », http://www.britannica.com/EBchecked/topic/132060/conflict (consulté le 17 novembre 2011).

Le conflit est complexe

Les institutions évangéliques de formation théologique ne sont certes pas exemptes des défis du conflit. Le déni ou la répression du problème n'est certainement pas une solution. Ceux d'entre nous qui ont eu le privilège d'être impliqués dans la formation théologique évangélique internationale ont également eu la peine d'être témoins de situations de conflit qui ont freiné le développement des institutions pour des années, allant même jusqu'à les détruire parfois.

Le conflit est complexe, et comme le révèlent les définitions précitées, bien plus complexe qu'il n'y paraît au départ. Les tendances chrétiennes à simplifier à l'excès les conflits en les spiritualisant sont souvent peu utiles, car elles tendent à réduire une situation complexe à un seul paramètre, négligeant ainsi les autres, ce qui, en fin de compte, complique le conflit au lieu de le résoudre. Bien que les chrétiens croient que la dimension spirituelle est essentielle à la compréhension de toute question, nous ne devons pas adopter une approche réductrice et simpliste de la complexité des conflits humains.

En outre, si le conflit était simplement interpersonnel, nous pourrions traiter simplement les dimensions spirituelles et psychologiques et espérer résoudre les problèmes en cause. Cependant, le conflit se déroule toujours dans un certain contexte, et la compréhension de ce contexte est essentielle à la résolution de conflit. Par exemple, un conflit dans un mariage implique souvent les enfants, les familles élargies et le réseau relationnel des deux partenaires et, si le conflit n'est pas résolu, la société dans son ensemble est impliquée par le biais des processus juridiques qui peuvent mener au divorce. Et les répercussions du divorce entraînent des conséquences profondes et assez imprévisibles.

Le conflit est désagréable

Aimons-nous le conflit ? En général, la réponse est : non ! Bien que certaines personnalités semblent stimulées par les situations conflictuelles, un conflit est généralement compliqué et désagréable. Il peut causer des dommages émotionnels et affecter le bien-être d'une personne à cause du ressentiment et de l'amertume qui peuvent persister. Les conflits dans les écoles de théologie ne font pas exception.

Il est rare que les conflits soient bien gérés. Pourtant, le conflit en soi est-il nécessairement mauvais ? Considérez les deux déclarations suivantes de Howard Clinebell et Harvey Seifert : « Le conflit en soi n'est ni bon ni mauvais, il existe, tout simplement. Cependant, la façon dont il est exprimé et géré peut faire du bien ou du mal ». Et, « sans conflit, il n'y a pas de changement personnel ou de progrès social majeur. Par contre, un conflit qui dégénère (telle la guerre moderne) peut détruire ce que les hommes avaient l'intention de sauver en s'y engageant[4] ».

Le conflit : personnel ou professionnel ?

Au plan personnel, la maîtrise ou la résolution de conflit exige une écoute ciblée et réfléchie, dans une attitude de respect et d'acceptation de l'autre, ainsi que la capacité d'affirmer et de faire valoir de la bonne façon et au bon moment. Au plan professionnel et organisationnel, la résolution de conflit implique une direction confiante et non défensive et une volonté égale d'envisager des solutions gagnant-gagnant (l'art du compromis). La résolution de conflit peut même conduire à des changements structurels dans l'organisation, à l'adoption de politiques et de procédures mieux conçues et plus clairement énoncées (par ex., procédure de règlement des griefs) et à des méthodes ordonnées d'introduction des changements.

Dans les institutions théologiques, ainsi que dans les Églises et les organisations chrétiennes, les conflits interpersonnels, tant personnels que professionnels, peuvent souvent être le résultat d'une communication, de structures, de politiques et de procédures inadéquates. Le manque de clarté dans ces domaines peut conduire à des conceptions et des perceptions divergentes et donc au conflit. Dans les milieux chrétiens, les conflits sont souvent attribués à des causes spirituelles et personnelles, alors qu'en réalité ils peuvent être le résultat d'un manque de clarté professionnelle, ce qui affecte par la suite les relations personnelles.

Le conflit : émotionnel ou fondamental ?

Il est important de distinguer au moins deux dimensions dans un conflit : la dimension émotionnelle et la dimension fondamentale. La dimension émotionnelle fait référence à la présence, entre deux personnes ou deux groupes, d'émotions telles que la colère, la méfiance, une attitude défensive, le mépris, le ressentiment, la peur, le rejet. Ces émotions doivent remonter à la surface, être exprimées et gérées de manière appropriée. Contrairement au niveau émotionnel,

---

4. Harvey SEIFERT et Howard J. CLINEBELL, *Personal Growth and Social Change: A Guide for Ministers and Laymen as Change Agents*, Philadelphia, PA, Westminster, 1969, p. 240. Voir aussi Duane ELMER, *Cross-Cultural Conflict: Building Relationships for Effective Ministry*, Downers Grove, IL, InterVarsity, 1994, p. 192 ; Ken SANDE, *The Peace Maker: A Biblical Guide to Resolving Personal Conflict*, 3e éd., Grand Rapids, MI, Baker, 2004, p. 320 ; Kerry PATTERSON et al., *Crucial Confrontations: Tools for Resolving Broken Promises, Violated Expectations and Bad Behavior*, New York, McGraw-Hill, 2004, p. 284.

le conflit de fond implique la présence d'une vision, de valeurs et de besoins contradictoires, de désaccords sur les politiques et les pratiques, de conceptions différentes quant aux rôles et à l'utilisation des ressources.

Dans une école de théologie, la dimension émotionnelle d'un conflit latent ou déclaré peut se manifester lors des réunions de la direction, des réunions du conseil d'administration et des séances du corps professoral ou dans l'interaction avec ou entre les étudiants. *Lorsque les sentiments sont exacerbés, il est primordial de traiter d'abord les aspects émotionnels du conflit.* Si l'on ne le fait pas, il sera beaucoup plus difficile de traiter les questions de fond qui sont sous-jacentes, c'est-à-dire la partie immergée de l'« iceberg ».

Gérer et résoudre les conflits

Examinons quelques moyens de gérer les conflits, dans l'espoir qu'ils nous permettront, en tant que responsables académiques, d'exploiter au maximum le bien et de minimiser le préjudice en cas de conflit. En outre, nous examinerons brièvement les sources des conflits, afin de mieux comprendre comment les prévenir et les gérer. Nous aborderons également certaines lignes directrices qui peuvent aider à résoudre les conflits et réfléchirons ensemble à une situation de conflit concrète. Notre intention ici est de développer un paradigme pour la pensée créative et la résolution de problèmes afin d'aller au-delà des solutions évidentes, ou de leur absence, pour en arriver à des solutions innovantes et réfléchies.

Il convient de noter que la notion de *résolution de conflit*, étroitement liée au rétablissement de la paix, suscite un intérêt important dans notre société mondialisée, qu'il s'agisse d'affrontements entre nations, groupes sociaux ou personnes, comme dans le cadre du mariage et de la famille. Les programmes académiques de résolution de conflit et de rétablissement de la paix deviennent largement disponibles, allant des études non formelles aux offres de doctorat et de post-doctorat[5].

---

5. Cf. Fresno Pacific University, Division of Biblical and Religious Studies, *Biblical Theology of Conflict and Peacemaking* (BIB 465). Asia Graduate School of Theology ; Peacemaker Ministries. La psychologue Gabriele Holzle décrit sa pratique ainsi : « Quand j'enseigne cela maintenant, j'essaie de mettre l'accent sur la démonstration et ensuite la pratique des compétences d'écoute. Vous ne pouvez pas résoudre un conflit si vous n'êtes pas disposé à écouter et capable de le faire. Je m'intéresse aussi davantage aux questions de la blessure – traiter les souffrances causées par le conflit, et le pardon v/s la réconciliation ». Voir aussi, http://www.resolvechurchconflict.com et http://www.mediationworks.com.

Perspectives bibliques sur la gestion de conflit

Il est intéressant de noter que l'étude de ce sujet dans la Bible ne donne pas du conflit une image « super-spirituelle » et réductionniste. Il n'entre pas dans le cadre de ce chapitre de développer une théologie biblique du conflit et de la résolution de conflit, mais plutôt d'illustrer certaines voies possibles afin d'explorer ce thème de manière approfondie. Les commentaires de David Edling sur le rôle des pasteurs dans la gestion des conflits pourraient également être appliqués aux responsables de la formation théologique :

> Les médiateurs chrétiens sont fréquemment appelés à aider les responsables d'églises à gérer les conflits dans l'église locale. La plupart [des responsables d'église] [...] ont peu de formation en gestion des conflits [...] et ils peuvent facilement perdre de vue les responsabilités pastorales qu'ils continuent d'assumer et être tentés de recourir à des réponses non bibliques au conflit (fuite ou attaque) [...] [plutôt que de] gérer les conflits dans le but de glorifier Dieu, de servir les autres, et de développer davantage un caractère semblable au Christ[6].

Edling utilise trois passages scripturaires pour donner un aperçu d'une approche théologique de la résolution de conflit, en utilisant les mots clés suivants : *perspective, discernement* et *leadership*.

Perspective : Job 38.1-7

Dieu permet à Job d'« exprimer [sa] plainte » (Jb 10.1). Cependant, il ne répond pas spécifiquement à la plainte de Job, mais l'oriente vers une perspective beaucoup plus large et plus profonde, celle de l'éternité. L'un des défis majeurs de la résolution de conflit est de remettre les choses en perspective alors que l'on est submergé par l'émotion et la douleur. Edling encourage le responsable à

> ne pas se concentrer directement sur le problème qui est au cœur du conflit (du moins au début), mais plutôt se concentrer sur le *processus biblique* de résolution des conflits. Cette approche a deux résultats positifs : 1) elle oriente de façon appropriée les personnes concernées vers la question de *comment* gérer le conflit, et 2) elle

---

6. David V. EDLING, « Counseling the Church in Conflict », un article inclus dans les documents de référence au sein de Peacemaker Ministries' Institute for Christian Conciliation's Certification Program in Peacemaker Ministries. http://www.peacemaker.net/site/c.aqKFLTOBIpH/b.1172255/apps/s/content.asp?ct=1245863 (consulté le 6 juillet 2012).

fournit la « marge de manœuvre » nécessaire pour prendre du recul par rapport à la question du conflit lui-même afin d'avoir le temps de remettre les choses en perspective. En d'autres termes, l'étude de *la procédure* traite en fait *substantivement* du cœur des personnes en conflit [...] pour mettre temporairement de côté les questions matérielles du conflit pendant que la Parole de Dieu est étudiée et enseignée, traitant des questions du *comment* dans le processus de résolution biblique des conflits[7].

Bien que les écoles de théologie et les églises ne soient pas identiques dans leur vocation, les institutions chrétiennes de formation devraient fonctionner sur la base des vérités et de l'éthique bibliques centrales et avoir accès, dans la résolution de conflit, aux approches similaires à celles que recommande Edling.

Discernement : Luc 12.13-21

Edling illustre la question du discernement par la rencontre d'une personne anonyme dans la foule qui demande à Jésus de servir d'arbitre dans un conflit d'héritage avec son frère. Bien que la question apparente concerne le conflit sur le partage d'un héritage, Jésus nous amène à considérer la question centrale, celle de la cupidité. Dans la formation théologique, les questions apparentes peuvent avoir trait aux politiques, aux structures et aux paramètres de responsabilité, et ces problèmes peuvent être bien réels. Cependant, ils peuvent aussi (consciemment ou inconsciemment) cacher la cause réelle du conflit : celle des divergences de vision, de valeurs et de convictions. Le problème apparent peut sembler plus simple à régler, mais si la question n'est pas prise en charge à la source, elle refera surface, comme une mauvaise herbe qui repousse. Le responsable fera bien de consacrer du temps à réfléchir et à poser les questions qui lui permettront de discerner les sources du problème[8].

Leadership : Actes 15.1-11

Le troisième exemple d'Edling, celui du parti juif chrétien et de ses tentatives pour imposer la loi juive aux nouveaux croyants non juifs à Antioche, comporte des dimensions théologiques, sociales et culturelles. Au cœur de ce conflit se trouve une forme de fausse doctrine, et sa résolution dans Actes 15 est présentée par Edling comme modèle, avec les étapes suivantes :

---

7. *Ibid.*
8. *Ibid.*

1) L'implication d'autres croyants spirituellement mûrs (15.2b) ;
2) Un accent mis sur le positif, même dans le cadre du conflit (15.3-4) ;
3) L'identification claire des enjeux (15.5-6) ;
4) Une discussion attentive et approfondie (15.7) ;
5) L'exercice d'un *leadership* qui fait autorité, fondé sur la vérité de Dieu (15.7-11)[9].

Edling fait remarquer que la dernière étape, l'exercice d'un *leadership* selon Dieu, va au-delà du processus de résolution de conflit. Le passage biblique en question fait référence à « une longue discussion » (Ac 15.7), permettant de recueillir correctement les informations et de discuter librement les différents points de vue. Cependant, c'est l'intervention décisive de Pierre qui a finalement permis de résoudre définitivement le conflit. Il a été soutenu par Jacques (Ac 15.13-21). Les pasteurs et les dirigeants chrétiens en général, y compris les directeurs d'écoles de théologie, « doivent être capables et désireux d'exercer un leadership confiant et selon Dieu en temps de conflit[10] ».

Guérison graduelle : le Psaume 13

Le Psaume 13 est un autre passage biblique qui illustre un paradigme de gestion des conflits. Ce chant, divisé en trois versets, parle de : (a) se plaindre à Dieu ; (b) prier Dieu ; (c) louer Dieu[11]. Notez l'importance de cet ordre. En l'appliquant au conflit, la première étape consiste à permettre aux personnes d'exprimer leur douleur, leur détresse, leurs doutes et leurs émotions. Dès qu'elles ont communiqué leurs émotions, une prière constructive peut avoir lieu pour remettre le conflit à Dieu et à ses soins. Enfin, il peut en résulter une louange authentique s'élevant vers Dieu. Bien que ce passage, dans son contexte, ne traite pas des conflits interpersonnels (autres qu'entre le croyant et Dieu), son application à la résolution de conflit est pertinente. De nombreux autres passages pourraient être cités pour développer une théologie biblique de la résolution de conflit, et d'importants ouvrages ont été écrits sur le sujet[12].

---

9. *Ibid.*
10. *Ibid.*
11. Cf. Ronald B. ALLEN, *Praise: The Response to All of Life*, Portland, OR, Multnomah, 1983.
12. Cf. quelques exemples : http://www.biblicaltheology.com/Research/GiannetS01.html ; http://danluebcke.blogspot.com/2008/09/biblical-theology-for-conflict.html ; http://enrichmentjournal.ag.org/200502/200502_030_cool.cfm ; http://www.amazinggrace360.com/handouts/preconference/biblical peacemaking.pdf ; http://btb.sagepub.com/content/29/1/4.short. (liens consultés le 14 mars 2017).

Le conflit, comme une ligne de pêche, peut s'emmêler à tel point qu'il faut beaucoup de patience et de persévérance pour le dénouer. Ne pas appliquer ces vertus ne fera qu'accroître l'enchevêtrement et la seule solution sera de couper entièrement la partie emmêlée de la ligne. La résolution chrétienne des conflits a l'avantage considérable de pouvoir faire appel à un corps d'information faisant autorité (la Bible) auquel tout chrétien impliqué dans le conflit peut se référer. Celle-ci devient la base objective de référence pour le diagnostic et le remède. Un autre auteur utilise le livre de Tite comme manuel de référence pour une théologie biblique de la résolution de conflit[13]. Un autre exemple de mode opératoire négatif de résolution de conflit est la manière dont les autorités juives ont géré le ministère et l'enseignement de Jésus.

Le conflit : bien ou mal géré ?

Consciemment ou inconsciemment, nous avons affaire à des conflits, car ce phénomène de l'existence humaine ne peut guère être ignoré. Tout d'abord, face à un conflit, nous pouvons choisir *le déni ou la fuite*. Dans les milieux chrétiens, le conflit étant fortement lié à la notion de péché, nous pourrions être tenté de simplement le camoufler, soit en le niant pour le condamner à l'oubli, soit en l'ignorant. Cependant, cette stratégie ne fonctionnera pas, car le conflit demeure. *Deuxièmement, nous pouvons choisir de capituler ou, à l'inverse, d'exercer une domination.* Parmi les deux parties (individus ou groupes) en conflit, l'usage du pouvoir et de l'influence peut amener l'une d'elles à céder aux désirs de l'autre. Si cela est fait en raison d'une conviction qu'il en résultera un mieux-être (de la personne, de l'organisation ou du royaume de Dieu, etc.), le conflit peut être résolu ou au moins contrôlé. Cependant, le danger est qu'il puisse subsister, de la part de celui qui capitule, un ressentiment qui refera surface plus tard, ramenant peut-être le conflit sous une forme encore plus aiguë. Bien que cette forme de résolution de conflit puisse être occasionnellement appropriée à court terme, il faut éviter d'y recourir de façon répétée. Enfin, d'un point de vue théologique et socio-psychologique, une stratégie de *résolution mutuelle et de solution collaborative des problèmes* est l'idéal dans la résolution de conflit.

---

13. http://crt010304.wordpress.com/a-biblical-theology-of-conflict-resolution-from-thebook-of-titus/. Cf. http://justpeaceumc.org/spirit-art-of-conflict-transformation/videoseries/chapter-2-discovering-a-theology-of-conflict-transformation/ et http://www.menno.org.uk/pdf/ Toward a Theology of CT - MQR Jan 06.pdf (liens consultés le 14 mars 2017).

Une méthode de résolution de conflit

Je propose trois étapes pratiques comme méthode simple de gestion des conflits, tirées d'un ouvrage de Robert J. Bolton[14].

Étape 1 : Faites preuve de respect envers l'autre personne. Une attitude transmise par des comportements spécifiques – la façon dont j'écoute, dont je regarde l'autre, le ton de ma voix, mon choix de mots, le type de raisonnement que j'utilise – tous ces détails véhiculent soit le respect, soit un manque de respect. *Qu'est-ce qui communique le respect dans votre culture ?*

Étape 2 : Écoutez jusqu'à ce que vous « viviez l'autre côté de la situation ». Comprenez le contenu des idées ou de la proposition de l'autre partie, le sens qu'elle a pour elle et les sentiments qu'elle en a (c'est-à-dire, voyez les choses du point de vue de l'autre). *Cependant, dans votre culture, le fait d'écouter et de réfléchir à ce que vous entendez transmet-t-il de l'intérêt ou un accord ?*

Étape 3 : Exprimez vos opinions, vos besoins et vos sentiments. Il est important d'énoncer brièvement votre point de vue : « Cela m'ennuie quand vous êtes en retard parce que nous ne pouvons pas achever notre travail. » Assurez-vous de dire ce que vous pensez et de penser ce que vous dites : êtes-vous « légèrement énervé » ou « très en colère » ? Révélez vos sentiments de façon appropriée. *De quelle façon pouvez-vous être en colère ou énervé d'une manière qui est culturellement correcte ?*

Il arrive que l'étape 3 ne soit pas nécessaire parce que l'autre personne a ressenti, entendu et compris les étapes 1 et 2 de manière à ce que le conflit prenne fin. Ces étapes peuvent être effectuées face à face avec la présence d'une tierce personne en tant que facilitateur (aidant les parties à trouver une solution) ou en tant que médiateur (responsable de la mise en œuvre d'une solution lorsque les parties ne peuvent s'entendre).

Conclusion

Alors que nous réfléchissons aux manières de « gérer » les conflits, il est bon de se rappeler le paradigme médical : tout comme la maladie, le conflit peut être évité, contrôlé ou guéri. De nombreux conflits peuvent être évités. Tous les conflits doivent être correctement contrôlés/gérés. Certains conflits peuvent être entièrement résolus/traités. Bien gérer un conflit peut demander beaucoup

---

14. Robert J. BOLTON, *People Skills: How to Assert Yourself, Listen to Others, and Resolve Conflicts*, New York, Simon & Schuster – Touchstone Imprints, 1986, p. 324.

La gestion des conflits et des crises dans la direction académique

d'efforts, mais nous pouvons être confortés par le fait que ces efforts servent à poursuivre l'idéal biblique de l'unité : « Efforcez-vous de conserver l'unité de l'Esprit par le lien de la paix » (Ep 4.3). Tout comme Paul parle de l'importance de conserver l'unité dans un autre passage :

> Le corps forme un tout mais a pourtant plusieurs organes, et tous les organes du corps, malgré leur grand nombre, ne forment qu'un seul corps. Il en va de même pour Christ. En effet, que nous soyons juifs ou grecs, esclaves ou libres, nous avons tous été baptisés dans un seul Esprit pour former un seul corps et nous avons tous bu à un seul Esprit. Ainsi, le corps n'est pas formé d'un seul organe, mais de plusieurs. [...] Il y a donc plusieurs organes, mais un seul corps [...] afin qu'il n'y ait pas de division dans le corps mais que tous les membres prennent également soin les uns des autres (1 Co 12.12-14, 20, 25).

Que la manière dont nous gérons nos conflits n'entraîne pas la division, mais qu'elle apporte plutôt, à mesure que nous apprenons à mieux les gérer, une croissance personnelle et collective pour le bien du royaume de Dieu.

Points pour la réflexion et l'action

Dans le cadre de votre propre institution, choisissez une zone de conflit et utilisez le guide suivant pour approfondir la compréhension et le dialogue :

Parfois, nous ne parvenons pas à résoudre les problèmes à cause de notre manque d'imagination ou de créativité. Il arrive que nous ne voyions pas au-delà des solutions traditionnelles ou des paramètres déjà utilisés. Cette méthode peut nous aider à envisager de nouvelles façons de penser.

1. *ÉTAPE 1 : formuler clairement la question à laquelle il faut répondre ou le problème à résoudre.*

    Comprendre et formuler clairement le problème représente souvent 90 % de la bataille pour les solutions.

    Exemple : Notre établissement a connu une forte baisse du nombre d'étudiants pour diverses raisons. Cette situation est une menace pour la longévité de notre école. Pourquoi connaissons-nous cette baisse du nombre d'étudiants et que pouvons-nous faire pour renverser cette tendance ?

2. *ÉTAPE 2 : énumérer clairement les causes du problème comme indiqué ci-dessus.*

    Exemple : Nous avons étudié la situation et avons trouvé les causes suivantes : (a) la sécurité générale de notre pays a sérieusement restreint les visas accordés aux étudiants étrangers ; (b) la base dénominationnelle de notre église locale est petite ; (c) notre communauté n'est pas encore totalement convaincue de la valeur de notre programme ; (d) notre programme n'est pas accrédité, ni par le gouvernement, ni par un organisme international (dans un pays où l'éducation accréditée est une valeur fondamentale) ; (e) notre image dans le passé était celle d'une institution qui ne formait que des pasteurs.

3. *ÉTAPE 3 : énumérer les solutions théoriques, d'un extrême à l'autre sur l'éventail des possibilités.*

    N'excluez AUCUNE possibilité à ce stade, mais laissez votre esprit réfléchir à toutes les possibilités. *Exemple* :

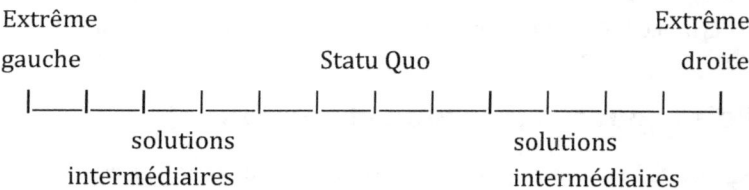

4. *ÉTAPE 4 : ENSEMBLE, exclure les options susmentionnées qui ne sont pas réalistes ou souhaitables et en donner les raisons.*

5. *ÉTAPE 5 : retenir la meilleure option telle que décidée ENSEMBLE et en donner les raisons.*

6. *ÉTAPE 6 : mise en œuvre et évaluation.*

    Noter vos idées sur la façon dont vous pourriez procéder au sein de votre institution pour influencer le changement dans le(s) domaine(s) mentionné(s) ci-dessus. Comment saurez-vous si un changement s'est produit dans votre école ? Qui sont les principaux acteurs du ou des changements nécessaires ?

Pour aller plus loin

Ouvrages en français

Poujol Jacques, Poujol Claire, *Les conflits. Origines, évolutions, dépassements*, Paris, Empreinte Temps Présent, 2000.

Rognon Frédéric, *Gérer les conflits dans l'Eglise*, Lyon, Olivétan, 2014.

Ouvrages en anglais

Bolton Robert, *People Skills: How to Assert Yourself, Listen to Others, and Resolve Conflicts*, New York, Simon & Schuster, 1986.

Elmer Duane, *Cross-Cultural Conflict: Building Relationships for Effective Ministry*, Downers Grove, IL, InterVarsity, 1994.

James Erika, Wooten Lynn, *Leading Under Pressure: From Surviving to Thriving Before, During, and After a Crisis. Series in Organization & Management*, New York, Routledge, 2010.

Patterson Kerry, Grenny Joseph, McMillan Ron, Switzler Al, *Crucial Confrontations: Tools for Resolving Broken Promises, Violated Expectations and Bad Behavior*, New York, McGraw-Hill, 2004.

Sande Ken, *The Peace Maker: A Biblical Guide to Resolving Personal Conflict*, 3e éd., Grand Rapids, MI, Baker, 2004.

Seifert Harvey, Clinebell Howard John, *Personal Growth and Social Change: A Guide for Ministers and Laymen as Change Agents*, Philadelphia, PA, Westminster, 1969.

Références disponibles en ligne

« Crisis Leadership » : http://papers.ssrn.com/sol3/papers.cfm?abstract_id=1281843&rec=1&srcabs=224055

Holmes Anthony, « 7 Principles of Crisis Management ».

http://www.resolvechurchconflict.com

http://www.mediationworks.com

http://www.biblicaltheology.com/Research/GiannetS01.html

http://danluebcke.blogspot.com/2008/09/biblical-theology-for-conflict.html

http://btb.sagepub.com/content/29/1/4.short

http://crt010304.wordpress.com/a-biblical-theology-of-conflict-resolution-fromthe-book-of-titus

http://justpeaceumc.org/spirit-art-of-conflict-transformation/video-series/chapter-2-discovering-a-theology-of-conflict-transformation

http://www.menno.org.uk pdf/Toward a Theologyof CT-MQRJan06.pdf

Cours

Fresno Pacific University, Division of Biblical and Religious Studies, Biblical Theology of Conflict and Peacemaking (BIB 465).
Asia Graduate School of Theology. http://agstphil.org/dminbp.htm

12

Réflexions pratiques d'un directeur académique

Albert Ting

Les responsables académiques dans la formation théologique sont appelés par Dieu à mener à bien la mission de l'institution avec un groupe d'érudits à l'esprit aiguisé. Leur objectif commun est de mettre en place tout ce qu'il faut au sein d'un système de croyances ou de valeurs pour atteindre des résultats éducatifs convenus, lesquels ne sont généralement pas immédiatement visibles ou mesurables. La direction académique peut impliquer différents rôles comme ceux de doyen, vice-doyen, directeur académique, chef de département et autres postes de direction, mais ils partagent tous la responsabilité de diriger l'institution vers la réalisation de sa mission.

La formation théologique est avant tout un investissement à long terme dans la vie d'un groupe d'étudiants qui s'impliquent pour être formés, afin de conduire l'Église vers la réalisation des desseins de Dieu. Si l'institution va bien, ainsi va l'Église. L'institution peut étendre ses programmes vers le monde du travail et à l'apprentissage à distance pour la formation des laïcs, mais l'activité principale doit rester intacte. Les responsables académiques doivent être prêts à s'engager sur le long terme afin de voir les fruits de leur travail.

La direction académique est difficile. Elle est encore plus complexe au sein des groupes religieux. Imaginez le défi de diriger une institution évangélique théologiquement conservatrice. La résistance à faire face à la réalité et la volonté de changer sont souvent directement proportionnelles au degré de conservatisme de l'institution. Dans un monde et une société post-moderne en rapide évolution, où la réalité est souvent changeante, les organisations doivent avoir de la malléabilité et une grande disposition au changement. Cela représente souvent une réelle difficulté pour la direction académique des écoles évangéliques. Que faut-il faire pour être un responsable académique efficace dans une institution théologique ? Qu'est-ce qui est exigé de ce responsable ? Qui est qualifié pour remplir ce rôle ? Ce que je suggère ci-dessous ne se veut pas exhaustif, mais il s'agit de caractéristiques et de compétences notables pour un chef d'établissement. Je crois qu'elles sont parmi les plus essentielles également pour une direction académique féconde. Bien que ma réflexion se fasse principalement du point de vue du doyen d'une institution asiatique, j'espère qu'elle aura des répercussions sur la direction académique en général, quelles que soient les différences des fonctions dans les contextes culturels différents.

Les caractéristiques de la direction académique

Il faut un certain alliage de caractéristiques pour faire un bon responsable académique. Cela peut varier en fonction des différents contextes culturels ou groupes ethniques, mais elle comprend généralement les caractéristiques suivantes.

Une vocation forte

Lorsqu'une personne accède à un poste de direction, elle apprécie l'attention, la reconnaissance et l'estime des autres. Cependant, tout cela fera vite place au mécontentement des personnes qu'il dirige, pour cause d'attentes non satisfaites ou de résistances au changement. C'est à ce moment que l'appel de Dieu devient crucial.

L'appel de Dieu souligne le fait que la direction académique va au-delà de la satisfaction des attentes et des besoins des hommes et des femmes dont vous avez la charge. Il rappelle au dirigeant que la volonté de Dieu l'emporte sur la volonté de l'homme. Le responsable et son équipe doivent persévérer dans la recherche de moyens pour aider la communauté à se conformer à la volonté de Dieu.

L'appel de Dieu donne au dirigeant les moyens de faire la volonté de Dieu et d'avoir le courage de mettre en œuvre ce qui est nécessaire pour le bien de l'institution, bien qu'à un rythme raisonnable. L'appel de Dieu donne au responsable une autorité divine, sinon morale, pour persévérer jusqu'au bout.

Lorsque j'ai fait face à des oppositions, des attaques et des défis de toutes parts pendant la mise en œuvre d'un changement majeur, l'appel de Dieu a été mon soutien le plus important. L'appel m'a ramené là où j'avais commencé mon parcours de responsable et à l'autorité ultime à laquelle je devais rendre des comptes. Il a dissipé le doute récurrent qui m'habitait lorsque je faisais l'objet d'un examen approfondi et de confrontations constantes. Il m'a donné le courage de persévérer jusqu'à ce que la nouvelle initiative soit mise en œuvre avec succès. Il m'a rappelé mon identité en Christ, qui était ma source de sécurité. Au fond, mon appel était vraiment ma bouée de sauvetage au sein des turbulences.

Caractère et intégrité

Les responsables doivent à leurs collaborateurs cette seule vérité fondamentale : leur fiabilité. Tout manquement à cette confiance endommagera la relation entre le responsable et ses collaborateurs, et leur autorité s'arrêtera donc. La pire façon, pour un/e responsable d'institution évangélique, de violer cette confiance est de se compromettre dans son caractère et son intégrité personnels.

Les dirigeants n'ont jamais été aussi exposés qu'aujourd'hui. Ils font l'objet d'un contrôle public permanent. La contestation et la suspicion à leur égard favorisent un environnement où les responsables sont souvent mal vus. Ceux qui sont abusifs sont exposés en fanfare dans les médias, même s'ils ne représentent qu'un petit nombre. Le sentiment anti-chrétien prend de l'ampleur dans différentes parties du monde. Les dirigeants chrétiens qui se compromettent dans leur caractère et leur intégrité auront tendance à attirer une grande quantité d'attention négative. Nous pouvons blâmer les forces externes pour l'intérêt porté au scandale touchant les dirigeants au sein du cercle évangélique, mais nous ne pouvons pas nier le fait que la conduite chrétienne se base sur un idéal chrétien de caractère selon Dieu et de style de vie cohérent.

Les responsables académiques ne sont pas à l'abri des tentations d'orgueil, de luxure, de cupidité, d'acrimonie et d'autres péchés. Le fait de travailler avec des personnes et particulièrement celles de sexe opposé peut parfois soumettre les responsables aux tentations. Par exemple, voyager seul, dans le cadre de la fonction de responsable académique ; être exposé à un stress constant qui diminue la résistance du responsable à ce qui pourrait être agréable mais cependant discutable ; des paroles flatteuses qui sont fréquentes dans le cercle chrétien parce que beaucoup estiment que le responsable a servi de manière sacrificielle ; et des responsables qui sont solitaires et n'ont pas d'amis proches à qui se confier – toutes ces conditions créent un environnement propice au compromis.

La pire affirmation qu'un responsable puisse faire est : « Ça ne m'arrivera pas ! » Le déni est le premier pas vers la vulnérabilité. Il nous prive de la protection dont nous avons besoin pour vivre une vie intègre. Un responsable doit connaître ses limites. De plus, il faudrait mettre en place une structure qui encourage le responsable à être transparent et comptable devant l'institution afin de lui procurer une protection spirituelle et des retours objectifs. Les manquements au maintien de l'intégrité et du caractère dans la vie personnelle d'un responsable auront pour l'institution des effets dévastateurs et des répercussions désastreuses.

Une vision clairement définie

La plupart des écoles ont un énoncé de mission qui définit l'orientation générale et les résultats attendus. Le responsable académique doit prendre la responsabilité de diriger avec une vision claire inspirée de Dieu pour l'école. Il doit rendre compte au doyen et au conseil d'administration de la mise en œuvre de la mission éducative de l'institution. Le doyen devra travailler dans ce cadre pour élaborer avec les parties prenantes ce que devrait être la vision de l'institution. La vision détermine la direction et le fonctionnement de l'école. En fait, c'est la première chose que les gens demandent à un responsable : « Où allons-nous ? »

La vision rassemble l'équipe pour atteindre un but commun avec passion et engagement. Cependant, quelle que soit la compétence d'un responsable académique, il aura quand même des points morts et des faiblesses. Il doit donc travailler avec l'équipe de direction pour en arriver à une vision commune et complète de l'école. Il est naturel que l'on attende d'un nouveau responsable qu'il apporte à l'école un renouveau ou une revitalisation. Ainsi, un responsable académique doit prendre le relais avec la passion de rendre les choses meilleures pour l'institution. Quelqu'un a dit que le rôle principal d'un responsable académique est de rêver pour l'école et quand il perd cela, il est temps de partir.

De plus, si le directeur académique est un ancien élève de l'institution, cela apporte des valeurs ajoutées. Ayant bénéficié de l'école, il a tendance à perpétuer l'héritage de l'école d'une manière beaucoup plus personnelle. Non seulement cette personne aura tendance à avoir un attachement et un engagement plus forts envers l'école, mais aussi un meilleur contact avec les anciens élèves et les parties prenantes de l'école.

Le courage d'introduire le changement

Les responsables sont essentiellement des agents du changement. Ils entrent à leur poste pour faciliter le progrès. Il faut beaucoup de courage pour conduire un changement dans une institution évangélique. Plus l'école est ancienne, plus la résistance au changement est forte. Plus l'orientation théologique est dogmatique ou étroite, plus il est difficile pour l'école d'adopter des changements. Les écoles qui comptent une plus grande diversité de parties prenantes auront plus de difficulté à favoriser le consensus sur les nouvelles initiatives. Les partenaires qui ont beaucoup contribué ou investi dans l'institution ont tendance à vouloir avoir plus leur mot à dire dans le processus décisionnel. Les institutions affiliées à des dénominations particulières et qui souhaitent apporter des changements doivent s'assurer que la formation est conforme aux résultats fixés par leurs dénominations respectives.

Le meilleur moyen de créer le changement est de communiquer avec les principales parties prenantes et les convaincre de la nécessité du changement, de créer un élan et de tenir bon sur le long terme. Trouver le courage de changer pourrait être rendu plus difficile si la culture place la relation avant tout. Changer ce que le prédécesseur avait construit pourrait être perçu comme un manque de respect. Sauver la face pour préserver la dignité d'une personne peut aussi rendre le changement difficile. Par conséquent, il est crucial que le responsable intègre les dimensions culturelles dans le processus de gestion du changement.

Parfois, une « thérapie de choc » peut être nécessaire pour secouer l'institution afin qu'elle relâche l'emprise de ses traditions de longue date et ouvre une porte au changement. Mais une telle mesure drastique n'est utilisée qu'avec parcimonie et seulement dans des cas extrêmes. Si les dirigeants se sentent amenés à prendre cette mesure, ils devront alors se préparer à la possibilité que cela leur coûte leur emploi et qu'ils ne puissent donc pas voir l'aboutissement du changement. En général, quelqu'un d'autre viendra occuper ce poste de dirigeant et terminera le processus de changement.

Les activités de ressourcement personnel continu

Diriger est difficile. Cela exige le meilleur du responsable, physiquement, mentalement, émotionnellement et spirituellement. Cela requiert tout à la fois la capacité d'accomplir de multiples tâches, de prendre des décisions, de gérer les crises, de remonter le moral, de lever des fonds et d'autres compétences. C'est comme jongler avec dix boules de verre qui retombent toutes en même temps. C'est un travail qui stresse beaucoup et tout le temps.

Le responsable doit trouver des moyens de se ressourcer. Il est redevable devant Dieu et l'école d'être dans sa meilleure forme pour diriger. Les écoles ne peuvent pas toujours attirer ou recruter les meilleures personnes pour remplir les différents postes vacants de l'école. Il arrive que le responsable doive gérer des employés peu performants, des employés inadéquats, des conflits et des problèmes disciplinaires occasionnels. Tout cela augmente le niveau de stress du responsable.

L'une des difficultés rencontrées par les dirigeants choisis parmi les employés de la même organisation est que leur relation avec leurs co-équipiers va inévitablement changer. Ceux qu'ils appelaient leurs collègues sont maintenant leurs subordonnés, et l'avenir de ces derniers sera affecté par les politiques établies par le responsable et les décisions qu'il prend. Un responsable doit apprendre à faire face à la solitude et à s'adapter à de telles réalités dans de telles circonstances.

Le meilleur moyen de se ressourcer est de maintenir une relation vitale avec Dieu. Cela permet d'être centré sur Dieu et non sur les problèmes et les personnes. Les problèmes deviennent plus faciles à gérer et les soucis des autres sont moins bouleversants lorsque vous les considérer du point de vue de Dieu. Les prières régulières allègent souvent nos charges et nos fardeaux ; et les moments de méditations consacrés à la réflexion sur les Écritures nous reconnectent souvent aux promesses de la Parole de Dieu. La solitude est un fléau pour de nombreux dirigeants. Et le traitement constant d'informations sensibles et confidentielles l'intensifie. Les prières régulières devant Dieu sont un moyen de nourrir l'âme et Dieu lui-même peut répondre aux besoins relationnels que nous désirons ardemment et qu'aucun autre ne peut satisfaire.

Un conjoint qui apporte son soutien est le meilleur compagnon dans le parcours du dirigeant. Pour être efficace dans l'effort de direction, un directeur ne peut mener qu'une seule bataille à la fois. Si son foyer est aussi un champ de bataille, le responsable se retrouvera à bout de souffle. Ainsi, un conjoint qui soutient le responsable et qui fait de son foyer un refuge sûr est certainement l'un des principaux facteurs d'un bon équilibre dans la vie du responsable. De plus, un ami personnel proche à qui le responsable peut se confier, de préférence à l'extérieur de l'institution dans laquelle il sert, pourrait être une autre source de renouvellement et de soutien. Un ami en dehors du cercle de travail peut apporter une perspective nouvelle et objective sur des choses qu'aucun des collègues ne peut apporter. La recherche d'une amitié en dehors du milieu de travail réduit également les complications liées au fait de mêler la relation de travail et l'amitié personnelle.

L'exercice physique régulier peut aussi être une excellente activité pour déstresser et un très bon stimulant pour un responsable. Diriger consomme beaucoup d'énergie physique et nécessite beaucoup d'endurance. Les responsables devraient maintenir une activité physique régulière car c'est l'un des meilleurs stimulants énergétiques. Certains dirigeants trouvent que les ministères occasionnels en dehors de l'école sont rafraîchissants, tandis que d'autres trouvent que le fait d'être proche des étudiants, en gardant une charge d'enseignement gérable, est satisfaisant. En plus de l'activité physique régulière, faire une pause dans la routine de travail en partant en vacances est aussi une bonne façon de retrouver des perspectives personnelles et institutionnelles. Cela permet souvent d'apporter au responsable une créativité et une fraîcheur de pensée.

Je crois que ce sont les caractéristiques les plus fondamentales qu'un responsable académique devrait posséder pour diriger avec confiance. Sur la base de ces caractéristiques, le responsable va grandir et mûrir pour devenir un homme ou une femme selon le cœur de Dieu. C'est sur ces bases que les compétences du responsable seront fondées.

Les compétences pour la direction académique

Les compétences d'un dirigeant académique sont multiples. La compétence est la capacité d'accomplir les tâches et les fonctions requises pour s'acquitter de la responsabilité de dirigeant dans le poste qu'il occupe. En général, la compétence est liée à l'envergure du responsable, tandis que les tâches et les fonctions sont liées au rôle ou au poste où la compétence est exercée. Le niveau de compétence d'un dirigeant aura une incidence inévitable sur le degré de satisfaction quant au résultat des tâches et des fonctions exécutées. Chaque fois que le niveau de compétence et les tâches et fonctions correspondent, il y aura des résultats satisfaisants.

Dans la majorité des écoles, la structure opérationnelle peut être divisée en trois éléments : académique, administratif et de développement. L'élément académique est le noyau de l'école où les questions de corps enseignant, de corps étudiant, de programme d'études et toutes les autres questions académiques connexes seront traitées. L'élément administratif est la structure qui soutient l'enseignement, comme les installations, les finances et les services aux étudiants. L'élément du développement est le moteur de l'école, qui génère des revenus grâce à la collecte de fonds et aux relations avec les donateurs.

Il ne faut pas s'attendre à ce qu'un responsable possède toutes les compétences nécessaires pour diriger. Ce qu'il ne possède pas, il faut le recruter. C'est le moins que l'on puisse faire pour composer l'équipe qui gérera l'école. Au cas où la personne dotée de la compétence requise ou qu'un financement suffisant ne serait pas disponible, le responsable devrait composer avec cette réalité et trouver une solution intermédiaire.

Maintenir un niveau académique élevé

Un responsable académique et son équipe doivent maintenir un niveau académique rigoureux dans les différents programmes offerts par l'institution. Il doit s'assurer que l'école est à la hauteur de la norme établie par l'organisme d'accréditation dont relève l'école. Quand l'école a mis en route la visite initiale sur place de l'équipe de ré-accréditation, cela deviendra plus facile lors du prochain cycle d'inspection.

Répondre aux exigences de l'organisme d'accréditation est une chose, s'assurer que les bons professeurs sont en place en est une autre. L'école a besoin d'enseignants fortement attachés à l'excellence académique et qui sont comptables devant une évaluation régulière, une formation continue et un apprentissage tout au long de la vie. Les différentes écoles fixent des attentes différentes en termes de publications du corps professoral, d'écrits dans des revues, de recensions de livres et de présentations d'articles lors de conférences. Certaines ont mis en place un système d'évaluation rigoureux qui comprend des évaluations annuelles effectuées par les étudiants, les responsables académiques et les chefs de département. Il faut faire preuve de sensibilité culturelle afin de mettre en œuvre ce qui est approprié sans compromettre la norme d'excellence. La direction académique de l'institution doit s'assurer que les programmes d'études demeurent pertinents et qu'ils restent à l'avant-garde pour répondre aux attentes des principales parties prenantes et aux besoins changeants de l'Église.

L'inscription des étudiants est également une question complexe. Elle va au-delà du simple fait de remplir un formulaire de candidature, de vérifier les références, de s'assurer qu'une place est vacante et de payer les factures. Les divers pays ont des normes et des systèmes éducatifs différents, et ceux-ci ne sont pas de qualité égale. Pour les écoles qui acceptent des étudiants étrangers, cela peut représenter un défi. Le responsable académique et son équipe doivent étudier la demande de manière approfondie pour s'assurer que les qualités des étudiants sont examinées et comparées afin que ceux qui sont acceptés puissent répondre aux exigences académiques de l'école.

Avec autant de considérations à prendre en compte pour garantir la qualité de la formation, la meilleure pratique est la suivante : ne pas réinventer la roue. Il existe de nombreuses bonnes pratiques qui peuvent être glanées auprès d'autres écoles plus établies, et la plupart de ces écoles sont prêtes à partager leurs ressources et leurs expériences si seulement vous le leur demandez. Le responsable académique devra se réunir régulièrement avec son équipe de direction pour évaluer les programmes d'études. Responsable et équipe doivent également assister à des conférences sur la direction académique afin de renouveler leurs connaissances et d'apprendre des autres les bonnes pratiques disponibles.

Bien gérer les personnes au travail

Personne ne peut gérer la direction d'une institution de formation tout seul. Au plan interne, cela implique les membres du conseil d'administration, les membres du corps enseignant, les administrateurs académiques, le personnel et les responsables de la collecte de fonds. Au plan externe, cela inclut les relations avec les autres dénominations religieuses, les relations avec les donateurs, avec les anciens étudiants et avec l'église afin de développer l'institution. Il s'agit d'une responsabilité partagée. Pour attirer les meilleurs talents, le responsable doit être confiant et à l'aise avec des personnes et des experts talentueux, et ne pas se sentir menacé par eux. Sans ces personnes et leurs compétences, on ne peut pas faire grand-chose pour faire avancer la cause de l'école.

Selon la taille de l'institution, la relation s'étend du doyen au conseil d'administration, au vice-doyen, aux directeurs académiques, aux cadres administratifs et à d'autres personnes. La direction doit se forger une vision unifiée et confier aux membres de l'équipe leurs tâches respectives. Pour être plus précis, le responsable académique ne gère pas les personnes. Il fournit une plate-forme pour que les personnes optimisent leur potentiel. Une fois que la vision est adoptée par tous, le responsable doit la reformuler pour la communauté, aligner tous les programmes sur la vision et stimuler le moral des gens pour assurer la continuité et la réalisation de la vision.

Ce sera toujours un défi de travailler avec des experts de différentes disciplines, des personnes déterminées qui atteignent leurs objectifs d'excellence académique sous la surveillance de professeurs encore plus rigoureux ou exceptionnels. Le titre de « professeur » ou de « docteur » évoque l'autorité et la réussite dans de nombreuses cultures. Dans certaines, où les érudits sont très admirés, ils ont un poids plus important.

La majorité des professeurs d'institution évangéliques sont formés aux États-Unis ou en Europe. Ils ont acquis une compréhension très différente de la terminologie propre à l'éducation, tels les termes « professeur », « émérite », et de la façon de noter et d'évaluer les performances des étudiants. Les responsables académiques qui acquièrent une certaine compréhension de ces différences peuvent aider à jeter un pont et à faciliter une meilleure communication et une meilleure acceptation.

Il est plus facile de mettre quelqu'un à un poste que de l'en retirer. Si l'on se base sur les valeurs chrétiennes, il n'est pas rare d'être accusé d'être « peu aimant » et « sans cœur ». Un responsable peut mettre en place un processus de sélection rigoureux au moment de l'embauche, mais rien ne garantit que ce processus élimine tous ceux qui ne conviennent pas. Les gens changent au fil du temps et les relations de travail peuvent être tendues en raison de problèmes ou de valeurs. La sagesse conventionnelle en matière d'embauche est de prendre le temps d'évaluer le candidat et de vérifier soigneusement ses références. La sagesse pratiquée par les entreprises est toujours utile pour percevoir les gens. Ne vous contentez jamais d'un seul entretien individuel.

Conflits et rivalités d'intensité variable sont inévitables dans toute organisation. La meilleure pratique consiste à aborder et à résoudre le conflit dès que vous le voyez se profiler. À l'occasion, des mesures disciplinaires peuvent être nécessaires pour préserver l'intégrité de l'organisation. Selon la gravité du cas et en fonction de la personne qui fait l'objet de la mesure disciplinaire, celle-ci tend à diviser la communauté, à détourner la mission de l'école et à épuiser toute l'énergie de ceux qui sont impliqués directement ou indirectement. Lorsque des mesures disciplinaires sont prises, le chef agit souvent comme un paratonnerre qui attire les éclairs et les forces négatives. La pratique acceptée parmi les responsables académiques est de traverser la tempête avec intégrité et persévérance, car tôt ou tard, elle passera.

Les manuels destinés aux enseignants et aux employés sont essentiels pour fournir les procédures standardisées sur les questions liées au personnel. Il faut y inclure la procédure de règlement des griefs, les lignes directrices en matière de déontologie et de discipline, les attentes que l'on peut avoir du corps enseignant, la promotion et le classement des professeurs, etc. Dans les cultures où la relation l'emporte sur tout le reste, les attentes qui ont été clairement énoncées serviront d'outil et de garantie pour la responsabilisation et l'évaluation.

Cultiver la santé spirituelle de la communauté

Le responsable doit régulièrement « prendre le pouls » de la spiritualité de l'institution. Sans spiritualité, un séminaire finira par devenir ce que beaucoup appellent en plaisantant, un « cimetière »[1]. Cela doit commencer par le doyen et le responsable académique. La communauté est juste le reflet de ce qui tient à

---

1. N.D.T. : Dans l'original, il s'agit d'un jeu de mots entre « *seminary* » (séminaire) et « *cemetary* » (cimetière).

cœur du responsable. Celui-ci doit mettre l'accent sur l'enrichissement spirituel lors des cultes communautaires de l'école et des conférences bibliques tenues sur le campus. Des temps d'adoration et de prière réguliers avec les enseignants donnent le ton de la spiritualité de l'école.

En général, les institutions ne souhaitent pas dégénérer en un état d'apathie spirituelle. La plupart des écoles sont sérieuses lorsqu'elles affirment proposer une éducation holistique où les formations académiques, de caractère et spirituelle sont des éléments essentiels de la formation. Cependant, certaines écoles font preuve de plus de sérieux que d'autres dans ces efforts.

La plupart des étudiants vont étudier dans une institution théologique pour approfondir leur relation avec Dieu à travers la formation théologique. Malheureusement, la spiritualité et les études académiques ne coexistent pas toujours bien. Les étudiants d'institutions théologiques ont souvent le sentiment commun que leur vie spirituelle et leur passion pour Dieu sont au plus bas pendant leurs études théologiques. Le responsable doit appeler la communauté à se réveiller lorsque la léthargie spirituelle s'installe. Il doit servir de « thermostat » de la spiritualité de l'école. Parfois, le responsable peut sentir que la communauté a des péchés cachés et il doit avoir le courage d'appeler à la repentance et au renouveau. En outre, le responsable doit encourager les enseignants et les étudiants à approfondir leur relation personnelle avec Dieu.

L'accessibilité d'Internet, du smartphone et des connexions Wi-Fi dans les institutions a exposé tout le monde à toutes sortes de vices dans un espace extrêmement privé, incitant les utilisateurs à tester les limites. Le flirt, les images et messages provocants, le jeu, les ragots et rumeurs, le plagiat et le harcèlement sexuel sont parmi les tentations courantes auxquelles sont confrontés les étudiants. Lorsque le dirigeant en parle, cela sert de dissuasion et d'avertissement à la communauté.

Développer la pérennité financière

Les responsables académiques ont une relation amour-haine avec les finances et la collecte de fonds. Tous les dirigeants souhaitent que leurs institutions disposent d'un financement suffisant pour le fonctionnement et l'avancement de l'école. Cependant, la réalité est que de nombreuses institutions maintiennent délibérément les frais de scolarité à un niveau bas pour rendre la formation théologique abordable. Cette pratique met la pression sur la direction, en particulier sur le doyen, pour recueillir des fonds suffisants et assurer le fonctionnement de l'école.

Mais beaucoup trouvent gênant de demander de l'argent. Pour alléger la gêne de la collecte de fonds, le dirigeant doit se rappeler que l'argent recueilli n'est pas pour lui, mais pour l'école. Lorsque le responsable est fier de l'école et croit vraiment que la formation a un impact, il sera plus à l'aise pour parler des contributions que l'école apporte et ce faisant, permet à Dieu d'ouvrir le cœur et le portefeuille des donateurs.

Pour assurer la viabilité financière à long terme de l'école, le dirigeant peut envisager d'autres formes de revenus en plus des frais de scolarité. Les dons sont un bon moyen de collecter des sommes qui seront investies pendant de nombreuses années. Un comité d'investissement composé d'experts financiers de confiance peut être établi, avec des consignes et des directives appropriées. Les dons d'actions et de biens sont de plus en plus fréquents de nos jours. Une ligne directrice pertinente assurera une saine reddition de comptes et une bonne intendance. Si l'école possède des bâtiments, ceux-ci peuvent être utilisés pour générer des revenus de location pendant les périodes où il n'y a pas cours. Le partenariat avec une église par le partage d'un professeur pour aider au ministère de l'église pendant le week-end pourrait être une façon d'inviter l'église à contribuer partiellement au salaire du professeur. Selon les lois fiscales du pays, certains peuvent léguer leurs biens à l'institution sous forme de fonds de dotation. Certains pays peuvent avoir des fondations bien subventionnées qui donnent généreusement aux causes chrétiennes.

Il y a bien des façons pour que l'institution génère plus de revenus. Le responsable doit constituer une équipe pour l'aider dans ce domaine. S'il est vraiment mal à l'aise avec la collecte de fonds, il devrait au moins engager quelqu'un pour le faire en son nom. Le responsable devrait ensuite se concentrer sur l'élaboration d'un programme d'études efficace, car la production de diplômés exceptionnels reste l'une des meilleures façons de faire de la collecte de fonds.

En plus de la collecte de fonds, le responsable académique doit être quelque peu familier avec la budgétisation, les rapports et le contrôle financiers, et les bonnes pratiques dans le domaine financier. Même si l'établissement embauche des personnes compétentes pour superviser ces domaines, on s'attend à ce que les dirigeants d'école en sachent suffisamment pour pouvoir communiquer avec le conseil d'administration et le public.

Créer une structure performante

L'essence d'une école réside dans l'étude. Les expériences d'enseignement-apprentissage entre le corps enseignant et les étudiants sont ce qui constitue l'essence de la formation. Lorsqu'une structure opérante est en place, elle améliore les expériences d'apprentissage.

Quand l'institution est petite, l'école fonctionne par relations, communique par le bouche à oreille et est guidée par ses souvenirs du passé. Lorsque l'école grandit, une structure efficace doit être mise en place pour fournir des lignes directrices, des limites et des attentes claires. La tradition orale doit alors céder la place à des directives écrites pour assurer la clarté et la continuité. Sinon, la confusion, les conflits et les incohérences entraveront le bon fonctionnement de l'école.

Un énoncé de mission ou de vision guidera le responsable et l'école pour réaliser ce pour quoi l'institution a été créée. Des valeurs communes détermineront la façon dont les employés se comportent les uns envers les autres et envers les visiteurs. Une procédure opérationnelle standard guidera les fonctions et les relations de chaque poste. De plus, des organigrammes présenteront une chaîne de hiérarchie et des lignes d'autorité claires. Des manuels pour le corps enseignant et des manuels pour le personnel fourniront des conseils sur les ressources humaines, les congés sabbatiques, l'évaluation, le processus de grief ou d'appel, le processus d'embauche et de licenciement, la retraite, les normes éthiques et d'autres questions. Enfin, les résultats académiques des étudiants permettront d'évaluer l'efficacité du cursus et des programmes.

L'établissement de tous ces documents a pour but d'énoncer en amont les objectifs et les règles de l'institution ainsi que les attentes de chaque contributeur. Cela permettra de présenter des critères objectifs pour le fonctionnement de l'école, et les incohérences ou abus seront grandement réduits. Tout comme les autres documents et lignes directrices, ces critères devraient être révisés régulièrement pour les tenir à jour et les adapter aux nouvelles réalités.

Le responsable des études joue le rôle important d'intermédiaire entre l'académique et l'administratif, qui coexistent souvent dans la tension. L'administration peut ne pas être en mesure de fournir ce que le département académique souhaite, en raison du manque de ressources financières ou humaines. Et le département académique de l'école peut ne pas apprécier ce que l'administration met en œuvre. Le responsable doit aider à rapprocher les deux parties pour une solution à l'amiable. L'administration doit voir ses services à la communauté reconnus comme composante essentielle qui soutient le cœur du programme de formation de l'école. Un rappel constant de ce rôle de l'administration est nécessaire.

Conclusion

La direction académique est bien plus que ce qui a été partagé dans ce chapitre. Il s'agit d'un apprentissage permanent obtenu à travers les essais et les erreurs. Il n'y a pas deux responsables qui se ressemblent. Ils doivent forger leurs propres voies de direction en fonction de leurs dons, de leurs convictions et de leurs situations. La montée est raide, mais la récompense est gratifiante. Je considère que c'est un grand privilège d'être un compagnon de route sur le chemin de la direction académique.

Points de réflexion et d'action

1) Peut-être êtes-vous dans votre poste actuel de direction depuis un certain temps maintenant, et vous conviendrez probablement que la direction académique est difficile, surtout dans une institution théologique. Décrivez un incident dans votre expérience de direction qui a eu un impact important dans votre vie. Expliquez comment cette expérience a influencé votre philosophie de la direction.

    Dans une situation comme celle que vous venez de décrire, quel genre de responsable pensez-vous être ? Quel genre de responsable les membres de votre équipe de direction voient-ils en vous ? Décrivez trois caractéristiques de dirigeant d'école que vous avez développées au fil des ans et trois compétences que vous possédez et qui vous permettent d'être le responsable que vous êtes aujourd'hui.

    La conduite d'une école est un cheminement de croissance. Réfléchissez à votre parcours de responsable depuis votre entrée en fonction à ce poste. Relevez trois domaines où vous avez grandi en tant que responsable au cours des dernières années et comment ces domaines de croissance ont eu un impact sur votre vie personnelle.

2) Quelles sont les caractéristiques que votre institution valorise dans le domaine de la direction ? Valorise-t-elle, par exemple, la capacité d'un responsable à accomplir des tâches, ou son caractère et son intégrité ? Quelles caractéristiques de direction votre institution recherche-t-elle chez un responsable ? Demandez à votre équipe de direction d'énumérer cinq caractéristiques qu'un responsable devrait, selon elle, posséder pour diriger efficacement. Et dans la marge, inscrivez une note

de 1 à 10, 1 étant insatisfait et 10 étant satisfait, pour évaluer votre propre position dans cette liste de vérification des caractéristiques.

Sur la base des résultats de cette autoévaluation, discutez avec votre équipe de direction de la manière dont ces caractéristiques peuvent être encouragées et développées davantage parmi les dirigeants de l'institution.

3) Le renouvellement personnel est crucial pour aider un responsable à maintenir une attitude et une perspective positives et saines alors qu'il dirige une institution. Par exemple, lorsque les choses deviennent difficiles et que la direction devient écrasante, les responsables doivent trouver des moyens de se détendre pour faire face à la pression. Notez et partagez avec votre équipe de direction les activités ou les choses que vous trouvez utiles pour votre santé mentale et pour persévérer à long terme. Développez un système de responsabilisation au sein de l'équipe de direction pour maintenir les activités de ressourcement personnel.

4) Discutez avec votre équipe des tâches ou des fonctions qui sont exigées des dirigeants dans votre institution. Projetez ces tâches ou fonctions à l'écran et demandez à l'équipe de direction quelles sont les compétences nécessaires à l'exécution de ces tâches ou fonctions pour atteindre les objectifs de l'institution. Si certaines compétences font défaut, discutez et décidez de la façon de se perfectionner et de s'améliorer dans ces domaines afin que les responsables puissent répondre aux attentes et aux exigences des postes qu'ils occupent. Par exemple, on peut demander aux responsables d'assister à des ateliers ou de suivre des cours dans les domaines concernés pour relever leur niveau de compétence.

Pour aller plus loin

Ouvrages

Lewis G. Douglass, Weems Lovett H. Jr., sous dir., *A Handbook for Seminary President*, Grand Rapids, MI, Eerdmans, 2006.
Bennis Warren, *Why Leaders Can't Lead*, San Francisco, CA, Jossey-Bass, 1989.
Bolman Lee G., Gallos Joan V., *Reframing Academic Leadership*, San Francisco, CA, Jossey-Bass, 2011.

COLLINS James C., *Good to Great: Why Some Companies Make the Leap... and Others Don't*, New York, HarperCollins, 2001.
HEIFETZ Ronald A., LINSKY Martin, *Leadership on the Line: Staying Alive through the Dangers of Leading*, Boston, MA, Harvard Business School Press, 2002.
HEIFETZ Ronald A., LINSKY Martin, *Leadership without Easy Answers*, Boston, MA, Harvard University Press, 1994.
HYBELS Bill, *Axiom*, Grand Rapids, MI, Zondervan, 2008.
KOUZES James M., POSNER Barry Z., *The Jossey-Bass Academic Administrator's Guide to Exemplary Leadership*, San Francisco, CA, Jossey-Bass, 2003.
PARKS Sharon Daloz, *Leadership Can Be Taught: A Bold Approach for a Complex World*, Boston, MA, Harvard Business School Press, 2005.

Ressources Web pour la formation théologique :

Association of Theological Schools. http://www.ats.edu
Overseas Council. http://www.overseas.org
International Council for Evangelical Theological Education. http://www.icete-edu.org

Bibliographie

Ressources en français

BROOKING Stuart, sous dir., *Sommes-nous performants ? Étudier notre contexte pour améliorer nos programmes d'études. Ressources pour institutions théologiques*, trad. Joelle Giappesi, Carlisle, Cumbria, Langham Global Library, 2018.

DAS Rupen, *Relier les études théologiques et le contexte. Pour des formations plus pertinentes*, trad. Celia Evenson, Carlisle, Cumbria, Langham Global Library, 2018.

HARDY Steven A., *Vers l'excellence dans la formation théologique. Pistes pour repenser nos pratiques institutionnelles*, coll. ICETE, trad. Celia Evenson, Carlisle, Cumbria, Langham Global Library, 2017.

Ressources en anglais

ABLEMAN Robert, DALESSANDRO Amy, « Institutional Vision in Christian Higher Education: A Comparison of ACCU, ELCA, and CCCU Institutions », *Journal of Research in Christian Education* n° 18, 2009, p. 84-119.

ABDUL-RAHMAN Mary, sous dir., *Career Paths and Hiring Practices of Chief Academic Officers in Theological Schools*, coll. Monographs on Academic Leadership, vol 3, St Paul, MN, St Paul Seminary School of Divinity, 1996.

ADAMS Jim B., « ¡Bienvenido a Seteca! » *Seminario Teológico Centroamericano*, 23 septembre 2011, http://www.seteca.edu/index.php/es/seteca-es/info/82saludo-del-rector (consulté le 30 janvier 2012).

AITKEN Paul, HIGGS Malcolm, *Developing Change Leaders: The Principles and Practices of Change Leadership Development*, Burlington, MA, Elsevier, 2010.

ALESHIRE Daniel, CAMPBELL Cynthia, MANNOIA Kevin, « The President's Vocation and Leadership », dans *A Handbook for Seminary Presidents*, sous dir. G. D. Lewis et Lovett H. Weems, Grand Rapids, MI, Eerdmans, 2006, p. 1-34.

ALLEN Ronald B., *Praise: The Response to All of Life*, Portland, OR, Multnomah, 1983.

ALLISON Michael, KAYE Jude, *Strategic Planning for Nonprofit Organizations: A Practical Guide and Workbook*, 2ᵉ éd., Hoboken, NJ, John Wiley & Sons, 2005. Inclut des CD-ROM.

ANDERSON Aaron D., *Engaging Resistance: How Ordinary People Successfully Champion Change*, Stanford, CA, Stanford Business Books, 2011.

ARANA Arnoldo, « ¿Cómo articula el líder la visión? », Global Leadership Consulting, décembre 2008, http://www.glcconsulting.com.ve/articulos/Articulo_Como articula el lider la vision_Arnoldo Arana.pdf (consulté le 3 janvier 2012).

ARTHUR James, « Great Expectation: Vision and Leadership in Christian Higher Education », dans *Leadership in Christian Higher Education*, sous dir. Michael Wright et James Arthur, Exeter, GB, Imprint Academic, 2010, p. 3-32.

ASTIN Alexander W., « The Implicit Curriculum », *AGB Reports* 31, n° 4, juillet-août 1989, p. 6-10.

BAER Michael R., « Strategic Planning Made Simple », *Leadership* 10, n° 2, automne 1989, p. 32-33.

BANKS Robert, *Reenvisioning Theological Education*, Grand Rapids, MI, Eerdmans, 1999.

BANTA Trudy W., BLAICH Charles, « Closing the Assessment Loop », *Change Magazine*, janvier-février 2011.

BARNA George, *The Power of Vision*, Ventura, CA, Regal, 1991.

BARRO Antonio, KOHL Manfred, sous dir., *Liderança para um Novo Século*, Londrina, Brésil, Descoberta Editora, 2003.

BIEHL Bobb, ENGSTROM Ted W., *Increasing Your Boardroom Confidence*, Sisters, OR, Questar, 1988.

BIRNBAUM Robert, *How Colleges Work: The Cybernetics of Academic Organization and Leadership*, San Francisco, CA, Jossey-Bass, 1988.

BOLTON Robert, *People Skills: How to Assert Yourself, Listen to Others, and Resolve Conflicts*, New York, Simon & Schuster, 1986.

BOTHA Nico, « Outcome-Based Education, Accreditation and Quality Assurance in Open Distance Learning: A Case Study on Theology at The University of South Africa », dans *Handbook of Theological Education in World Christianity*, sous dir. Dietrich Werner, Oxford, Regnum, 2010, p. 144-153.

BOUCHARD Charles E., THISTLETHWAITE Susan, WEBER Timothy, « The President's Role as Academic Leader », dans *A Handbook for Seminary Presidents*, sous dir. G. D. Lewis et Lovett H. Weems, Grand Rapids, MI, Eerdmans, 2006, p. 72-88.

Britannica Online Encyclopedia, « Conflict », Britannica Online Encyclopedia, http://www.britannica.com/EBchecked/topic/132060/conflict (consulté le 17 novembre 2011).

BROWN Sally, KNIGHT Peter, *Assessing Learners in Higher Education*, collection Teaching and Learning in Higher Education, New York, Routledge, 1994.

BRUCE Andy, LANGDON Ken, *Strategic Thinking: Essential Manager*, New York, Dorling Kindersley, 2000.

BRYNJOLFSON Robert, LEWIS Jonathan, *Integral Ministry Training: Design and Evaluation*, Pasadena, CA, William Carey Library, 2006.

BULLER Jeffrey L., *The Essential Academic Dean: A Practical Guide to College Leadership*, 1re éd., San Francisco, CA, Jossey-Bass, 2007.

BUSHER Hugh, « Managing Change to Improve Learning », dans *The Principles and Practices of Educational Management*, sous dir. Tony Bush et Les Bell, Londres, Paul Chapman Publishing, 2002, p. 275-290.

BURKE W. Warner, *Organization Change: Theory and Practice*, 3e éd. Thousand Oaks, CA, SAGE, 2011.

CALIVAS Alkiviadis, « Theology and Theologians: An Orthodox Perspective », dans *Theological Literacy for the Twenty-First Century*, sous dir. Rodney Petersen, Grand Rapids, MI, Eerdmans, 2002, p. 23-38.

CANNELL Linda, *Theological Education Matters: Leadership Education for the Church*, Newburgh, IN, EDCOT, 2006.

CARROLL R. M. Daniel, « Perspectives on Theological Education from the Old Testament », *Evangelical Review of Theology* 29, n° 3, Juillet 2005, p. 228-239.

Change Agents UK: Skills of a Change Agent. www.changeagents.org.uk sous « change agents » (consulté le 13 juin 2013).

CHELDELIN Sandra, LUCAS Ann F., *The Jossey-Bass Academic Administrator's Guide to Conflict Resolution*, 1re éd., San Francisco, CA, Jossey-Bass, 2004.

CONDREANU Aura, « Organizational Change: A Matter of Individual and Group Behavior Transformation », *Journal of Defense Resources Management* 1, n° 1, (2010), p. 49-56, http://journal.dresmara.ro/issues/volume1_issue1/07_codreanu.pdf (consulté le 15 juin 2013).

CORRIE John, *Dictionary of Mission Theology: Evangelical Foundations*, Downers Grove, IL, InterVarsity, 2007.

COSTES Nathalie et al., sous dir., *Quality Procedures in the European Higher Education Area and Beyond - Second ENQA Survey*, Heisinki, European Association for Quality Assurance in Higher Education, 2008.

COX Harvey, « The Significance of the Church-World Dialogue for Theological Education », *Theological Education*, hiver 1967, p. 270-279 (consulté le 10 juin 2011 sur ATLA Religion Database with ATLASerials, EBSCOhost).

DANZIG Arnold B., BORMAN Kathyn M., JONES Bruce A., WRIGHT William F., sous dir., *Learner-Centered Leadership: Research, Policy and Practice*, Mahwah, NJ / Londres, Lawrence Erlbaum, 2007.

Denver Seminary, « Our Mission and Vision », Denver Seminary. http://www.denverseminary.edu/about-us/who-we-are/our-mission-and-vision (consulté le 12 janvier 2012).

Denver Seminary, « Our Core Commitments ». Denver Seminary. http://www.denverseminary.edu/about-us/who-we-are/our-core-commitments (consulté le 12 janvier 2012).

DIAMOND Robert M., GARDINER Lion F., WHEELER Daniel W., « Requisites for Sustainable Institutional Change », dans *Field Guide to Academic Leadership*, sous dir. Robert M. Diamond, San Francisco, CA, Jossey-Bass, 2002, p. 15-24.

DRUCKER Peter, *Managing the Non-Profit Organization*, New York, Harper Business, 1990.

EADIE Douglas C., *Beyond Strategic Planning: How to Involve Nonprofit Boards in Growth and Change*, Washington, DC, National Center for Nonprofit Boards, 1993.

EATON Judith S., *An Overview of U.S. Accreditation*, Washington, DC, CHEA, 2009.

EATON Judith S., « U.S. Accreditation: Meeting the Challenges of Accountability and Student Achievement », *Evaluation in Higher Education* 5, n° 1 (juin 2011), p. 1-20, http://citeseerx.ist.psu.edu/viewdoc/download?doi=10.1.1.730.6645&rep=rep1&type=pdf (consulté le 18 juin 2013).

EDGAR Brian, « The Theology of Theological Education ». *Evangelical Review of Theology* 29, n° 3, 2005, p. 208-217 (consulté le 10 juin 2011 sur ATLA Religion Database with ATLASerials, EBSCOhost).

Edinburgh 2010 - International Study Group, *Challenges and Opportunities in Theological Education in the 21th Century: Pointers for a New International Debate on Theological Education*, Genève, WCC/WOCATI, 2009.

EDLING David V., « Counseling the Church in Conflict », Peacemaker Ministries' Institute for Christian Conciliation's Certification Program in Peacemaker Ministries. http://www.peacemaker.net/site/c.aqKFLTOBIpH/b.1172255/apps/s/content.asp?ct=1245863 (consulté le 6 juillet 2012).

ELMER Duane, *Cross-Cultural Conflict: Building Relationships for Effective Ministry*, Downers Grove, IL, InterVarsity, 1994.

ENNS Marlene, « Now I Know in Part: Holistic and Analytic Reasoning and Their Contribution to Fuller Knowing in Theological Education », *Evangelical Review of Theology* 29, n° 3, 2005, p. 251-269. *ATLA Religion Database with ATLASerials*, EBSCO*host* (consulté le 10 juin 2011).

European Higher Education Area, « Standards and Guidelines for Qualitative Assurance in the European Higher Education Area », 2005. http://www.

ehea.info/page-standards-and-guidelines-for-quality-assurance (consulté le 7 juillet 2020).

FARLEY Edward, *Theologia: The Fragmentation and Unity of Theological Education*, Philadelphia, PA, Fortress, 1983.

FERRARI Joseph R., VELCOFF Jessica, « Measuring Staff Perceptions of University Identity and Activities: The Mission and Values Inventory », *Christian Higher Education* 5, 2006, p. 243-261.

FERRARI Joseph R., BOTTOM Todd L., GUTIERREZ Robert E., « Passing the Torch: Maintaining Faith-Based University Traditions during Transition of Leadership », *Education* 131, n° 1, 2010, p. 64-72.

FERRIS Robert W., sous dir., *Establishing Ministry Training: A Manual for Programme Developers*, Volume 4 de la collection World Evangelical Fellowship, Los Angeles, CA, William Carey Press, 1995.

FIDLER Brian, « External Evaluation and Inspection », dans *The Principles and Practices of Educational Management*, sous dir. Tony Bush et Les Bell, p. 291-296, Londres, Paul Chapman Publishing, 2002.

FLAMHOLTZ Eric, RANDLE Yvonne, *Leading Strategic Change: Bridging Theory and Practice*, New York, Cambridge University Press, 2008.

FREIRE Paulo, *Pedagogy of the Oppressed*, traduit par Myra Bergman Ramos, New York, Continuum, 1990.

FULLAN Michael, *The New Meaning of Educational Change*, New York, Teachers College Press, 2001.

GRACE Kay Sprinkel, *The Board's Role in Strategic Planning*, collection Governance 6, 5ᵉ éd. Washington, DC, National Center for Nonprofit Boards, 2000.

GUBA Egon, STUFFLEBEAM Daniel L., *Evaluation: The Process of Stimulating, Aiding and Abetting Insightful Action*, juin 1970, ERIC ED055733, p. 1-37. https://files.eric.ed.gov/fulltext/ED055733.pdf (consulté le 21 juillet 2011).

GUSKIN Alan E., MARCY Mary B., « Pressures for Fundamental Reform: Creating a Viable Academic Future », dans *Field Guide to Academic Leadership*, sous dir. Robert M. Diamond, p. 3-23, San Francisco, CA, Jossey-Bass, 2002.

GURALNIK David Bernard, *Webster's New World Dictionary of the American Language*, New York, World Publishing, 1970.

HADDAD Beverley, « Engendering Theological Education for Transformation », *Journal of Theology for Southern Africa* 116, juillet 2003, p. 65-80. *ATLA Religion Database with ATLA Serials*, EBSCO*host* (consulté le 10 juin 2011).

HAGNER Donald A., *Biblical Word Commentary: Matthew 14–28*, Dallas, TX, Word, 1995.

Harvard Business Essentials, *Executing Strategy: Expert Solutions to Everyday Challenges*, Boston, MA, Harvard Business Press, 2009.

Harvard Business Essentials, *Managing Change and Transition*, Boston, MA, Harvard Business School Publishing, 2003.

HEROLD David M., FEDOR Donald B., *Change the Way You Lead Change: Leadership Strategies That REALLY Work*, Stanford, CA, Stanford University Press, 2008.

« History of Christian Education », dans *Encyclopedia of Religious and Spiritual Development*, Thousand Oaks, CA, SAGE, 2005, http://sage-ereference.com/religion/Article_n77.html (consulté le 15 septembre 2009).

HO Huang Po, « Accreditation and Quality Assurance in Theological Education: Asian Perspectives », dans *Handbook of Theological Education in World Christianity*, sous dir. Dietrich Werner et al., p. 138-143, Oxford, Regnum, 2010.

HOFSTEDE Geert, *Cultures and Organizations*, New York, McGraw-Hill, 1997, *ICETE News*, janvier 2009, http://www.icete-edu.org/news/jan09.htm (consulté le 25 juin 2011).

HOLLAND Thomas P., HESTER David C., sous dir., *Building Effective Boards for Religious Organizations: A Handbook for Trustees, Presidents, and Church Leaders*, San Francisco, CA, Jossey-Bass, 2000.

JASPERS Karl, *The Idea of the University*, Londres, Peter Owen, 1960.

KAUFMAN Barbara, « The Leader as a Change Agent: The Power of Purpose, Passion, and Perseverance », People & Politics, *University Business* 8, n° 3, 1 mars 2005, p. 53 (2).

KEIL Carl F., DELITZSCH Frans J., *I & II Kings, I & II Chronicles, Ezra, Nehemiah, Esther*, vol. III of Commentary on the Old Testament, réimpression 1969, Grand Rapids, MI, Eerdmans, 1982.

KELSEY David H., *Between Athens and Berlin: The Theological Debate*, Grand Rapids, MI, Eerdmans, 1993.

KERR Hugh, « Education in General and Theological Education », *Theology Today*, 1971, p. 434-452. ATLA Religion Database with ATLA Serials, EBSCO*host* (consulté le 10 juin 2011).

KOHL, Manfred W., SENANAYAKE Lal A. N., sous dir., *Educating for Tomorrow: Theological Leadership for the Asian Context*, Bangalore, Inde, SAIACS Press and Overseas Council International, 2002.

KOHL, Manfred W., SENANAYAKE Lal A. N., *Educating for Tomorrow: Theological Leadership for the Asian Context*, 2ᵉ éd., Bangalore, Inde, SAIACS Press, 2007.

KORNFIELD David, « Seminary Education toward Adult Education Alternatives », dans *Missions and Theological Education in World Perspective*, sous dir.

Harvie M. Conn et Samuel F. Rowen, p. 169-225, Farmington, MI, Associates of Urbanus, 1984.

KOTTER John P., *Leading Change*, Boston, MA, Harvard Business School Press, 1996.

KRAFT Charles H., *Anthropology for Christian Witness*, Maryknoll, NY, Orbis, 1996.

KOUZES James M., POSNER Barry Z., *The Jossey-Bass Academic Administrator's Guide to Exemplary Leadership*, 1re éd., San Francisco, CA, Jossey-Bass, 2003.

KOYAMA Kosuke, « Theological Education: Its Unity and Diversity », document non publié présenté lors de l'Association of Theological Schools and WOCATI Conference, Pittsburgh, PA, 15-16 juin 1992.

LEES N. Douglas, *Chairing Academic Departments: Traditional and Emerging Expectations*, Jossey-Bass Resources for Department Chairs, Bolton, MA, Anker, 2006.

LUCAS Ann F. et associés, *Leading Academic Change: Essential Roles for Department Chairs*, San Francisco, CA, Jossey-Bass, 2000.

LUMBY Jacky, FOSKETT Nick, « Leadership and Culture », dans *International Handbook on the Preparation and Development of School Leaders*, sous dir. Jacky Lumby, Gary Crow et Petros Pashiardis, p. 43-60, New York, Routledge, 2008.

LUNENBURG Fred C., ORNSTEIN Allan C., *Educational Administration: Concepts & Practices*, 5e éd., Belmont, CA, Thomson Higher Education, 2008.

MAGER Robert F, *Developing Attitude toward Learning*, Palo Alto, CA, Fearon, 1968.

MALPHURS Aubrey, *Ministry Nuts and Bolts*, Grand Rapids, MI, Kregel, 1997.

MALPHURS Aubrey, *Values-Driven Leadership*, 2e éd., Grand Rapids, MI, Baker, 2004.

MCCAFFERY Peter, *The Higher Education Manager's Handbook: Effective Leadership & Management in Universities & Colleges*, 2e éd., New York, Routledge, 2010.

MCGOWAN Anna, SYKES Jan, « Vision Statements and Examples », http://units.sla.org/division/dbio/inside/governance/Visionstate.pdf (consulté le 12 décembre 2011).

MCKINNEY Larry J., « A Theology of Theological Education: Pedagogical Implications », *Evangelical Review of Theology* 29, n° 3, 2005, p. 218-227. *ATLA Religion Database with ATLASerials*, EBSCOhost (consulté le 10 juin 2011).

MCLEAN Jeanne P., sous dir., *Dean-Faculty Relationships: Meeting the Challenge*, coll. Monographs on Academic Leadership, vol. 5, St Paul, MN, University of St Paul, 1998.

MCLEAN Jeanne P., *Leading from the Center: The Emerging Role of the Chief Academic Officer in Theological Schools*, Scholars Press Studies in Theological Education. Atlanta, GA, Scholars Press, 1999.

McNeil John D., *Curriculum: A Comprehensive Introduction*, Boston, MA, Little, Brown & Company, 1985.

Mohler R. Albert, Hart D. G., sous dir., *Theological Education in the Evangelical Tradition*, Grand Rapids, MI, Baker, 1996.

Nanus Burt, *Visionary Leadership*, San Francisco, CA, Jossey-Bass, 1992.

Nichols James O., *A Practitioners Handbook for Institutional Effectiveness and Student Outcomes Assessment Implementation*, Flemington, NJ, Agathon, 1996.

Nichols James O., Nichols Karen W., *The Departmental Guide and Record Book for Student Outcomes Assessment and Institutional Effectiveness*, 3ᵉ éd., New York, Agathon, 2000.

Niebuhr H. Richard, *Christ and Culture*, New York, Harper & Row, 1951.

Noelliste Dieumeme, « Theological Education in the Context of Socio-Economic Deprivation », *Evangelical Review of Theology* 29, n° 3, 2005, p. 270-283. *ATLA Religion Database with ATLASerials*, EBSCO*host* (consulté le 10 juin 2011).

Noelliste Dieumeme, *Toward a Theology of Theological Education*, Séoul, Corée du Sud, WEF Theological Commission, 1993.

Nordbeck Elizabeth C., « The Once and Future Dean: Reflections on Being a Chief Academic Officer », *Theological Education* 33, Supplement 1996, p. 21-33.

Noriega Diane Cordero de., « Institutional Vision, Values, and Mission: Foundational Filters for Inquiry », dans *Taking Ownership of Accreditation*, sous dir. Amy Driscoll et Diane Cordero de Noriega, p. 37-51. Sterling, VA, Stylus, 2006.

Norris Beauford A., « A Philosophy of Ministerial Education: The Common Task of Church and Seminary », *Encounter*, 1956, p. 403-411. *ATLA Religion Database with ATLASerials*, EBSCO*host* (consulté le 10 juin 2011).

O'Connor Judith, *The Planning Committee: Shaping Your Organization's Future*, Washington, DC, National Center for Nonprofit Boards, 1997.

Ott Bernhard, *Beyond Fragmentation. Integrating Mission and Theological Education*, Oxford, Regnum, 2001.

Ott Bernhard, « Doing Theology in Community: Reflections on Quality in Theological Education », dans *History and Mission in Europe: Continuing the Conversation*, sous dir. Mary Raber et Peter F. Penner, p. 281-302, Schwarzenfeld, Allemagne, Neufeld Verlag / Elkhart, IN, Institute of Mennonite Studies, 2011.

Ott Bernhard, *Handbuch Theologische Ausbildung. Grundlagen – Programmentwicklung – Leitungsfragen*, Wuppertal, Brockhaus Verlag, 2007.

Ott Bernhard, « Training of Theological Educators for International Theological Education: An Evangelical Contribution from Europe », dans *Handbook of*

Theological Education in World Christianity, sous dir. Dietrich Werner et al., p. 697-714, Oxford, Regnum, 2010.

PADILLA C. René, sous dir. *Nuevas Alternativas de Educación Teológica* (Nueva Creación), Grand Rapids, MI, Eerdmans, 1986.

PATON Robert A., MCCALMAN James, *Change Management: A Guide to Effective Implementation*, Thousand Oaks, CA, SAGE, 2008.

PATTERSON Kerry, GRENNY Joseph, MCMILLAN Ron, SWITZLER Al, *Crucial Confrontations: Tools for Resolving Broken Promises, Violated Expectations and Bad Behavior*, New York, McGraw-Hill, 2004.

PETERSON Harry, *Leading a Small College or University: A Conversation That Never Ends*, Madison, WI, Atwood, 2008.

PETERSON Michael L., *Philosophy of Education: Issues and Opinions*, Downers Grove, IL, InterVarsity, 1986.

PETERSEN Rodney, sous dir. *Theological Literacy for the Twenty-First Century*, Grand Rapids, MI, Eerdmans, 2002.

PLUEDDEMANN James E., « The Challenge of Excellence in Theological Education », dans *Excellence and Renewal: Goals for the Accreditation of Theological Education*, sous dir. Robert L. Youngblood, p. 1-14, Flemington Markets, NSW, Australie, Paternoster, 1989.

PREISWERK Matthias et al., « Manifesto of Quality Theological Education in Latin America », *Ministerial Formation* 111, novembre 2008, p. 44-51.

RAMALEY Judith A., « Moving Mountains: Institutional Culture and Transformational Change », dans *Field Guide to Academic Leadership*, sous dir. Robert M. Diamond, p. 59-73, San Francisco, CA, Jossey-Bass, 2002.

RICHEY Russell E., « To a Candidate for Academic Leadership: A Letter », *Theological Education* 33, Supplement 1996, p. 35-45.

ROGERS Cleon L. Jr., ROGERS Cleon L. III, *The New Linguistic and Exegetical Key to the Greek New Testament*, Grand Rapids, MI, Eerdmans, 1998.

ROMERO José Luis, « Vision Statement Examples », http://www.skills2lead.com/vision-statement-examples.html (consulté le 12 décembre 2011).

ROWLAND Deborah, HIGGS Malcolm, *Sustaining Change: Leadership That Works*, San Francisco, CA, Jossey-Bass, 2008.

ROWLEY Daniel J., SHERMAN Herbert, *From Strategy to Change: Implementing the Plan in Higher Education*, San Francisco, CA, Jossey-Bass, 2001.

SANAGHAN Patrick, *Collaborative Strategic Planning in Higher Education*, Washington, DC, National Association of College and University Business Officers, 2009.

SANDE Ken, *The Peace Maker: A Biblical Guide to Resolving Personal Conflict*, 3ᵉ éd., Grand Rapids, MI, Baker, 2004.

SEIFERT Harvey, CLINEBELL Howard John, *Personal Growth and Social Change: A Guide for Ministers and Laymen as Change Agents*, Philadelphia, PA, Westminster, 1969.

SENGE Peter, *The Fifth Discipline: The Art and Practice of the Learning Organizations*, New York, Doubleday/Currency, 1990.

Singapore Bible College, « Mission Statement », 17 février 2011, http://www.sbc.edu.sg/en/about-sbc-mainmenu-27/mission-and-fundamentals-mainmenu-28 (consulté le 29 avril 2012).

SMART John C., sous dir., *Higher Education: Handbook of Theory and Research*, New York, Agathon, 2000.

SMITH Gordon T., « Foreword », dans *Thriving in Leadership: Strategies for Making a Difference in Christian Higher Education*, sous dir. Karen A. Longman, Abilene, TX, Abilene Christian University Press, 2012.

SMITH Gordon T., WOOD Charles M., « Academic Administration as an Inner Journey », *Theological Education* 33, Supplement, 1996, p. 61-70.

SMITH Gordon T., WOOD Charles M., « Knowing and Caring », *Theological Education* 39, n° 1, novembre 2003, p. 31-34.

SMITH Jane I., « Academic Leadership: Roles, Issues, and Challenges », *Theological Education* 33, Supplement, 1996, p. 3-12.

SPENCER Herbert, « *What Knowledge Is of Most Worth?* » (n.d.). http://www.readbookonline.net/readOnLine/23356 (consulté le 16 juin 2011).

STANLEY Elizabeth C., PATRICK William J., « Quality Assurance in American and British Higher Education: A Comparison », *New Directions for Institutional Research*, n° 99, automne 1998, p. 39-56.

STARBUCK William H., « Organizations and Their Environments », dans *Handbook of Industrial and Organizational Psychology*, sous dir. M. D. Dunnette, Chicago, IL, Rand McNally, 1976.

STENSAKER Bjorn, HARVEY Lee, « Accountability: Understanding and Challenges », dans *Accountability in Higher Education: Global Perspectives on Trust and Power*, sous dir. Bjorn Stensaker et Lee Harvey, p. 7-22, New York, Routledge, 2011.

STOCKHOUSE Max, *Apologia: Contextualization, Globalization and Mission in Theological Education*, Grand Rapids, MI, Eerdmans, 1988.

STONE Tammy, COUSSONS-READ Mary, *Leading from the Middle: A Case-Study Approach to Academic Leadership for Associate Deans*, Series on Higher Education, Lanham, MD, Rowman & Littlefield, 2011.

STOTT John R. W., *The Christian Counter-Culture*, Downers Grove, IL, InterVarsity, 1978.
STOTT John R. W., *The Message of Acts*, Leicester, UK, InterVarsity, 1990.
STOTT John R. W., *The Message of Romans: God's Good News for the World*, Leicester, UK, InterVarsity, 1994.
TAYLOR Marvin J., « Accreditation and Improvement of Theological Education », *Theological Education* 15, n° 1, 1978, p. 50-57.
TRACY David, « On Theological Education: A Reflection », dans *Theological Literacy in the Twenty-First Century*, sous dir. Rodney L. Petersen et Nancy M. Rourke, p. 13-22, Grand Rapids, MI, Eerdmans, 2002.
TIERNEY William G., *The Impact of Culture on Organizational Decision Making: Theory and Practice in Higher Education*, Sterling, VA, Stylus, 2008.
VOLF Miroslav, « Dancing for God: Challenges Facing Theological Education Today », *Evangelical Review of Theology* 29, n° 3, juillet 2005, p. 197-207.
VOLF Miroslav, KRIEG Carmen, KUCHARZ Thomas, sous dir., *The Future of Theology: Essays in Honor of Jürgen Moltmann*, Grand Rapids, MI, Eerdmans, 1996.
VOS Geerhardus, *Biblical Theology: Old and New Testament*, Grand Rapids, MI, Eerdmans, 1948.
WALLS Andrew F., « Christian Scholarship and the Demographic Transformation of the Church », dans *Theological Literacy in the Twenty-First Century*, sous dir. Rodney L. Petersen et Nancy M. Rourke, p. 166-184, Grand Rapids, MI, Eerdmans, 2002.
WALVOORD Barbara E., *Assessment Clear and Simple: A Practical Guide for Institutions, Departments, and General Education*, San Francisco, CA, JosseyBass, 2004.
WANAK Lee, « Theological Education and the Role of Teachers in the 21st Century: A Look at the Asia Pacific Region », *Journal of Asian Mission* 2, n° 1, 2000, p. 3-24.
WARD Donald A., *Commentary on 1 and 2 Timothy and Titus*, Waco, TX, Word Books, 1974.
WERNER Dietrich, ESTERLINE David, KANG Namsson, RAJA Joshva, sous dir., *Handbook of Theological Education in World Christianity*, Oxford, Regnum, 2010.
WEST-BURNHAM John, « Understanding Quality », dans *The Principles and Practices of Educational Management*, sous dir. Tony Bush et Les Bell, p. 313-324, Londres, Paul Chapman Publishing, 2002.
Westminster Shorter Catechism. (n.d.). www.epc.org/mediafiles/westminstershorter-catechism.pdf (consulté le 26 septembre 2011).

Wright Christopher J. H., *The Message of Ezekiel: A New Heart and a New Spirit*, Leicester, GB, InterVarsity, 2001.

Yu Carver, « Engaging the Ecclesial Dimension: Theological Education That Empowers the Church », dans *The Pastor and Theological Education: Essays in Memory of Derek Tan*, sous dir. Siga Arls et al., p. 166-177, Bangalore, Inde, Asia Theological Association, 2007.

Les auteurs

Orbelina Eguizabal est titulaire d'un doctorat en éducation de la Talbot School of Theology (Biola University), en Californie (États-Unis), où elle est professeure d'éducation chrétienne, chargée des programmes doctoraux en sciences de l'éducation, et coordonne les programmes Current Faculty Track (CFT). Elle est également professeure invitée dans des écoles de théologie en Amérique latine. Avant de rejoindre la Biola University, Orbelina a enseigné pendant vingt ans au Seminario Teológico Centroamericano [Séminaire théologique d'Amérique centrale] à Guatemala City, au Guatemala. Elle collabore avec l'ICETE depuis 2008, dans le cadre de l'ICETE Programme for Academic Leadership (IPAL) et de l'Association of Evangelical Theological Education (AETAL), en tant que membre de l'équipe d'enseignement pour les séminaires destinés aux responsables académiques hispanophones, proposés en Amérique centrale et en Amérique du Sud. Orbelina siège également au conseil d'administration de la Society of Professors in Christian Education depuis 2010.

Fritz Deininger est titulaire d'un doctorat en théologie (Nouveau Testament) de l'University of South Africa. Il est le coordinateur de l'ICETE Programme for Academic Leadership (IPAL). Il est également maître de conférences à la Columbia International University (CIU) et enseigne à l'Akademie für Weltmission en Allemagne. Avec son épouse, ils ont servi en Thaïlande de 1981 à 2008 dans l'implantation d'églises, la formation de responsables et la formation théologique. Au Bangkok Bible Seminary, il a acquis une expérience dans la direction de la formation théologique en tant que directeur académique. Il s'intéresse notamment à la formation des responsables, à la formation théologique pluridisciplinaire, à la formation spirituelle, à l'exégèse biblique, aux religions du monde, aux missions mondiales et à l'éthique.

Ralph Enlow a été jusqu'en 2020 président de l'Association for Biblical Higher Education (www.abhe.org). Avec près de 200 institutions membres et affiliées à travers l'Amérique du Nord, les institutions de l'ABHE dispensent aux étudiants une formation de responsable professionnel qui est distinctement biblique, transformationnelle, expérientielle et « missionnelle ». Le professeur Enlow a été pendant vingt-huit ans (1976-1998 ; 2000-2006) un responsable en éducation à son *alma mater*, la Columbia International University, culminant dans un mandat de six ans comme vice-doyen et recteur. Le professeur Enlow est très impliqué dans l'enseignement supérieur en théologie, notamment en tant que consultant, directeur de développement de capacité institutionnelle, président de la commission d'accréditation de l'ABHE. Membre fondateur de Global Associates for Transformational Education (www.gateglobal.org), il a été impliqué dans l'enseignement et la consultation internationale sur les cinq continents. Il a été membre et président des conseils d'administration de la Bible Christian Union, de l'Evangelical Alliance Mission (TEAM) et de l'ICETE (ICETE www.icete-edu.org). Ses publications universitaires et ses centres d'intérêt pour l'enseignement comprennent l'accréditation de l'enseignement supérieur, l'enseignement général, le leadership, les études bibliques et le renouvellement des écoles bibliques.

Steven Hardy (DMiss, Trinity Evangelical Divinity School, MDiv en sciences bibliques du Bethel Theological Seminary et un BA en affaires gouvernementales de Oberlin College). Le professeur Hardy est originaire des États-Unis. Il est consultant auprès de la SIM International pour la formation théologique et il est également consultant de l'ICETE. Il a été formateur missionnaire au Brésil, au Mozambique et en Afrique du Sud et a dirigé l'Institute for Excellence in Theological Education de l'Overseas Council. Ses écrits portent surtout sur les questions d'administration de l'éducation.

Manfred Waldemar Kohl est ambassadeur de l'Overseas Council International, une organisation qui soutient les institutions théologiques, principalement dans le monde non occidental. Il a également été directeur exécutif de World Vision International en Afrique et en Europe. Il est titulaire d'un master 2 en théologie, d'un doctorat professionnel (DMin) et d'un doctorat en théologie. Il a publié des articles et des livres dans le domaine du développement institutionnel, de la formation théologique et de la collecte de fonds. Ses écrits ont été publiés en anglais, en allemand, en russe, en mandarin et en portugais.

Dieumeme Noëlliste est titulaire d'un doctorat en théologie (PhD), obtenu à la Northwestern University aux États-Unis. Il est professeur de théologie et d'éthique et directeur du Vernon Grounds Institute of Public Ethics au Denver Seminary, aux États-Unis. Ancien directeur de l'ICETE, il est également président de la Caribbean Evangelical Theological Association et membre du corps enseignant de la Caribbean Graduate School of Theology située à Kingston, en Jamaïque. Originaire d'Haïti, les écrits du Dr Noëlliste portent sur la théologie des Caraïbes et la formation théologique mondiale.

Bernhard Ott est impliqué dans la formation théologique et la direction académique depuis plus de trente-cinq ans. Il a été directeur académique de l'European School for Culture and Theology (ESCT), Korntal/Stuttgart, en Allemagne, une branche de la Columbia International University, aux États-Unis. Il est également président du conseil de l'European Council for Theological Education. Il a dirigé les programmes de troisième cycle pour le Theologische Seminar Bienenberg à Liestal, en Suisse (en coopération avec la Gesellschaft für Bildung und Forschung en Europe et l'Université d'Afrique du Sud). Bernhard a obtenu une maîtrise du Fresno Pacific University Biblical Seminary aux États-Unis (1984) et un doctorat en éducation chrétienne de l'Oxford Centre for Mission Studies/Open University (Royaume-Uni). Il est marié et père de quatre enfants adultes et vit à Liestal, en Suisse. Ils sont membres d'une assemblée mennonite à Bâle, où Bernhard est ministre laïc.

Paul Sanders détient une licence d'histoire, de l'Oregon State University, un master en théologie de l'éducation chrétienne, un master 2 en théologie pratique du Western Seminary en Oregon, ainsi qu'un doctorat en histoire moderne de l'Université de Paris IV-Sorbonne. Il est marié à Agnès, médecin français, et ils ont trois enfants adultes et sept petits-enfants. Après vingt-cinq ans de ministère dans la région parisienne dans l'implantation d'églises et la formation théologique, notamment comme directeur académique et directeur de l'Institut Biblique de Nogent-sur-Marne, Paul et sa famille ont déménagé à Beyrouth (Liban) où il a servi pendant près de quinze ans comme directeur académique et vice-doyen de l'Arab Baptist Theological Seminary à Beyrouth (www.ABTSLebanon.org), puis comme directeur international de l'ICETE (www.icete-edu.org) et de la Middle East North Africa Association for Theological Education (www.Menate.org). Aujourd'hui, Paul est à la retraite. Lui et son épouse vivent à Nantes, dans l'ouest de la France.

Albert Ting est le chef d'établissement du Singapore Bible College depuis 2006. Il a reçu un master 1 et 2 en théologie et un doctorat professionnel (DMin) de la Talbot School of Theology. Il s'intéresse particulièrement au leadership et au mentorat. Il a siégé au conseil de l'ATA et de deux écoles de théologie dans le cadre de sa contribution au développement de la formation théologique. Il a été pasteur à Los Angeles avant d'être appelé à l'enseignement théologique à Singapour. Il est l'époux de Rebecca et père de deux enfants, Jeremy et Adeline.

Lee Wanak est titulaire d'un doctorat en éducation de l'Indiana University et d'un doctorat professionnel (DMin) en missions du Denver Seminary. Arrivé pour la première fois aux Philippines en 1978, il a formé des responsables laïques pour les églises rurales à Mindanao et a dirigé les efforts d'implantation d'églises. Il a été directeur académique de l'Asian Theological Seminary et de l'Asia Graduate School of Theology et a écrit plusieurs articles sur la formation théologique aux Philippines. Durant ses années à l'ATS et à l'AGST, il a dirigé les programmes de maîtrise en leadership urbain transformationnel, les programmes de doctorat en éducation et le département d'éducation chrétienne. À la William Jessup University, il a dirigé le département d'études interculturelles. Lui et son épouse Dottie vivent actuellement à Madison, aux États-Unis.

Paul Wright a une maîtrise en Nouveau Testament du Calvary Bible College and Seminary (Kansas City, Missouri, États-Unis) et un doctorat en formation théologique du Seminario Teológico Centroamericano (Guatemala City, Guatemala). Il est impliqué dans le ministère d'implantation d'églises en Argentine depuis 1980. Étant l'un des fondateurs de l'Instituto Bíblico Evangélico Mendoza (Mendoza, Argentine), il est professeur de Bible et de Théologie ainsi que recteur depuis 1997. Il a écrit des articles et des recensions pour le *Christian Education Journal*, le *Revista Kairos* et *Apuntes Pastorales*.

Table des matières

Préface vii

Remerciements ix

Introduction 1

Première partie – Fondements pour la formation théologique

1 Économe de la maisonnée de Dieu. Fondements bibliques de la formation théologique 7
   Dieumeme Noëlliste

2 Pour une philosophie opérationnelle de la formation théologique. Passer de la philosophie à la stratégie 33
   Lee Wanak

3 Se rendre en terre promise. Vision, mission et valeurs : leur impact sur les objectifs de la formation théologique 67
   Paul Wright

4 Les facteurs qui contribuent à l'excellence dans la formation théologique 85
   Steve Hardy

Deuxième partie – La direction académique. Caractéristiques et responsabilités

5 Doyen et directeur académique. Partenaires dans la formation théologique... 109
   Fritz Deininger

6 La direction académique en tant que ministère chrétien. Un poste de direction exigeant... 131
   Fritz Deininger

Troisième partie – La direction académique. Les pratiques administratives

7 La planification stratégique dans la formation théologique........... 155
   Manfred Waldemar Kohl

8 L'accréditation. Importance et avantages pour l'institution........... 189
   Bernhard Ott

9   Le directeur académique et l'évaluation institutionnelle.
Ce qu'il faut évaluer, pourquoi l'évaluer et comment l'évaluer 223
Ralph Enlow

Quatrième partie – La direction académique. Les pratiques de direction

10   Les directeurs académiques en tant qu'agents du changement 249
Orbelina Eguizabal

11   La gestion des conflits et des crises dans la direction académique.
Quand le « marcher ensemble » ne marche pas 277
Paul Sanders

12   Réflexions pratiques d'un directeur académique 293
Albert Ting

Bibliographie 309

Les auteurs 321

Global Hub for Evangelical Theological Education

Conseil International pour l'Enseignement Théologique Évangélique

L'ICETE est une communauté mondiale, parrainée par neuf réseaux régionaux d'écoles théologiques, pour permettre l'interaction et la collaboration internationales entre toutes les personnes engagées dans le renforcement et le développement de l'enseignement théologique évangélique et du leadership chrétien dans le monde.

Le but de l'ICETE est de :
1. Promouvoir l'amélioration de la formation théologique évangélique dans le monde.
2. Servir de forum d'interaction, de partenariat et de collaboration entre les personnes impliquées dans l'enseignement théologique évangélique et le développement du leadership, pour l'assistance, la stimulation et l'enrichissement mutuels.
3. Fournir des services de mise en réseau et de soutien pour les associations régionales d'institutions théologiques évangéliques dans le monde.
4. Aider ces organismes à promouvoir leurs services auprès de l'enseignement théologique évangélique dans leurs régions.

Les associations de parrainage comprennent :

Afrique : Association for Christian Theological Education in Africa (ACTEA)

Amérique Latine : Association for Evangelical Theological Education in Latin America (AETAL)

Amérique du Nord : Association for Biblical Higher Education (ABHE)

Asie : Asia Theological Association (ATA)

Caraïbes : Caribbean Evangelical Theological Association (CETA)

Eurasie : Euro-Asian Accrediting Association (E-AAA)

Europe : European Evangelical Accrediting Association (EEAA)

Moyen-Orient et Afrique du Nord : Middle East Association for Theological Education (MEATE)

Pacifique Sud : South Pacific Association of Evangelical Colleges (SPAEC)

www.icete-edu.org

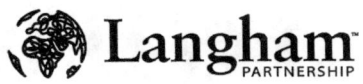

Langham Literature, et sa branche éditoriale, est un ministère de Langham Partnership.

Langham Partnership est un organisme chrétien international et interdénominationnel qui poursuit la vision reçue de Dieu par son fondateur, John Stott :

promouvoir la croissance de l'église vers la maturité en Christ en relevant la qualité de la prédication et de l'enseignement de la Parole de Dieu.

Notre vision est de voir des églises équipées pour la mission, croissant en maturité en Christ, par le ministère de pasteurs et de responsables qui croient, qui enseignent et qui vivent la Parole de Dieu.

Notre mission est de renforcer le ministère de la Parole de Dieu de trois manières:
- par la mise en place de mouvements nationaux de formation à la prédication biblique
- par la rédaction et la distribution de livres évangéliques
- par la formation d'enseignants théologiques évangéliques qualifiés qui formeront ensuite des pasteurs et responsables d'églises dans leurs pays respectifs

Notre ministère

Langham Preaching collabore avec des responsables nationaux en vue de la création de mouvements de prédication biblique dirigés par les nationaux eux-mêmes. Ces mouvements, qui naissent progressivement un peu partout dans le monde, rassemblent non seulement des pasteurs mais aussi des laïcs. Nos équipes de formateurs venus de beaucoup de pays différents proposent une formation pratique qui comporte plusieurs niveaux, suivie d'une formation de facilitateurs locaux. La continuité est assurée par des groupes de prédicateurs locaux et par des réseaux régionaux et nationaux. Ainsi nous espérons bâtir des mouvements solides et dynamiques, constitués de prédicateurs entièrement consacrés à la prédication biblique.

Langham Literature fournit des livres évangéliques et des ressources électroniques par la publication et la distribution, par des subventions et des réductions à des leaders et futurs leaders, à des étudiants et bibliothèques de séminaires dans le monde majoritaire. Nous encourageons aussi la rédaction de livres évangéliques originaux dans de nombreuses langues nationales par le biais de bourses pour des écrivains, en soutenant des maisons d'éditions évangéliques locales, et en investissant dans quelques projets majeurs comme *le Commentaire Biblique Contemporain* qui est un commentaire de la Bible en un seul volume rédigé par des auteurs africains pour l'Afrique.

Langham Scholars soutient financièrement des doctorants évangéliques du monde majoritaire dans le but de les voir retourner dans leurs pays d'origine pour former des pasteurs et d'autres chrétiens nationaux en leur proposant un enseignement biblique et théologique solide. Cette branche de Langham cherche donc à équiper ceux qui en équiperont d'autres. Langham Scholars travaille aussi en partenariat avec des séminaires dans le monde majoritaire afin de renforcer l'éducation théologique évangélique sur place. De ce fait, un nombre croissant de « Langham Scholars » (le nom « Scholars » signifie « boursiers ») peut aujourd'hui suivre des programmes doctoraux de haut niveau au cœur même du monde majoritaire. Une fois leurs études terminées, ces « Langham Scholars » vont non seulement former à leur tour une nouvelle génération de pasteurs mais exercer une grande influence par leurs écrits et par leur leadership.

Pour plus d'informations, consultez notre site: langham.org

www.ingramcontent.com/pod-product-compliance
Lightning Source LLC
Chambersburg PA
CBHW070750230426
43665CB00017B/2316